谨将本书献给世界反法西斯战争与中国抗日战争胜利七十周年

2013年重庆师范大学学术著作出版基金资助

陪都重庆文化
与文学考论

郝明工　著

中国社会科学出版社

图书在版编目(CIP)数据

陪都重庆文化与文学考论/郝明工著. —北京：中国社会科学出版社，2015.5

ISBN 978 - 7 - 5161 - 5879 - 1

Ⅰ.①陪… Ⅱ.①郝… Ⅲ.①地方文学史—研究—重庆市 Ⅳ.①I209.971.9

中国版本图书馆 CIP 数据核字(2015)第 069645 号

出 版 人	赵剑英
责任编辑	郭晓鸿
特约编辑	王 彬
责任校对	闫 翠
责任印制	戴 宽

出 版	中国社会科学出版社
社 址	北京鼓楼西大街甲 158 号 (邮编100720)
网 址	http://www.csspw.cn
发 行 部	010 - 84083685
门 市 部	010 - 84029450
经 销	新华书店及其他书店

印 装	北京君升印刷有限公司
版 次	2015 年 5 月第 1 版
印 次	2015 年 5 月第 1 次印刷

开 本	710×1000 1/16
印 张	14
插 页	2
字 数	218 千字
定 价	48.00 元

凡购买中国社会科学出版社图书,如有质量问题请与本社联系调换
电话:010 - 84083683

目　录

中国的"西方之光"（代序）

进入 20 世纪以来，中国的文化与文学开始了全面的现代转型，随之在 20 世纪的 20 年代初，就已经出现了关于中国文化与文学的"地方色彩"的诗思。只不过，"地方色彩"的诗思从一开始就呈现出从本土色彩到本地色彩的区分。

在这里，展开现代中国文化与文学的本土色彩之思，所要追问的就是：外来现代文化与文学同本土传统文化与文学之间的关系到底如何？这实际上首次触及中国文化与文学在现代转型过程之中，是否出现了所谓的"断裂"现象。① 然而，无论是从新文化运动来看，还是从文学革命来看，现代中国文化与文学的本土色彩一直保持着内在的连续性，即使是表现出从文化到文学在现代性影响之中趋向一致的文学启蒙，与"文以载道"之间具有基于文学工具性的本土延续，尽管两者的功利性意向存在着现代与传统之分。

然而，进行现代中国文化与文学的本地色彩之思，所要追溯的则是：中国文化与文学的现代转型同地方文化与文学之间的关系到底如何？事实上，传统的中国文化与文学的南北之分，已经在 20 世纪的中国文化与文学的现代转型之中转向了东西之分。具体而言，也就是从古代中国北方的黄河流域与南方的长江流域这样的人文地理空间，转向了现代中国东方的沿海城市与西方的内陆城市这样的人文地理空间。无论是新文化运动，还是文学革命，都率先兴起于中国东方的沿海城市，无疑表明中国文化与文学的现代转型呈现出从东方到西方这样的人文地理空间的延伸，因而促使

---

① 闻一多：《女神之地方色彩》，《创造周报》1923 年 6 月 10 日第 5 号。

中国文化与文学的现代转型在从东到西一波又一波渐次拓展的同时，凸显出不同地方文化与文学在这一拓展中的本地色彩。

所以，对于中国文化与文学的本地色彩之思，始于曾经生活在巴山蜀水这样的中国的"西方"，并且已经走向东方乃至世界的中国"西方人"，也就不足为怪了。毕竟是这样的中国"西方人"，对于中国文化与文学的现代转型，尤其是随之出现的东西之分，保持着高度的敏感与沸腾的激情。① 这个提出应该吟唱中国"西方"与"西方人"的诗人，就来自长江上游的内陆城市重庆。

这个诗人生于重庆长于重庆，不仅拥有巴蜀文化与文学这一历史悠久的本地资源，而且在中国现代化浪潮之中率先开埠，内陆城市的重庆由此而被视为长江上游的中心城市。② 所有这一切，促使重庆向着现代城市快速成长，开始向世人展现出中国的"西方"之光。必须看到的是，由于重庆地处中国西方的内陆，无论是重庆的文化，还是重庆的文学，较之中国东方的沿海城市，都表现出现代转型的滞后性，因而在一段时间无法保持与整个中国文化与文学现代转型的同步，从而导致这一"西方之光"难以彰显出其固有的本地色彩来。

这样，如何才能赶上文化与文学现代转型的中国步伐，甚至能够率先走出现代转型的第一步，也就成为生活在中国"西方"的重庆人的最大心愿。这不仅需要相当的时间，也许更需要特定的机遇。当这样的时间与机遇能够在中国文化与文学转型的过程之中，现实地重叠在一起之时，也就提供了一个前所未有的历史契机，一旦把握住这一契机，或许就会出现奇迹，让中国"西方"的重庆文化与文学绚丽夺目，大放光彩，为中国"西方"、全中国，乃至全世界所瞩目。

---

① 吴芳吉：《笼山曲·小引》，《新群》1920 年第 1 卷第 2 期。在这里可以看到的是：在如今被称为中国西部的地方，实际上在 20 世纪初尚被视为中国的"西方"，只不过，随着"西方"一词被逐渐赋予了特定的内涵，于是乎，就用中国西部来对中国的"西方"进行语用的替代。与此同时，中国的"东方"也逐渐被称为中国东部。

② 1876 年中英签署《烟台条约》，其中规定重庆为中国对外通商口岸之一，1891 年重庆海关开关，重庆正式开埠，由此走上中国内陆城市的现代发展之路。重庆市地方志编纂委员会总编辑室编著：《重庆大事记》，科学技术文献出版社重庆分社 1989 年版，第 22—23 页。

随着抗日战争的全面爆发，中国文化与文学发生了区域分化，中国的东方出现了日本侵略者占领下的沦陷区，而中国的西方则出现了国民政府领导下的抗战区。在这一区域分化的战时过程之中，中国文化与文学中心自然而然地出现了从东向西的战时转移，具体而言，也就是从中国东方的沿海城市迁徙到中国西方的内陆城市。正是这一中国文化与文学中心的西移，为地处中国西方的重庆文化与文学的全面发展提供了必不可少的历史契机。然而，如何将这一历史契机转化为当下现实，不仅需要经受住严酷的战时考验，而且需要树立起抗战到底的坚强信念，更加需要进行民族精神的现代重建。

侵略战争给中国人民造成了空前的浩劫，客观上也促进了现代转型的全面展开。正如郭沫若当年所说的那样："旧中国非经过一次大扫荡，新中国是不容易建设的。这大扫荡的工作，却由日本军部这大批蛆虫在替我们执行着了"，[①] 从而促使"民族复兴"成为抗战之中的中国现实。显而易见的是，"民族复兴的真谛" 就是在从文化到文学的战时发展之中，既要"富于反侵略性"，更要"富于创造性"，进而趋于"富于同化力"，以便能够在汲取中外文化与文学的精华的现实过程之中，彰显出现代中国文化与文学那厚积而绵长的地方色彩，以最终"复兴我们中华民族的精神"[②]。

尽管可以说郭沫若只是从中国文化与文学的战时发展这一基点，在指出中国文化与文学发展的战时契机已经到来的同时，并没有能够看到中国文化与文学在战时条件下所呈现出来的区域分化趋势，尤其是文化与文学的中国中心势必出现从东向西的转移。但是，郭沫若以诗人的敏感第一个揭示出抗日战争对于中国文化与文学发展的内在影响，并且提升到民族复兴的高度来加以言说。或许只是一个人的见解，在抗战烽烟激荡之际显得多少有点不合时宜，因而只能在抗战区与沦陷区之间的持久对峙之中才得

---

① 郭沫若：《关于华北战局所应有的认识》，作于 1937 年 10 月 4 日，后收入《羽书集》，1941 年由孟夏出版社出版。

② 郭沫若：《民族复兴的真谛》，作于 1938 年 12 月 23 日，后收入《羽书集》，1941 年由孟夏出版社出版。

以公开面世。

这无疑表明中国文化与文学发展的战时契机固然是现实地存在着，不过，这仅仅是一种现实的可能性。即使是在抗战区与沦陷区的逐渐分化之中，中国文化与文学中心从东向西的转移，也毕竟是为重庆文化与文学的战时发展提供了一种最大的可能性。如何使这一可能性成为重庆文化与文学的战时发展现实呢？事实上，在抗战建国的政略与抗战到底的战略之间趋向一致的持久抗战国策所形成的战时体制之中，重庆已经成为中国抗日战争的大后方。

对于国民党来说，面对日本帝国主义从局部侵略的现实到全面侵略的可能，都不得不未雨绸缪。随着日本帝国主义对中国侵略事态的日渐扩大，国民政府被迫进行了战略的及时调整，"将全国形成若干防卫区及核心，俾达长期抗战之要求"。① 于是，1935 年 1 月，国民政府军事委员会南昌行营参谋团，由贺国光率队到达重庆，与四川省政府进行磋商，并且对重庆进行从行政、财政到金融、交通的全面考察。同年 10 月，国民政府军事委员会南昌行营参谋团奉国民政府令，改组为国民政府军事委员会重庆行营。在 1936 年度的国防防卫计划中，最后确立以四川为对日作战的总根据地，重庆行营成立江防要塞建筑委员会。1937 年 3 月，成渝铁路正式开工。同年 4 月，四川省政府迁往成都，川军退出重庆，中央军进驻重庆。② 这就表明从 19 世纪末以来已经成为长江上游经济中心城市的重庆，早在抗日战争全面爆发之前，为了应对战争风雨的即将来临，就已经被国民政府设定为抗战大后方的核心城市。

1937 年的"七七事变"，证实了中国的抗日战争已经从局部反侵略战争，扩大为全面反侵略战争。持久抗战的国策，随即进行了从战略到政略的全面调整。1937 年 11 月 20 日，国民政府发表《迁都宣言》称："国民政府兹为适应战况，统筹全局，长期抗战起见，本日迁驻重庆。以后将以最广大之规模从事更持久之战斗"，"继续抗战，必须达到维护

---

① 国民政府军事委员会档案，中国第二历史档案馆藏。
② 重庆市地方志编纂委员会总编辑室编著：《重庆大事记》，科学技术文献出版社重庆分社 1989 年版，第 151—152 页。

国家民族生存独立之目的"。① 这就在于，"中国持久抗战，其最后决胜之中心，不但不在南京，抑且不在各大城市，而实寄全国之乡村与广大强固之民心"，② 迁都重庆，促使地处中国"西方"的重庆开始走上城市现代化的战时之路。

1939 年 5 月 5 日，国民政府令重庆由四川省政府直辖之乙种市改属为行政院院辖市。1940 年 9 月 6 日，国民政府明定重庆市为国民政府陪都。③ 陪都重庆在中国"西方"的出现，不仅加快了陪都重庆的城市现代化进程，而且推动了以大后方为主体的中国"西方"的文化发展。于是，在抗战前期，以西迁大后方的数百家工厂为骨干，以陪都重庆为中心，开始建构出较为完备的现代工业基础体系；与此同时，为了应对日机大轰炸出现的疏散区与迁建区，在客观上扩大了陪都重庆的市区，并且从中央到地方的双重行政协调管理之中，加快了城市建设，奠定了陪都重庆作为全国政治中心的行政基础；尤其是随着城市人口的迅速增长，市民的文化素质也相应不断提高，各级人民团体大量出现，而全国性的人民团体总部普遍设立在陪都重庆，大大有利于各项文化运动在陪都重庆的蓬勃开展，陪都重庆文化与文学的影响，不仅直接辐射到整个大后方，同时也间接扩散到沦陷区。④

1941 年 12 月 8 日，太平洋战争爆发，随着中、美、英等国对日正式宣战，中国抗日战争成为世界反法西斯战争的重要组成部分。正如《告全国军民书》、《告海外侨胞书》所宣称的那样——"自兹我中华民国已与全世界反侵略友邦联合一致，共同奋斗，誓必消灭日德意轴心侵略之暴力，达成我保卫世界人类文明之目的而后已。"这就表明，抗战后期的陪都重庆即将迎来向着国际大都市发展的历史契机。

尽管苏联政府在 1941 年 12 月 8 日发表声明，宣称苏联不会因为太平

---

① 《国民政府公报》，渝字第 1 号，1937 年 12 月 1 日。
② 蒋中正：《中国国民党临时全国代表大会讲演词》，《新华日报》1938 年 4 月 1 日。
③ 重庆市地方志编纂委员会总编辑室编著：《重庆大事记》，科学技术文献出版社重庆分社 1989 年版，第 167、172 页。
④ 郝明工：《陪都文化论》，新疆大学出版社 1994 年版，第 35—39 页。

洋战争的爆发，改变同年 4 月 3 日签订的《苏日中立条约》所确立的苏日关系，但是，一大批欧洲、美洲、非洲、大洋洲的国家，先后对日宣战或宣布断绝外交关系。同时这些国家也成为《联合国家宣言》的主要签字国。1942 年 1 月 1 日，26 个反法西斯战争国家的代表，在美国首都华盛顿签署了《联合国家宣言》，在推动民族国家走向独立自决的同时，推进了民主化的世界进程。从此，"中日战争成为世界战争，两大阵营分明"。① 随后，国民政府进行了一系列的外交活动，以废除历史上被强加于中国的不平等条约，到了 1943 年 1 月 11 日这一天，中国与美国在华盛顿、与英国在伦敦，同时签署了废除不平等旧约建立平等国家关系的新约，带动了其他有关国家迅速地与中国之间废除旧约与签订新约。这就从根本上恢复了中国的大国形象，进而确保中国作为反法西斯战争四强之一的国家地位，从而使中国得以在 20 世纪第一次展现出世界大国的姿态。

更为重要的是，在以陪都重庆为中心的大后方，掀起了一阵又一阵的民主浪潮，不仅各级人民团体的规模继续扩大，为推进民主化提供了社会基础，而且社会各界人士更是纷纷提出实现民主的具体主张，要求成立联合政府，给人民以言论、出版的基本权利。正是在这样的民主化现实之中，随着《废止战时图书杂志原稿审查办法令》的发布，陪都重庆出现了大量的图书、报刊，尤其是出现了众多作家创办的出版社，出版了大量的中外文学丛书，从一个侧面上显现出陪都重庆文化与文学的迅猛发展。②

可以说，在中国抗日战争胜利的前夕，陪都重庆已经踏上了现代大都市的发展之路。然而，必须指出的是，陪都重庆毕竟是在中国抗日战争期间，在战时体制下随着文化与文学的区域分化而走上现代都市化之路的。因此，在抗日战争迎来胜利之后，重庆也就在漫卷诗书喜欲狂的"复员"大潮中，失去了必不可少的诸多文化与文学资源，而不得不黯然失色，为

---

① 　此时没有对日宣战的苏联，也是《联合国家宣言》的签字国之一，不过，由于苏联与英国的反对，签字国前四名排序由美国、中国、英国、苏联改变为美国、苏联、英国、中国，然后其他国家按英语字母顺序排序。张弓等编：《国民政府重庆陪都史》，西南师范大学出版社 1993 年版，第 411—412 页。

② 　郝明工：《陪都文化论》，新疆大学出版社 1994 年版，第 168—176、207—212 页。

20世纪的中国文化与文学，尤其是区域文化与文学留下了一抹难以忘怀的"西方之光"。

或许从根本上看，也就在于：陪都重庆文化与文学这一中国的"西方之光"，正是因为其战时的辉煌，而最终成为抗战八年之间暂时出现的区域文化与文学现象，从而揭示了民族国家之内区域文化与文学的存在，至少是有其时间上的严格限定的。于是，由陪都重庆文化与文学这一现象出发，将会引发关于区域文化与文学中国存在，乃至世界各国存在的进一步普遍思考。

导言　区域的文化与区域的文学

一　文化与文学的区域分化及类型

何谓区域文化？何谓区域文学？从目前已经出现的有关研究成果与当前的研究现状来看，无论是对区域分化中的文化现象，还是对区域分化中的文学现象，在相关的研究论著之中，通常更多的是从政治性的意识形态与行政区划这两个层面上来加以确认的，致使对它们的学理把握呈现出某种学术偏至，由此而来，民族国家内出现的区域文化与区域文学，也就常常被限制在所谓的地域文化与地域文学的单一层面上。导致如此学理偏至的一个直接原因，主要是没有能够从学理上区分大文化与小文化之间的概念差异。显然，这就需要从基本概念出发，来进行有关区域文化与区域文学的中国讨论。尽管这一讨论无疑是具有尝试性的学理探讨，但是，这一学理探讨同时更是具有开拓性的学术尝试，以试图建构具有普适性质的区域文化与文学理论体系。

在这里，大文化是相对于小文化而言的，大文化即广义上的文化，而小文化即狭义上的文化，因而进行大文化与小文化之分，实际上也就是要求对于人类文化进行整体认识。这就在于，文化生成于人类生活方式的历时性变迁与共时性演变之中，以人类生活方式从历史到现实的互动发展来看，包括物质生活方式、群体生活方式、精神生活方式在内的人类生活方式，是逐渐形成并不断扩展其整体性的。在这样的前提下，可以说文化也就成为对于人类生活方式整体样态的学术性术语式指称，由此更进一步，大文化所指称的正是人类生活方式这一广义上的文化，而小文化所指称则是人类精神生活方式这一狭义上的文化，不仅大文化包容了小文化，而且小文化更是成为大文化的基本构成，从而显现出大文化与小文化之间的整体性关系：大文化具有涵盖小文化的总体性，而小文化则体现出大文化的层次性。

事实上，早在 19 世纪中叶发表的《共产党宣言》中，就已经出现了这样的社会学意义上的大文化观，展示了大文化的三个层面划分，并且推进了有关经济基础、上层建筑、意识形态的理论性思考。① 这就在实际上对与经济、政治相鼎足而立的狭义文化进行了理论区分。不过，还应该看到的是，由于忽视了这一大文化观提出的历史语境，也导致了将文化仅仅限定在意识形态领域之内的政治误认。

梁启超从中国文化现代转型的角度出发，较早提及文化的三层划分，认为文化可以分为器物层、制度层、心理层这样的三个层面。② 从这样的大文化观出发，可以进一步看到，在文化的层次三分之中，文化每一层面上都呈现出两极化的构成向度：在器物层面上，呈现出生存方式与生产模式的两极区间，其间包容了从生活形态到生产方式的诸多变体，具有不同民族的具体文化样态；在制度层面上，呈现出群体规范与社会体制的两极区间，其间包容了从习俗体系到权力结构的诸多变体，具有不同民族的具体文化样态；在心理层面上，呈现出国民心态与主流意识的两极区间，其间包容了从族群记忆到世界观念的诸多变体，具有不同民族的具体文化样态。

这样，丹纳在《艺术哲学》中从美学的角度出发，在提出有关文化与文学发展的种族、环境、时代的三原则同时所进行的相关讨论，③ 将会给出这样的启示：从文化的器物层面到心理层面，具有界于生存环境与族群素质之间的文化内涵，并且这一文化内涵空间的与日俱化，与时代的更迭是密不可分的，从而揭示出文化发展的横向性与纵向性，表明文化发展的整体性需要。由此而促成了必须立足于大文化观来认识人类文化发展的整

---

① 《马克思恩格斯选集》第 1 卷，人民出版社 1972 年版，第 252—270 页。

② 梁启超：《五十年中国进化概论》（1922 年 4 月），抱一编：《最后之五十年》，申报馆 1923 年版。

③ ［法］丹纳：《艺术哲学》，傅雷译，人民文学出版社 1980 年版，第 336—358 页。

体性，不仅在世界范围内是这样，而且在一国疆域内更是如此。

如果从大文化观的角度来看，区域文化只能是民族国家之内文化发展过程中出现的特殊现象。显而易见的是，区域文化也同样具有发展的整体性需要，只不过，区域文化在民族国家形成与发展过程中，由于受到文化发展的横向性与纵向性的特定时空条件限制，因而促使区域文化的基本构成要素出现了历史性的构成二分，即地域文化与地方文化。与此同时，地域文化与地方文化又可以进行二分，地域文化构成具有意识文化与地区文化的两重性，而地方文化构成则具有地缘文化与民族文化的两重性。

区域文化之中的地域文化，作为促成区域性文化现象得以发生的构成要素，首先表现为意识文化，即区域文化的意识形态主流，其功能就是对区域文化进行意识调控，具有文化心理层中的主流意识与制度层中的社会体制这两者相融合的文化内涵，意识调控总是以政策性手段来进行的。其次表现为地区文化，即区域文化的政治行政区划，其功能就是对区域文化实施行政调控，具有文化制度层中的社会体制与器物层中的生产模式这两者相融合的文化内涵，行政调控一般是通过体制性手段来推行的。最后，在意识文化与地区文化之间，不仅文化内涵以社会体制为中心进行互动与互补，而且文化调控的政策性手段与体制性手段是在满足政治需要的前提下达成一致的，这就赋予地域文化以体制性的政治色彩。

区域文化之中的地方文化，作为导致区域性文化现象赖以出现的构成要素，首先显现为地缘文化，即区域文化的人文地理环境，其功能就是对区域文化提供资源支撑，具有器物层中的生存方式、制度层中的群体规范、心理层中的国民心态，这三者相融合的文化内涵，资源支撑通常是以地理边际为条件的。其次显现为民族文化，即区域文化的民族归属区分，其功能就是对区域文化提供生活导向，具有器物层中的生活形态、制度层中的习俗体系、心理层中的族群记忆，这三者相融合的文化内涵，生活导向通常是以民族归属为条件的。最后，在地缘文化与民族文化之间，不仅文化内涵将会出现相互融通甚至重合，而且文化提供的地理条件与民族条件是在满足生存需要的基础上交融为一体的，这就给予地方文化以实存性的民俗风貌。

于是，区域文化拥有了意识文化、地区文化、地缘文化、民族文化这四大基本构成要素，而区域文化的二分，不仅体现出民族国家的形成过程中区域文化的历史性发展，而且体现出民族国家的发展过程中区域文化的总体性发展。与此同时，无论是包容着意识文化与地区文化的地域文化，还是包容着地缘文化与民族文化的地方文化，已经成为区域文化的两大中介性构成要素，并且在特定的历史条件下进行两者之间的互动，从而在区域文化之间形成从意识形态主流到民族归属区分这样的多重性文化联系。只有在这样的认识前提之下，才有可能在此对区域文化进行第一次基于区域文化构成的描述性界定——区域文化是拥有意识文化、地区文化、地缘文化、民族文化四大基本构成要素，并且以地域文化与地方文化为中介形式的一种文化现象。

显然，如果进行区域文化的历史考察，就会看到区域文化作为文化现象，在人类历史进程中具有特定的时空规定性，也就是说，区域文化只能发生在特定的时期之内，并且只能出现在特定的环境之中。这也就是说，在区域文化的基本构成要素中，地域文化与特定的时期直接相关，因而表现出地域文化的时期性与波动性；而地方文化与特定的环境直接相关，因而表现出地方文化的持久性与累积性。

所谓地域文化的时期性与波动性，主要是指由于社会体制在一定时期内的变动，所导致的意识文化与地区文化之间的体制性一致的形成与消解，从而促成了区域文化的形成与解体围绕着社会体制的变动而波动。地域文化的时期性与波动性特征，也就体现到意识文化特征与地区文化特征之中。

具体地说，首先就是意识文化的意识形态主导性，在文化意识多元构成的基础上强化政治思想与政治体制的一致性，以进行意识形态的政策调控；其次也就是地区文化的行政区划限定性，在地区划分历史延续的前提下增进经济需要与行政体制的一致性，以进行行政区划的体制调控。如果说意识文化的意识形态主导性更多地体现出地域文化的时期性，那么，地区文化的行政区划的限定性则更多地体现出地域文化的波动性。

　　所谓地方文化的长久性与累积性，主要是指由于群体生活在一定环境中的持续，所形成的地缘文化与民族文化之间的实存性交融。一方面，文化交融过程是一个持续不断的较为长久的历史过程，特定的地理条件为其提供了环境保障；另一方面，文化交融过程同时也是文化内涵不断丰厚起来的逐渐累积的现实过程，特定的民族条件为其提供了生活保障。地方文化的长久性与累积性特征，也就体现到地缘文化特征与民族文化特征中。

　　具体而言，首先就是地缘文化的人文地理稳定性，在地理条件的限制下，生存环境、群体规范、国民素质经过长期演变而密不可分，奠定了提供资源支撑的人文基础；其次是民族文化的民族归属独特性，在民族条件的限制下，生活风貌、习俗构成、族群原型经过逐渐演进而浑然一体，赋予了提供生活导向的民族特征。事实上，无论是地缘文化的人文地理稳定性，还是民族文化的民族归属独特性，对于如何体现出地方文化的长久性与累积性来说，尽管各有其侧重，但是，都离不开两者之间进行的相辅相成的融通，特别在两者出现重合的情况下更是如此。

　　必须看到的是，区域文化的意识形态主导性、行政区划限定性、人文地理稳定性、民族归属独特性，只有在民族国家之内才能够得到完整地体现。这不仅在于不同民族国家之间，一般不会出现类似地域文化的时期性与波动性的文化发展特征；而且也在于类似地方文化的长久性与累积性的文化发展，在不同民族国家之间，一定会出现历史性的差异。这实际上也就意味着，在民族国家之内，区域文化的存在是相对而言的：首先是区域文化之间具有文化上的内在联系，其次是区域文化有可能成为民族国家文化发展的典范。这样，对于区域文化势必进行基于区域文化特征的描述性界定——区域文化是民族国家之内在特定时期与环境中存在着的，具有意识形态主导性、行政区划限定性、人文地理稳定性、民族归属独特性这四大特征的一种文化现象。

　　最后，关于区域文化的初步界定就是：民族国家之内在特定时期与环境中存在着的，拥有意识文化、地区文化、地缘文化、民族文化四大基本构成要素，并且具有意识形态主导性、行政区划限定性、人文地理稳定性、民族归属独特性这四大特征的一种文化现象。

当然，如果说对区域文化进行的认识需要基于大文化观，那么，对区域文学的把握则需要基于大文学观，以突破局限于书面化纯文学这一小文学观的限制，从而使文学与文化之间的文本联系能够得到一种基于历史的审美阐释。这不仅是因为区域文学是对于区域文化的形象表征，而且更是因为区域文学对于区域文化的文学性表征具有文学与文化的双重内涵。在这样的意义上，也就可以对区域文学现象的出现进行如下初步描述：在以区域文化为对象的文学审美过程中，以区域文化的现实存在为基础，通过区域文学的发生而成为区域文化的一个组成部分，在促成区域文化发展的同时推进区域文学的自身发展。

从区域文学的文本存在来看，实际上拥有两大文本系统：口头语言文本与书面语言文本，两者的代表分别是：前者主要是由民间采风而来的文本，是关于集体创作的口头流传文本的文字记录；后者主要是由专人写作而来的文本，是个人创作的书面传播文本的文学书写。这两大系统的文本的写作，不仅呈现出由集体创作向着个人创作进行转换的趋势，而且也相应地表现出由民间流传向着大众传播进行转换的倾向。更为重要的是，从区域文学的文本构成来看，具有纵横两个蕴含向度：横向的蕴含向度表现为对于区域文化从睿智的哲思到激情的迷狂这样的包含，而纵向的蕴含向度则呈现为对于区域文化从现实的观照到历史的追溯这样的包蕴。这样，区域文学对于区域文化进行的文本表达之中，已经促使地域文学的产生与地方文学的出现之间，形成了趋向一致的可能性，最终成为区域文学的存在现实。

区域文学中地域文学与地方文学二分，与区域文化中地域文化与地方文化二分相对应，从一个侧面上表明了区域文化与区域文学之间的本质性深层内涵关系。因此，在地域文学与地区文学之间，将表现出不同的文本特征。首先，地域文学的文本存在具有两大文本系统，并以书面文本为主；而地域文学的文本构成以地域文化为对象，并以横向的蕴含向度为主，因而无论是从文本的写作到文本的传播，还是从文本的对象到文本的蕴含，都将受到意识调控与行政调控的种种约束。其次，地方文学的文本存在也具有两大文本系统，且口头文本与书面文本并重；而地方文学的文本构成以地方文化为对象，并以纵向的蕴含向度为主，因而无论是从文本的写作到文本的传播，还是从文本的对象与文本的蕴含，都将受到人文基础与民族特征的种种影响。所以，从文学审美的角度来看，地域文学与地方文学之间，两者的审美自由度，由于外来的地域文化干预与内在的地方文化局限，会导致两者之间的实质性差异的出现。

这一差异源自地域文学与地方文学的文化内涵的不同，从而体现出地域文化与地方文化之间的基本构成差异。这实际上也就意味着地域文学与地方文学都同样具备着文化内涵的二分。就地域文学而言，具备了意识文化导向与地区文化限度这样的文化内涵二分：意识文化导向是意识文化现实追求的文学表现，而地区文化限度是地区文化辖区边际的文学表现，从而显现为从政治意向到行政体制对于地域文学的可能限制。就地方文学而言，具备了地缘文化特性与民族文化底蕴这样的文化内涵二分：地缘文化特性是地缘文化历史发展的文学表现，而民族文化底蕴是民族文化传统延续的文学表现，从而显现为从风土人情到风俗习惯对于地方文学的潜在制约。

这样，区域文学的文化内涵分为意识文化导向、地区文化限度、地缘文化特性、民族文化底蕴的不同层次。根据这些文化内涵不同层次在区域文化与区域文学兴衰过程之中展示出来的历史稳定性，这四者之间形成了从表层到深层的层次构架，也就是意识文化导向是区域文学最表层的文化内涵，而后由地区文化限度到地缘文化特性逐层深入，直到民族文化底蕴的最深层，表现出从变动不居到稳固更新的层次特征，并且显现出层层递进的可能相关，从而形成了区域文学中地域文学与地方文学之间的文化内涵层次区分。

由此可见，从地域文学到地方文学，由于存在着两者之间在文化内涵上的层次差异，不仅会继续保持着地域文化与地方文化的特征性影响，而且将独自表现出地域文学与地方文学的可能性发展来，从而使地域文学与地方文学能够通过文化内涵的互动与互补，在地方文学的历史基础上与地域文学的现实发展相融合，实现两者之间在文化内涵上的兼容并包，从而使之成为具有体制性政治色彩与实存性民俗风貌，这两大基本特点的区域文学的现实。至此，可以对区域文学进行第一次描述性的界定：所谓区域文学，就是以区域文化为审美对象，拥有意识文化导向、地区文化限度、地缘文化特性、民族文化底蕴这四大文化内涵的文学现象。

正是由于在区域文化与区域文学之间，始终保持着在文化内涵上的有机构成关系，因而在区域文化的主要特征与区域文学的一般特点之间，形成了对应性的关系，具体而言，一方面就是地域文化的时期性与波动性特征，将直接表现为地域文学的地域变动性，不仅地域文学的性质随着意识文化导向的转变而转变，而且地域文学的边际随着地区文化限度的调整而调整，因而使之成为区域文学是否出现的一个决定性因素。而另一方面就是地方文化的长久性与累积性特征，将间接体现为地方文学的地方永久性，在地方文学的人文资源为地缘文化特性所固定的同时，地方文学的语言表达也为民族文化底蕴所决定，因而使之成为区域文学能否存在的一个根本性因素。这样，地域文学与地方文学之间正是从不同文化内涵层次上，展示出区域文学一般特点的基本内容，也就是地域文学以地方文学为历史根基，而地方文学以地域文学为现实样态。

地域文学的地域变动性，从文化内涵的角度来看，一方面直接表现为意识调控的可能性，即通过文学政策的制定，来进行调控以确定区域文学发展的可能限度；另一方面直接表现为行政调控的有效性，即通过行政区划的调整，来进行调控以确认区域文学发展的有效空间。无论是文学政策的制定，还是行政区划的调整，都具有政治性的基本内容，表现为体制性的政治运作所产生的社会制约作用。在这样的意义上，可以说地域文学是一种政治性的区域文学现象，因而从地域文学到区域文学的现象性存在，实质上也就取决于民族国家在特定时期之中文化发展的政治性需要。

地方文学的地方永久性，从文化内涵的角度来看，一方面间接体现为人文基础的历史性，即进行人文地理开拓，提供必要的人文资源根基以促进区域文学的形成；另一方面间接体现为民族特征的体系性，即进行民族语言发展，来提供必要的语言表达符号以推动区域文学的出现。从人文资源根基到语言表达符号，都具有地方性的基本内容，表现为人文性的语言运用所产生的群体影响作用。在这样的意义上，可以说地方文学是一种地方性的区域文学现象，因而从地方文学到区域文学的现象性存在，实质上取决于民族国家在特定环境之中文化发展的地方性表达。

由此可见，区域文学的一般特点具有地域变动性与地方永久性这两方面的基本内容，具体化为意识调控的可能性、行政调控的可行性、人文基础的历史性、民族语言的体系性，进而形成了有关区域文学一般特点的，从政治性需要到地方性表达这样的文化内涵层次的两极区分，由此而赋予了区域文学以政治性与地方性这样的文化存在关系标志。一旦区域文学在全国范围内成为从政治性需要到地方性表达的文学典范，区域文学也就具有了全国代表性。

不过，区域文学的全国代表性，与区域文学的存在一样，同样也是在民族国家的特定历史阶段之中呈现出来的，并且往往要比区域文学的自身存在在时间上更为短暂。这首先就意味着区域文学的全国代表性，会发生从一个区域到另一个区域的文学转移。其次也更意味着区域文学能否具有全国代表性，较之区域文学自身存在而言，仅仅是一个可能之中的可能。

正是在这样的认识前提下，对于区域文学也就可以进行描述性的再次界定：所谓区域文学，就是民族国家中以区域文化为审美对象，拥有意识文化导向、地区文化限度、地缘文化特性、民族文化底蕴这四大文化内涵，地域文学的政治性需要与地方文学的地方性表达趋于一致的文学现象。

所以，无论是区域文化还是区域文学，两者都不过是民族国家内在特定历史时期与现实环境中存在着的区域性文化与文学现象，因而从区域文化的存在到区域文学的存在，彼此之间表现出了从时间到空间的同一性。所以，区域文化与区域文学之间形成了两者最基本的关系，就是区域文化与区域文学之间的存在关系。

这一存在关系，首先分别体现在区域文化与区域文学之内。从区域文化之内看，主要体现为地域文化与地方文化之间的存在可变性关系：如果没有地域文化的出现这一可变性因素，区域文化的形成就会失去现实的体制保障；反之，如果没有地方文化的产生这一不变性因素，区域文化的形成就会缺乏历史的资源保障，从而表明区域文化正是在地域文化的可变与地方文化的不变趋于一致的过程中形成的。从区域文学之内看，主要体现为地域文学与地方文学之间的发展延续性关系：如果没有地域文学的出现这一阶段性因素，区域文学的形成就会失去现实的发展样态；反之，如果没有地方文学的产生这一持续性因素，区域文学的形成就会缺少历史的发展根基，从而表明区域文学正是在地域文学的阶段发展与地方文学的持续发展相一致的过程中形成的。

这一存在关系，其次集中表现在区域文化与区域文学之间。从地域文化与地域文学之间看，主要表现为两者之间在存在上的时间同一性关系，无论是地域文化，还是地域文学，都只能在特定时期里出现，或者是地域文学随着地域文化的出现，或者是地域文学的出现成为地域文化出现的先导。从地方文化与地方文学看，主要表现为两者之间在存在上的空间同一性关系，无论是地方文化，还是地方文学，都只能在特定环境中产生，地方文化有可能直接促成地方文学的发展，而地方文学则有可能间接促进地方文化的发展。

正是因为如此，从区域文化与区域文学之间的存在关系看，事实上，区域文化与区域文学也就可以分为——可变/时间性层面、延续/空间性层面——这样两个存在层面：可变/时间性层面是地域性的文化与文学，是区域文化与区域文学中的时期性生成物，因而成为区域文化与区域文学的存在表层；延续/空间性层面是地方性的文化与文学，是区域文化与区域文学中的长期性存在物，因而成为区域文化与区域文学的存在深层。两个层面能否浑然一体，尽管取决于民族国家的社会发展，特别是这一发展在特定时期与特定环境之中的直接制约，但是，民族国家社会发展水平在从古至今的发展过程中的差异性，也就不能不影响到区域文化与区域文学的形成，呈现出从古代到当代的变化。具体而言，也就是区域文学与区域文化在存在的时间长度上趋于长，特别是在存在的空间范围上趋于广。更为重要的是，人类社会由传统向现代的文化转型，促使古今之差的时间性转化为传统与现代的时代性差异，民族国家在现代发展过程之中，区域文化与区域文学的形成具有了更大的可能性。

　　无论是民族国家的形成，还是民族国家的发展，都经历了一个漫长的历史过程，在这一历史过程中，民族国家出现分裂与统一的不同阶段，进而呈现出从分裂到统一的历史趋势，从而为区域文化与文学的形成提供了必不可少的历史条件，具体而言，也就是特定的历史时期与特定的历史环境。与此同时，区域文化与文学形成的历史条件，也规定着区域文化与文学的基本类型及其从历史到现实的可能演变。

　　更为重要的是，民族国家发展过程中历史条件的变动，影响着区域文化与文学类型分化的可能性，促使区域文化与文学在基本类型的基点上生成形形色色的具体类型，由此而进行概括，可以将区域文化与文学分为两大可能类型，一大类型与基本类型大致相符，可称为区域文化与区域文学的主型；另一大类型与基本类型大体相关，可称为区域文化与区域文学的亚型。对区域文化与区域文学进行主型与亚型的区分，不仅有助于对区域文化与区域文学进行历史考察与现实把握，而且有利于对区域文化与区域文学进行学术探讨与理论建构。

　　这就在于，区域文化与区域文学的类型区分，主要与从区域文化到区域文学对于区域这一概念的理论认识存在着密切的关系。在通常有关区域概念的认识过程中，会出现狭化的两极性误认。关于区域的最基本的"现代汉语"界定是："地区范围"，因而在实际上排除了"地缘边际"这一应有之义，直接导致了区域文化、区域文学在概念上与地域文化、地域文学相混淆，特别是出现了对于地区文化与地区文学关系进行以行政区划为边界的理论性误认。

　　然而，随着将"地缘边际"纳入到区域一词的概念之中，其概念的外延与内涵有所扩大，又出现了将地方文化与地方文学误判为区域文化与区域文学的学理混淆。这样，对于区域一词的从地域到地方的两极性误认，也就发生了对于区域文化与区域文学进行确认的狭化倾向，从而直接影响到区域文化与文学的类型划分。因此，有必要对区域一词进行概念界定，即区域包含着从"地区范围"到"地缘边际"这样的外延与内涵，由此而进行区域文化与文学的主型与亚型之间的明确区分。

　　所谓区域文化与区域文学的主型，即是在地域文化与地域文学，同地方文化与地方文学相一致的基础上，能够整体性地体现出区域文化与区域文学之间，从存在到构成，从影响到互补的多重关系，具体而言，就是区域文化与区域文学的主型将达到区域文化与文学之间的四个同一：意识形态的主导性与意识调控的可能性，行政区划的限定性与行政调控的可行性，人文地理的稳定性与人文基础的历史性，民族归属的独立性与民族语言的体系性。更为重要的是，区域文化与文学之间的四个同一，将分别以地域文化与地域文学、地方文化与地方文学为中介进行整合，从而成为具有整一性的区域文化与区域文学的主型。

所谓区域文化与区域文学的亚型，即是在地域文化与地域文学，同地方文化与地方文学相分离的前提下，没有能够完整地表现出区域文化与区域文学之间的关系。实际上，区域文化与区域文学的亚型是区域概念狭化的产物，分别同地域文化与地域文学、地方文化与地方文学直接相关，并且形成了趋于地域性或地方性的极端现象。就民族国家而言，可分为这样的两极：单一的以"地区范围"为行政边界的地域文化与地域文学和单纯的以"地缘边际"为地理限定的地方文化与地方文学。

此外，较之对于民族国家之内的区域文化与文学进行类型确认的狭化，还出现了对于区域文化与文学进行类型确认的泛化，不仅将区域文化与区域文学现象的发生推向了民族国家之外的世界各大洲之内，甚至还推到了洲际之间。或者是现代意义上的具有阵营性质的政治性文化与文学现象，也许最为时髦的就是所谓"第某世界文化与文学"；或者是传统意义上的符码性质的地缘性文化与文学，可能引起追忆的就是所谓的"某某文化圈文化与文学"。显而易见的是，对于区域文化与区域文学进行类型确认的泛化，实际上又成为另一种意义上的狭化，更为重要的是，这样的类型确认的泛化，已经是超出了有关区域文化与区域文学的理论界线。

如果不是过于执着于区域文化与区域文学进行类型确认的狭化及泛化，那么，所能够看到的就是：在区域文化与区域文学的主型与亚型之间，实际上存在着两者相互转化的可能性，即介于区域文化与区域文学的主型与亚型之间的兼类现象，同时具有地域文化与地域文学、地方文化与地方文学之中的某些层面，这样的区域文化与区域文学兼类，既有可能从区域文化与区域文学的亚型转变为区域文化与区域文学的主型，即从地域文化与地域文学或地方文化与地方文学，向着区域文化与区域文学的方向转变；也有可能从区域文化与区域文学的主型退化为区域文化与区域文学的亚型，即从区域文化与区域文学向着地域文化与地域文学或地方文化与地方文学的方向退化。这一区域文化与区域文学的主型与亚型之间的转化可能性，将主要取决于民族国家发展过程之中的阶段性历史条件。

所以，即使是在以"全球化"为标志的人类文化发展新浪潮之中，所谓"全球化"有可能是一个促成区域文化与文学现象存在或消退、出现或消逝的，而与民族国家社会发展的阶段性历史条件相关的重要因素，然而，绝非是一个具有决定意义的现实因素。在这样的意义上，有关区域文化与区域文学的个人思考，或许能够在对现行研究范式发起质疑的同时，成为促进新的研究范式建构的一次小小尝试。事实上，也许只有在承认理论的有效性是基于理论的有限性这一认识逻辑的前提之下，认可区域文化与区域文学是民族国家之内出现的文化与文学发展的阶段性现象，由此而进行有关区域文化与区域文学及其类型确认的学理探讨，才有可能使之成为一种有效的理论阐释方法，以便促成对区域文化与区域文学理论体系性建构的较为普遍的学术探讨。

二　中国的"西方"与文学的现代发展

20世纪的中国文学，在百年间的发展之中，文学的区域分化成为文学现代发展中的历史现象与现实格局。问题在于，区域文学在现代中国出现的可能性，理应追溯到20世纪20年代有关文学"地方色彩"的个人书写之中，其后随着抗日战争由局部到全国的蔓延，直接促动着20世纪的中国文学进入区域化的发展过程，形成了大陆文学、台湾文学、港澳文学，并且一直延伸到21世纪的当下。更应该看到的是，在整个20世纪的百年之中，现代巴蜀作家率先提出了中国的"西方"这一称谓，并且以之来指称巴蜀文化的发源地，由此而展开了基于巴蜀文化的区域文学书写，这一以地方色彩为主要特征的区域文学书写，无疑催生并肇起了区域文学在现代中国的出现。

在这里，所谓区域文学书写就是作家对于区域文化进行的个人文学书写，通过不同文本形式来显现区域文化的诸多构成，以展示 20 世纪的中国文化与文学在现代转型之中的本土文化多元性与文学多样性。

这样，现代巴蜀作家通过他们的区域文学书写，在形象地表达巴蜀文化的诸多内涵的同时，无疑参与了 20 世纪的中国区域文学从生成到发展的全过程。其中，不仅有来自蜀地的诗人郭沫若对峨嵋山与巫峡的交相辉映展开了诗情的挥洒，更有来自巴地的诗人吴芳吉对中国的"西方"与"西方人"的相依为命进行了诗意的发现。随后，无论是蜀地之作家巴金、李劫人、艾芜、沙汀……还是巴地之作家何其芳、路翎、刘盛亚……同样也是以其区域文学书写，通过从诗歌到小说的不同文本形式来促进着 20 世纪以来中国区域文学的持续发展。

事实上，在 20 世纪的中国文学现代转型之中，进行有关区域文学书写源起的追溯，至少在闻一多对于郭沫若的《女神》进行的评价之中，就可以初见端倪。也许可以说，在 20 年代初有关新文学之中"地方色彩"的个人认识，实际上并没有呈现出与区域文学书写的直接相关性。可是，正是闻一多在《女神之时代精神与地方色彩》一文里，尽管作出了"《女神》真不愧为时代的一个肖子"这一乐于为人所引用的评价，然而，闻一多同时更指出：《女神》"薄于地方色彩"——也就是本土民族文化传统及诗歌传统的某种缺失。之所以如此，并不仅仅在于郭沫若是在"一个盲从欧化的日本"这样的文化环境中进行着《女神》的创作，主要是在于"《女神》之作者对于中国文化之隔膜"——"《女神》不独形式十分欧化，而且精神也十分欧化了。"具体而言，就是割断了本土的文学与文化传统。这样，闻一多批评郭沫若诗歌因缺少"地方色彩"以致成为欧化的新诗，实际上已经成为对于此时中国新诗通病的一次具有针对性的切实指弊。

应该如何理解文学的"地方色彩"呢？闻一多是从"好的世界文学"的角度来加以提示的，指出"只有各国文学充分发展其地方色彩"。于是，根据这一提示，从世界文学转向中国文学，"好的"中国文学显然就需要中国各地文学"充分发展其地方色彩"，①而区域文学正是在一国之内在特定时期形成的各地文学。所以，《女神》的作者郭沫若此时"对于中国文化的隔膜"，不仅仅表现为对于本土文化与文学的暂时舍弃，同时也是对巴蜀文化与文学的暂时放弃。尽管如此，关于"地方色彩"缺失的个人言说，无疑表明20世纪的中国文学现代转型过程之中，区域文学书写对于中国文学现代发展的必要性，从20年代开始就已经给提出来了，并且促成了具有如此"地方色彩"的个人书写。进入抗战全面爆发的30年代，随着文学发展的区域化，实际上已经出现了这样的独具"地方色彩"的中国各地文学，从而促使中国文学由此沿着区域文学这一基本轨迹进行其现代的发展。

也许可以说在《女神》之中郭沫若未能写出具有"地方色彩"的诗作，但是，绝对不可以说在郭沫若的诗歌书写之中从来就不存在具有"地方色彩"的诗作，即使是在郭沫若早期诗歌之中，也已经出现了充满巴山蜀水之诗情画意的上佳之作，这就是在1928年1月8日这同一天，郭沫若所写成的《峨嵋山上的白雪》和《巫峡的回忆》。

在《峨嵋山上的白雪》中，"峨嵋山上的白雪"与"大渡河的流水"显现出鲜明的地方色彩，并且赋予了充满了诗意的追怀——"大渡河的流水浩浩荡荡，/皓皓的月轮从那东岸升上"——"我最爱的是月光之下，/那巍峨的山岳好像要化成紫烟；还有那一望的迷离的银霭，/笼罩着我那寂静的家园。"

同样，在《巫峡的回忆》之中，眼见着"巫峡的两岸真正如削成一样"，与想象着"催泪的猿声""为云为雨的神女"，催生出如此心灵吟唱："巫峡的奇景是我不能忘记的一桩。/十五年前我站在一只小轮船上，/那时候有迷迷蒙蒙的含愁的烟雨，/洒在那浩浩荡荡的如怒的长江"，尤其是"峡中的情味在我的感觉总是迷茫，/好像幽闭在一个峭壁环绕的水乡"，由此而寄寓着如此诗人情怀——"但我只要一出了夔门，/我便要

---

①　由于有关《女神》个人肯定与个人批评的评价差别是如此之大，该文分别以《女神之时代精神》《女神之地方色彩》刊载于《创造周报》1923年6月3日、10日第4、5号；闻黎明：《闻一多传》，人民文学出版社1992年版，第65页。

乘风破浪！"① 由此，郭沫若在表达个人的故土追怀之情的同时，为中国新诗如何进行区域文学书写，进行了一次基于巴蜀文化的个人书写示范。

不过，区域文学书并非是要自限于区域文化的个人书写之中，恰恰相反，进入 20 世纪以来，区域文学书写需要这样的个人书写必须"出了夔门"，以便能够拥有从中国到世界的文化与文学的双重视野。

较之蜀地诗人郭沫若在 1928 年以欧化的新诗进行区域文学书写，巴地诗人吴芳吉早在 1920 年前后，就以巴地特有的民歌体、民谣体来开始区域文学书写的个人探索。同样是以与郭沫若相类似的"出了夔门"这一个人之旅，吴芳吉从中国的"西方"内陆城市重庆出发，来到中国东部现代都市的上海，获取空前阔大的个人接受视界之后，从一己对于摩托车的中国感受出发——"在外国为平民之所利赖，在中国则为贵族之所自私"，而写出了这样的《摩托车谣》："摩托车，摩托车，/行人与你是冤家。"与此同时，吴芳吉也并没有对现代都市生活进行全面排斥，在《卖花女》中就吟唱出"一带红楼映柳条，/家家争买手相招"这一日常生活景象，来表示自己对于"卖花女"沿街叫卖的同乡之情，毕竟彼此都是来自中国的"西方"的"西方人"。

这就表明，区域文学书写是离不开个人接受视界的扩大的，两者之间形成了正向的良性循环：越是能够拓展从中国到世界的文化与文学的个人视野，也就越是能够进行真正意义上的区域文学书写。

特别需要指出的是，吴芳吉此时在个人书写之中，已经能够从中国的"西方"，尤其是巴山蜀水的四川，来进行文学"地方色彩"的个人思考——"我是四川人，所以诗中注重地方色彩。原来四川文学与中国文学之关系，其重要亲切，犹如苏格兰的风尚，在英国诗史中之位置。"

这就表明，对于"地方色彩"的中国之思，早在 1920 年，就由吴芳吉在其发表《笼山曲》一诗时所写的"小引"中展开。可以说，这是 20 世纪的中国诗人对区域文学书写最早进行的个人之思，尤其是吴芳吉对于巴蜀文化的"地方色彩"进行了如下表述——不仅"四川山水别有境

---

① 《郭沫若全集·文学编》第 1 卷，人民文学出版社 1982 年版，第 395—398 页。

界，他的境界的表示，都是磅礴、险峻、幽渺、寂寞及许多动心骇目之象"，而且"我们的祖宗从西方迁来，我们对于秘密的西方，总是莫名其妙，不知不觉，便养成一种返本之思"，因此，"我望现今的新诗人辈，要得诗境的变化，不可不赴四川游历。而游历所经，尤不可不遍于他的疆界"①。

　　吴芳吉在此强调了"地方色彩"之于区域文学书写的极端重要性，更难能可贵的是，吴芳吉还揭示出关于 20 世纪的中国文学中个人进行区域文学书写的可能性与可行性——不仅祖居巴山蜀水的作者可以进行区域文学书写，而且游历巴山蜀水的作者也同样可以进行区域文学书写，以共同的书写来力图显现出巴山蜀水特有的文学境界来，更进一步预示着 20 世纪的中国文学发展过程之中，通过区域文学书写而走向以丰富多彩的"地方色彩"为标识的中国各地文学之路。

　　更为重要的是，吴芳吉对中国的"西方"的个人指认，是以四川为中国的"西方"与东方之间的边际线的。这就是说，在中国的四川以西，包括四川、重庆在内的广大国土，就是当年中国的"西方"，而如今这中国的"西方"已被称为中国的西部。无论是当初的中国的"西方"，还是如今的中国的西部，一代又一代的作家以其具有"地方色彩"的个人书写，促进了中国现代文学中的区域文学发展，并且这一文学的现代发展已经完成了世纪性的跨越，从 20 世纪到 21 世纪，中国的西部文学已经成为中国文学的现代发展之中最具"地方色彩"的文学现象。

　　问题在于，随着世纪之交"西部大开发"这一有关中国社会总体发展的政治决策进入了实施过程，在中国西部，一种具有区域性特征的文化现象，也就是西部文化，将有极大的可能随之出现。这样，西部文学作为西部文化的审美表征，也会由于西部文化的出现而产生。然而，较之西部文化这一区域性的文化现象的可能出现，已经成为现实的西部文学，在事实上成了一种地方性的文学现象。简言之，在区域性的西部文化可能出现之前，地方性的西部文学已经存在。

---

　　①　贺远明、吴汉骧、李坤栋选编：《吴芳吉集》，巴蜀书社 1994 年版，第 86—114 页。

西部文学的中国存在，一方面固然可以看成是西部文化在中国出现的现实基点，因为文化的发展具有一个累积的过程；另一方面更应该看到的是，现实中存在着的西部文学，仅仅是地方性的，而不是区域性的，也就是说，它只是对存在于中国西部的诸多地方文化进行审美表征的集合体，而不是对中国西部有可能出现具有整体性的区域文化进行审美表征的产物。换句话说，西部文学在审美自由创造之中所需要的文化资源支撑，主要是由已经存在着的地方文化来提供的，而不是由可能形成的区域文化所提供的，这就充分表明了对于西部文学的地方文化资源进行探讨的必要性。

事实上，对西部文学的地方文化资源进行探讨的意义，不仅仅是为了西部文学的自身发展需要，在更大的程度上，则是为了在现实存在着的西部文学与可能会出现的西部文化之间，寻求一条对应与融合中的区域发展之路，以免在对西部文学的地方性存在进行误认的同时，对于西部文学的区域性发展前景却视而不见。

这就直接牵涉到在实施"西部大开发"的现实过程之中，一般是通过对于有关政策的政治调整，来促动具有区域性意义的经济发展，实际上更多地体现出有关区域经济发展的现实政治需要来。这样，如果是从区域文化的基本构成要素来看，"西部大开发"的实施所能够直接影响到的，主要是现存的地域文化之中的意识文化与地区文化，而对于现存地方文化之中的地缘文化与民族文化而言，则只能是产生某种程度上的间接影响。

"西部大开发"所能发挥的直接影响，首先从意识文化来看，主要表现为意识形态的主导性影响，这一影响相对全国而言，实际上是并没有出现区域性的差异，也就是说，仍然保持着意识形态主流的一元化权威，而区域文化得以出现的一个基本条件就是：在意识文化上形成相对多元的意识形态选择。正是因为如此，对于中国西部若干民族的生活影响较大的宗教精神，也就将会是相应地在西部文学创作之中，逐渐得到一种具有艺术真实性的个人表达。

其次从地区文化来看，主要表现为行政区划的限定性影响，从对于西部十个省、自治区、直辖市到十二个省、自治区、直辖市行政区划扩张这一事实来看，主要是要将所谓的"老、少、边、穷"这样的经济发展落后的贫困地区，尽可能地包容进去，以便能够进行政策上的倾斜，而区域文化得以出现的另一个基本条件就是：在地区文化上形成相对协调的行政区划地理边际。事实上，在西部十二个省、自治区、直辖市之间，不仅存在着行政区划在空间上的不协调，呈现出偏东又偏南的地理性边际；而且更存在着行政区划在体制上的不协调，表现为民族自治与否这样的体制性差别，从而有可能促使西部文学的现实发展，会由于行政调控下经费分配的不均衡，最终导致文学自身发展的不平衡。

毋庸讳言，"西部大开发"能否对地方文化产生某种程度上的间接影响，在事实上取决于其对于地域文化发展所能发挥的直接影响。这就是说，"西部大开发"对于现存的西部文学的可能性影响，同样也仅仅是一种间接影响，并且这一间接影响的程度，必须透过从地域文化到地方文化的双重性中介作用，才有可能渗透到西部文学之中。

这首先就意味着，"西部大开发"对于西部文学产生影响的可能性，将取决于地域文化发展的可能性，这一点主要表现在对于现行文学政策与文学体制的可能性调适方面。

这其次就意味着，"西部大开发"对于西部文学产生影响的现实性，也将取决于地方文化发展的现实性，这一点主要体现在文学空间与文学自由的现实性增长方面。

简言之，"西部大开发"对西部文学所能达到的间接影响程度，一方面固然与来自地域文化的政策调适具有一定的对应性，而另一方面则更是与地方文化的资源增长保持着高度的同步性。这无疑表明，在地方性的西部文学与区域性的西部文化之间，将会形成越来越紧密的内在联系，西部文学有可能成为西部文化兴起的一个现实基点，关键在于，西部文学在审美创造中所表征的地方文化，在"西部大开发"中能否与地域文化进行全面的融合，从而推动西部文学向着表征整个西部文化的区域文学方向发展。在这样的意义上，可以说，对于西部文学的地方文化资源进行考察与分析，将具有极其重要的历史意义与现实作用。

首先，从西部文学这一地方性文学现象来看，具有源远流长的历史发展过程，因而地方性的西部文学发展本身，则又成为对于地方文化发展的一种过程性的审美观照与表达。所以，不仅可以通过现存的西部文学，来把握地方文化从古至今的发展，通过多姿多彩的艺术形象来探索丰富多彩的文化底蕴；而且更可以通过现存的西部文学，来揭示地方文化不同阶段的发展，借助多种多样的艺术形态来表现出纷繁复杂的文化样态。这就是说，在西部文学中艺术形象与艺术形态的多样性，和地方文化中文化底蕴与文化样态的多源性之间，已经达到了从地缘文化到民族文化的历史性整合，这就是中国西部的地方性文化与文学的同步发展。

其次，从西部文学向着区域性文学的可能发展来看，具备了历史上从来未有的现实契机，因而区域性的西部文学的当下发展，更是成为促动西部文化兴起的一次审美超越与创造。因此，正在发展中的西部文学，一方面借助"西部大开发"的历史契机，通过文学政策与文学体制的可能调适，在地域文化与地方文化的逐渐融合的大背景之下，就会促使可能形成的西部文化在文学表征上能够拥有独特的艺术视野与艺术构成；另一方面是随着地域文化与地方文化的趋向融合，在文学空间与文学自由的现实增长的过程中，也同样会促使可能形成的西部文化在文学表征上达到艺术意向与艺术表达的相一致。这就是说，对于西部文学的区域性发展来说，无论是从艺术视野到艺术构成来看，还是从艺术意向到艺术表达来看，都与"西部大开发"之中可能形成的西部文化保持着程度不等的现实相关性。

问题在于，较之具有时间可变性特征的地域文化，地方文化则具有空间永久性特征。这样，根据易变性与持久性的层次分化原则，在区域文化层次构成之中，表层的地域文化与深层的地方文化这两者之间，也就呈现出如此的存在关系：前者为后者提供了现实性的发展契机，而后者为前者奠定了历史性的发展根基，因而中国西部的地域文化与地方文化之间进行当下的全面融合，也就只能是基于地方文化。在这样的前提之下，即使是对于从地方性文学向着区域性文学发展的西部文学来说，中国西部固有的地方文化也自然是具有决定性作用的文化资源。

由此可见，无论是从历史发展的过程来看，还是从现实发展的可能来看，对于西部文学发展而言，地方文化这一资源始终都是至关重要的。

　　显而易见，一个不可否认的事实就是：从现存的到未来的西部文学，其主要文化资源都只能是中国西部的地方文化，因而对于西部这一具有相应而相对的地理边际的空间概念，将首先进行历史性的考察，以便确认西部的地理空间性，是否能够与地方文化的空间永久性，特别是地缘文化的人文地理稳固性之间，形成具有同一性的相符而相称的对应关系。

　　当长安第一次在汉代成为一代王朝的首都，就标志出中原文化的政治中心，相对周边文化而言，实际上形成了民族国家兴起过程之中的区域性文化雏形，并且同样是第一次载入了史册。从《史记》开始，对于中国西北边陲的"西域"各国与西南边陲的"西南夷"，就进行了相应的记载，从而第一次对于中国的西部进行了具有地理边际意义的空间划分。当然，这一首次进行的史书式的空间划分，显然是基于地域文化，特别是地区文化的行政区划的。这就在于，从民族国家的角度来看，在民族国家兴起过程中出现的种种地区性政权，与其说是彼此独立而对峙相向的不同"国家"，还不如说是彼此具有藩属关系的不同的"国"，要言之，它们并不是现代意义上独立的主权国家，更多的是类似于现代意义上的行政地区这样的"国度"。这无疑已经证实了：从《史记》开始的对于中国西部的史书式空间划分，在事实上主要是基于地域文化的现实分化的。因此，古代中国的"各国"文化，也就是以国名来命名的种种文化，诸如从东方的齐文化到西方的秦文化，更大程度上是一种地域文化现象，从而呈现出古代中国文化发展过程中主流意识与行政体制的一致性传统。

　　较之主要显示出地域文化特性，并且进入官方记载的史书式空间划分，具有地方文化特性的地理大发现式空间分割，实际上早已开始。这就是大约在公元前3世纪，也就是秦末汉初之际，在孕育了巴蜀文化的四川盆地，以成都为中心，就已经开辟出了经缅甸、印度一直延伸到阿富汗的西南丝绸之路，随后当汉武帝派遣张骞出使西域，实施文化交流的"凿空"之举。从此以后，在葱岭以东、天山南北的地理空间之内，仅仅在西汉与东汉的交替过程之中，竟然出现了从三十六国到五十五国这样的变动不拘的地区分化。尽管如此，对于西域的地理大发现，最大的收获是导致了西北丝绸之路的开通。

　　于是，西北丝绸之路以长安为起点，并且经由西域一路向西逐渐绵延到了欧洲。根据有关史料所载，西南丝绸之路主要是由民间商人开辟的，而西北丝绸之路最初是由官方使节开通的。从商人牟利到使节出使，两者之间对于丝绸之路的出现，虽然各有其动机与目的，但至少是在客观上，正是通过两者的齐心协力，完成了对于中国西部的古代地理大发现。

　　这样，无论是稍早一些由民间开辟的西南丝绸之路，还是稍晚一些由官方开通的西北丝绸之路，都同样最大限度地展示出中国西部形形色色的地方文化，尤其是通过各个地方之间的文化交流，极大地显现出地缘文化的人文性质：以丝绸为标志的文化交流，除了表明在器物层次上进行的生产物品与生活用品的交换以外，更是意味着从制度层次到心理层次上的某种交融。这一交融不仅出现在从货币铸造式样到文字书写格式等方面，而且出现在从崇尚汉官威仪到引进西域乐舞等方面。更为重要的是，文化交流之中的彼此交融，都同样显示出对于各自文化传统的固守：西域各国可以接受汉朝官制，甚至汉朝印绶，但又强娶已经婚聘他国的汉朝公主；而汉朝可以欣赏西域乐舞，乃至西域幻术，却偏偏要寓教于乐以进行道德教化。尽管如此，至少可以说，从古代到当下中国西部的地方文化，一直保持着独特的人文色彩，并且极为突出地表现在对于这些地方文化进行载歌载舞而又赏心悦目的民间说唱这样的艺术表达上。

　　这一地方文化的人文色彩的持久性，实际上首先是与地缘文化的人文地理稳固性所分不开的。即使是当年的长安变成了如今的西安，而西南丝绸之路与西北丝绸之路的地理大发现，演变成了西南与西北这样的行政大区，然而，中国西部从南到北的丝绸之路，已经从历史地理的角度，为中国西部分割出了西南与西北这样两个横向地理空间，而以青藏高原为轴线又对中国西部进行纵向地理空间的切割。

　　这样一来，在青藏高原以东，不仅西南有长江，而且西北有黄河；而在青藏高原以西，既有荒漠戈壁，又有绿洲牧场。不用说，在长江与黄河的两岸，有着无尽的盆地丘陵与平原高坡；在青藏高原的周边，雪域莽莽，湖泊点点，峰峦重重，林海苍苍。更不用说，中国西部边缘的茫茫草原，皇皇大漠，滚滚江流，巍巍群山。如此多变的地形地貌，为地缘文化的人文地理稳固性提供了自然环境的天然屏障，在这样的地理环境之中，形成了相对稳定的群体关系，为对应于地理环境的群体环境的营造，奠定了群体生存的生活基础，从而产生了独立而独特的人文地理现象，从纯自然的地形地貌扩张为人文性质的风土风物。这就为西部文学提供了博大无垠的地缘文化资源——从艺术想象的地缘文化空间到艺术表达的地缘文化背景。

在特定的地理环境之中生活着的群体，如果与其他群体出现了文化上的整体性差异，也就意味着一个民族的诞生。在这样的前提下，中国大地上的 56 个兄弟民族的聚居地，除了满族、朝鲜族、赫哲族、鄂伦春族、高山族、黎族等几个兄弟民族之外，都分布在如今的中国西部，与形形色色的地缘文化形成了地方文化意义上的对应关系。这就是说，中国西部 50 个兄弟民族那多种多样的民族文化，在事实上又成为与之相对应的地缘文化的群体根基。这也就是说，如果在地缘文化与民族文化之间形成一对一的对应关系，地方文化也就是这两者同中无异的重合，地方文化具有单一民族文化的基本构成；而如果地缘文化与民族文化之间形成一对二以上的对应关系，地方文化就是这两者的求同存异的融合，地方文化具有多民族文化的基本构成。

在这里，不仅对于地缘文化来说，地理空间的大小没有实际上的文化意义，而且对于民族文化来说，群体人数的多少也同样没有实际上的文化意义，因而地方文化并不以其地理空间的大小与群体人数的多少来决定其文化发展水平与文化蕴含价值的高低与否。在这样的认识前提下，应该说"少数民族"这一惯用说法，至少是从作为学术研究的术语来看，的确是没有兄弟民族这一说法具有规范性，因为后者更能够充分体现出不同民族之间的平等关系。因此，从学术研究的规范性出发，理应将少数民族改称为兄弟民族，而兄弟民族这一说法，在现实的语言运用中，已经开始得到某种程度上的社会认同。

特别是，如果承认民族文化与地缘文化的对应关系，事实上就可以看到，地方文化与地域文化在一般情况下，是难以形成类似的对应关系的。除了地缘文化与地区文化之间在地理空间上难以一一对应之外，更重要的是，在民族文化与意识文化之间更难以一一对应，并且往往会出现主流意识与民族意识之间的对立。从这样的意义上看，可以说民族之间的矛盾，主要是民族文化的矛盾。

然而，地方文化与地域文化之间如何才能形成对应关系的这一难题，实际上也只有在区域文化形成的过程之中来得到解决。这首先就是在一定程度上打破地区文化的行政区划限定，依托地缘文化的人文地理边际，来达成区域文化之内的对应，比如说，近年来在关于"西部大开发"与教育发展问题的一些研究中，就提出了"藏区"的说法，已经开始涉及了对于这一对应难题的具体解决。当然，这仅仅是一种尝试，如果能够在民族文化与意识文化之间，寻找出一种类似以中华民族来统一指称 56 个兄弟民族这样的多元一体的解决方法，在区域文化之内承认从主流意识到民族意识的多元共存，也许也就不难形成至少是最低限度的对应关系。自然，这一多元共存的解决方案，不过仅仅是一种可能的设想。

显然，无论是已经开始的尝试，还是当下可能的设想，距离真正解决地方文化与地域文化之间的对应难题，实际上还差得很远很远。这不仅是因为可能出现的西部文化尚待不断地努力，更是因为这一努力还需要从地方性的西部文学来做起。因此，在对西部文学的地缘文化资源进行了初步分析之后，也应该对西部文学的民族文化资源进行同样的探讨。

就兄弟民族文化之间的差异而言，最具有代表性的差异恐怕就是语言的差异。这是因为，民族语言不仅是民族文化承传的符号体系，而且也是民族文化的基本构成，正是因为如此，民族语言的发展才会与民族文化保持着高度的一致。在民族语言中，口头语言是根本——最基本、最持久、最鲜活、最多变的言语体系，一个民族可以没有文字，乃至书面语言，却始终拥有着以口头语言为代表的本民族语言。根据有关统计显示，在 1949年以前，除了汉族以外的其他兄弟民族，有着本民族文字的在 20 个左右；而在 1949 年以后，大约有 11 个兄弟民族创制了本民族文字。所以，从总体上看，说唱艺术在中国西部的诸多兄弟民族之间的盛行，与其本民族语言发展这一状况是有着某种内在的联系的。尤其值得指出的是，在各族人民之间广泛传唱的情歌，从西北的"花儿"到西南的"对歌"，已经成为西部文学的宝贵民族文化资源之一。事实上，面对各个兄弟民族的奇风异俗，只要不是以一种猎奇的心态来采风，就能够使各个兄弟民族的民俗民情得到富有艺术魅力的自由表达。

更为重要的是，在多元一体的中华民族这样的文化大前提之下，对于民族共同语的需要，已经成为 56 个兄弟民族的共同心愿。这一心愿的实现，将表现为一个历史性的过程。仅就汉语而言，除了回族、满族等兄弟民族早已经开始使用之外，也逐渐成为各个兄弟民族的通用语言，特别是书面语言。汉语在西部文学的个人创造过程中，已经得到较为普遍的个人运用的这一事实表明：民族语言，特别是民族语言中的书面语言，具有超越单一民族文化的表达限制，而成为表达不同民族文化的艺术符号体系。在这样的意义上看，汉语文学作品，也就成为一种可以包括所有兄弟民族在内的，包容了所有兄弟民族文化内涵的艺术文本。较之汉语，其他兄弟民族的语言，也同样有可能成为民族共同语。这就需要在西部文学从地方性文艺现象向着区域性文艺现象发展的过程中，对于民族语言这一民族文化资源予以充分的注意，来逐步推动民族共同语的一再出现。

对于民族语言与民族共同语的同时运用，有可能在中国西部的各个兄弟民族之间，促成民族文化及文学发展之中双语现象的出现。怎样认识这一双语现象的现实影响，对于西部文学发展所依存的民族文化资源来说，无疑将具有极其重要的意义。从正面看，双语现象的出现将会有利于民族文化之间的相互交流与融合，加快了民族文化的发展，使西部文学的民族文化资源越来越丰厚；而从负面看，双语言现象的出现也有可能导致民族文化承传的语言障碍，特别是在国民教育落后的状态下，很有可能造成从文化到文学的民族失语这样的严重后果。正是因为如此，如何以文学审美的艺术方式来展示民族语言与民族共同语的文化魅力，在扩大双语现象有益的作用的同时，降低双语现象可能的损害，已经成为西部文学的一个文化使命。

至此，20 世纪初在中国的"文学革命"全面展开之时，胡适就提出"国语的文学"与"文学的国语"这一具有建设性的口号来，以便通过两者之间的互动发展来推进中国文学的现代化。因此，在 21 世纪初，胡适这一得到历史确认的口号，对于中国的"西方"的现代文学，即西部文学来说，无疑就应该具体化为"双语的文学"与"文学的双语"，已能通过两者之间的互补发展，促使中国的西部文学能够在西部文化逐渐成为区域文化现实的根基上，最终成长为现代的区域文学。

第一章　陪都文化的空间绵延

一　巴蜀文化的流变

在中国，巴蜀文化无疑是历史最为悠久的区域文化命名之一，同时更是以其文化空间的历史绵延成为最为稳定的区域文化现象之一。仅就学界目前对中国文化所进行的区域性划分来看，一般都要追溯到先秦时期，并以此作为进行区域文化命名的历史依据，因而能够与巴蜀文化相提并论的，由西向东就分别有荆楚文化、吴越文化，而从南到北就分别有秦陇文化、三晋文化、齐鲁文化，形成了自先秦以来诸多区域文化共存的中国景象，由此也就促成区域文化研究在中国当代的兴起。

从区域文化的角度来看，无论是中国文化的西部与东部之分，还是中国文化的南方与北方之分，从古至今都是以文化空间的地理分布来作为划分基准的。事实上，早在先秦时期，中国文化的区域分化就已经出现，诸多区域文化的现实存在，都包含着时间与空间这两个向度上的文化构成：一个是与政治行政区划相关的地域文化，在从古至今的演变之中，呈现出在不同历史阶段中变动不拘的政治色彩，具有政治性的横向时间断裂的文化特征；一个是与人文地理环境相联系的地方文化，显现出在漫长的历史过程里稳定累积的民俗风貌，具有民俗性的纵向空间绵延的文化特征。

必须指出的是，地域文化仅仅是区域文化得以发生的现实条件，而地方文化则是区域文化赖以出现的历史根基，因而在当下，不仅中国文化的区域性划分，通常要以先秦时期的诸多区域文化来命名，并且中国文化的区域性共存，一般更展现为区域文化空间在绵延之中的诸多地方文化，至于地域文化则在区域文化时间的断裂之中难以延续。所以，较之以地域文化构成为主的秦文化，只有以地方文化构成为主的秦陇文化，才能够实现区域性的文化空间绵延；同样，较之以地域文化构成为主的齐文化，只有以地方文化构成为主的齐鲁文化，才能够实现区域性的文化空间绵延。这样，以地方文化构成为主的巴蜀文化，它的区域性空间绵延也就完全成为从古到今的文化现实。

通过对先秦时期诸多区域文化进行史实考察，表明无论是区域文化的西东之分，还是区域文化的南北之分，都是需要基于区域文化的基本构成来加以辨析的。因此，在 20 世纪，对于巴蜀文化等诸多地方文化，逐步展开了以诸多地方文化为研究对象的群体性研究，成立了诸多地方文化研究机构。

但是，对于巴蜀文化等地方文化的相关研究，主要集中在对于不同地方文化的单独研究之上，而缺乏整体综合的文化谱系研究。所幸的是，此前所有那些地方文化的单独研究，为进一步推进文化谱系研究奠定了必不可少的基础。于是，在 20 世纪与 21 世纪之交，已经出现了对黄河文化与长江文化进行综合研究的转向。

在新世纪的第一年，也就是 2001 年，由甘肃人民出版社、陕西人民出版社、宁夏人民出版社、内蒙古人民出版社、山西人民出版社、河南人民出版社、山东人民出版社联手推出了"黄河文化研究丛书"，分为"黄河人""黄河史""服饰卷""民食卷""住行卷""名胜卷""文苑卷""艺术卷""宗教卷""民俗卷"等 10 册，对黄河文化进行了较为广泛的研究。但是，这一研究是初步的，显然还不具备整体综合的研究特点。有人认为这一研究的不足"主要表现在以下三个方面：一是缺乏对黄河文化研究的自觉意识；二是对黄河文化的研究不系统、不深入；三是对黄河文化的研究及其所取得的成果与流域机构的地位不相适应"。由此而提出"对黄河文化的研究亟待加强"。① 如果排除所谓流域机构的行政指涉因素，单单从学术研究的角度来看，那么，要对黄河文化进行自觉而深入的系统研究，整体综合的文化谱系研究将是不可或缺的——具体而言，就是

① 张光义：《对黄河文化的研究亟待加强》，《黄河报》2007 年 8 月 21 日。

针对从黄河上游的秦陇文化，到黄河中游的三晋文化，直至黄河下游的齐鲁文化，以所有这些具有标志性的黄河文化构成为主干的文化谱系来展开整体综合研究。

三年之后的 2004 年，长江出版集团旗下的湖北省教育出版社，出版了"长江文化研究文库"，分为"综论""学术思想""文物考古""民族宗教""经济科教""文学艺术""社会生活"七大系列，共 52 册，而其中有一册题名为《长江上游的巴蜀文化》。这就表明，长江文化研究已经开始步入文化谱系研究的门槛。

所以，有论者指出在研究中必须与国际接轨，因为"在国际大文化格局中，流域文化的研究、开发和建设已成为世界性潮流"；进而认为需要突破长江文化的广义与狭义之分——"广义的长江文化，是以长江流域特殊的自然地理和人文地理位置优势以及生产力发展水平为基础的具有认同性和归趋性的文化体系。换言之，即长江流域的一切物质文化和精神文化的总和。其概念内涵既有专门性、特指性，又有包容性、序列性。狭义的长江文化，是指文化地理学或历史学意义上的长江流域文化"；而这样的长江文化，实际上将"远桃仙人洞文化、彭头山文化、河姆渡文化、马家滨文化、大溪文化、北阴阳营文化、良渚文化、屈家岭文化和西南、华南地区一些尚待确认定名的新石器时代文化；蕴藉滇黔文化、巴蜀文化、荆楚文化、吴越文化；容纳巫觋文化、傩文化、道教文化、南方佛教文化和江南士族文化；包孕近代湖湘文化、海派文化、岭南文化及闽台文化；发展为现代革命文化和当代社会主义新文化"。尽管在对长江文化的文化构成的个人把握之中，由于忽略了文化构成的三分而导致个人认识偏差的不时出现，但是，毕竟能够开始意识到长江文化是以上游的巴蜀文化、中游的荆楚文化、下游的吴越文化为主干的文化谱系。

更为重要的是，该论者特别提出——"或许有人会问，既然中华文化主要由黄河文化和长江文化这二元耦合而成，而且长江文化的整体水平并不比黄河文化逊色，在某些方面甚至有过之而无不及，为何人们对黄河文化的青睐和对长江文化的冷漠会形成如此强烈的反差？笔者以为，这种强烈反差的形成，导源于以下三'差'，即政治中心的'位差'、考古发现的'时差'和文化学者的'视差'"。① 这就毫无疑问地反证了要进行文化谱系研究，是离不开区域文化的研究视角的，因为所谓"三差"误导出来的冷热不均的研究现状，正是没有能够注意到无论是长江文化谱系，还是黄河文化谱系，都是以民俗性的地方文化为基本构成，同时必须除去地域文化的政治性遮蔽在学术研究之中的负面影响。

这样，立足于中国西南的巴蜀文化，不仅可以在进行文化谱系的由西向东追溯之中与荆楚文化、吴越文化共存，而且可以在文化谱系的从南到北追溯之中与秦陇文化、三晋文化、齐鲁文化共存，进而在共存之中达到彼此交融的境地。

从区域文化的角度来看，巴蜀文化的现实构成事实上包含着两个方面：一个方面是与政治行政区划可能相关的地域文化，在从古至今的演变之中，呈现出在不同历史阶段中变动不拘的政治色彩；另一方面是与人文地理环境必然相关的地方文化，表现出在漫长的历史过程里稳定累积的民俗风貌。在这样的意义上，可以说，巴蜀文化的基本构成就应该是巴蜀故地的地方文化，也就是巴蜀文化主要是以四川盆地为地理边际的巴蜀故地的地方文化，而不能简单地认作是从巴国与蜀国开始，经过历朝历代的行政区划的变动，一直延伸到当下囊括了四川省与重庆市的地域文化。这就在于，如果没有能够在理论上对于区域文化达成一种学术共识，有可能会导致关于区域文化构成层次的学术误认，如果陷入对于巴蜀文化构成的本末倒置泥潭，显然是极不利于对巴蜀文化的根本属性的学术把握。

巴蜀文化独存于四川盆地这一巨大的地理空间之内，只不过，由于民俗空间的深层分化，在从古至今的历时性衍化之中呈现出两者的共时性并存——沿长江上溯，出现了盆地之东的巴文化与盆地之西的蜀文化，进而在从地理到民俗的空间绵延之中被统称为巴蜀文化，成为中国历史上最悠久的区域性文化现象之一。

巴地文化与蜀地文化共同构成的巴蜀文化，其差异性现实地出现在地域文化构成之中，由于文字资料的大量缺失，已经无法对其先秦时期的意

---

① 刘玉堂：《关于长江文化研究的若干问题》，《光明日报》2007年1月13日。

识文化构成差异进行历史还原，而只能通过对于一些出土文物的历史考据来加以假定性的说明，因而无法对其意识文化差异进行较为完整的描述，所能留下的仅仅是《华阳国志·蜀志》中所称道的："周失纲纪，蜀先称王。七国皆王，蜀又称帝"。蜀地文化中的这一政治创举，或许直接导致了这一说法的一再演变，直到所谓"天下未乱蜀先乱，天下未治蜀先治"的说法的出现，成为传统政治文化之中的意识形态预言。

唯一能够得到有关典籍印证的，正是其地区文化，因为对于巴蜀文化所进行的行政区划描述，已经呈现为从古至今基于巴蜀故地的变动不拘——从《尚书·禹贡》中的"梁州"，一直到《中华人民共和国地图》中的"四川省"与"重庆市"。这就在事实上将巴地文化与蜀地文化分为不同的行政区划，致使巴蜀文化这一命名遭遇到了行政区划的挑战。当然，这一行政区划的挑战，在巴蜀文化兴起之时也曾发生过，想当初巴蜀两国的疆域就曾经大大超出过四川盆地的地理边际。所有这一切，都无疑证实，巴蜀文化的地域文化构成，无论是意识文化，还是地区文化，对于巴蜀文化来说，都不是具有决定性的文化构成，而仅仅是形成了特定历史阶段中的政治特征。这就需要在有关巴蜀文化的诸多研究中，应该尽量排除偏于行政区划这一构成因素的种种干扰，以保证学术研究的规范性与严肃性。

不过，巴蜀文化的地域文化构成所暴露出来的诸多研究缺陷的存在，反而证明了巴蜀文化的地方文化构成所包蕴的种种研究可能。

这是因为区域文化之中的地方文化，作为导致区域性文化现象赖以出现的构成要素，首先显现为地缘文化，即区域文化的人文地理环境，其功能就是对区域文化提供资源支撑，具有器物层中的生存方式、制度层中的群体规范、心理层中的国民心态，这三者相融合的文化内涵，资源支撑通常是以地理边际为条件的。其次显现为民族文化，即区域文化的民族归属区分，其功能就是对区域文化提供生活导向，具有器物层中的生活形态、制度层中的习俗体系、心理层中的族群记忆，这三者相融合的文化内涵，生活导向通常是以民族归属为条件的。

所以，真正能够表明巴地文化与蜀地文化能够为天下之先的，倒是由于"天府之国"这一称号的特别赋予，而使巴蜀文化闻名遐迩并如雷贯耳。这是因为，天府之国之所以最终成为对于巴地文化与蜀地文化相共存的空间性命名，也就在于所有那些能够用来对巴蜀文化进行文化描述的言辞当中，无论是物华天宝也好，人杰地灵也好，都是以四川盆地这一特定地理空间之内人与自然的互动关系，在漫长的文化发展过程中逐渐成为现实的文化存在，来作为语言判断的文化基准，同时又注入特定的文化内涵。这样，巴蜀文化以其文化空间绵延的全过程，来展示着巴地文化与蜀地文化相共存的历史悠久。

事实上，如果将笼罩在"百谷自生"这一天府之国的自然景象之上的圣人色彩加以剥离，显而易见的就是四川盆地为农耕文明的出现提供了得天独厚的自然地理环境，再加上巴人与蜀人的辛勤劳作，也就为天府之国奠定了必不可少的人文精神基础，由此而得到诗情画意的文化表达——在《华阳国志·巴志》中留下了这样的文化记载——"川崖惟平，其稼多黍，旨酒嘉谷，可以养父；野为阜丘，彼稷多有，旨酒嘉谷，可以养母"。仅仅是居于四川盆地东部的巴地生活，就涌现出如此"农家乐陶陶"的文化吟唱，足以折射出整个四川盆地之中从巴地到蜀地的情深文明，在当时所能达到的农耕文明高度。

从先秦时期到抗战时期，四川盆地之内的汉族，经过从北到南、由东向西的数度大移民，已经为巴地文化与蜀地文化注入了汉族文化这一元素，而四川盆地之内的诸多兄弟民族以其独立的民族文化，同样也为巴地文化与蜀地文化提供了多样性的民族文化元素。通过各个民族文化之间生生不息的长期交流与交融，在建构了巴蜀文化的多元性文化内涵的同时，更赋予巴蜀文化以独特的文化风采。虽然"天府之国"曾经被视为"妖巫淫祀之国"，《史记·封禅书》就称蜀人苌弘"明鬼神事"。这不过表明了一个事实：巴地与蜀地众多先民的"尚巫"，表现出原始宗教对于四川盆地之中诸多民族的共同文化影响，直到如今在巴蜀故地还流行着形形色色的类似"跳端公"驱鬼的民间宗教习俗。这就从一个侧面上显现出从原始宗教到民间宗教所包容着的文化交互影响来，而相似的文化影响早已经超出了宗教的领域，扩张到各个民族的日常生活之中。就此而言，对于巴蜀文化理应保持一种开放性的研究眼光，将巴蜀文化的多元文化内涵确认为研究对象的重中之重。

在这里必须看到的是，早在巴地文化与蜀地文化出现的巴蜀两国时期，它就拥有了区域文化的主要特征，并且与共时存在的诸多诸侯国，促成了从春秋时期到战国时期中国区域文化的普遍发生；继而在《三国志通俗演义》所描述的历史时期，再一次催生三足鼎立的中国区域文化现象；最后进入抗战时期，又被纳入中国区域文化版图之中。尽管如此，但在新中国建立之后，特别是重庆市直辖以来，巴地文化与蜀地文化，它们在逐渐扬弃地域文化这一构成要素的同时，继续保留并发展着地方文化这一构成要素，巴地文化与蜀地文化之间，更多地呈现出来的是地缘文化与民族文化之间固有的同一性，从而使巴地文化与蜀地文化再一次以地方文化的现实形态确保其文化空间的绵延与共存。

这就在于，在人类文化发展过程中，出现了文化构成的层次三分，在每一层面上都呈现出两极化的构成向度：在器物层面上，呈现出生存方式与生产模式的两极区间；在制度层面上，呈现出群体规范与社会体制的两极区间；在心理层面上，呈现出国民心态与主流意识的两极区间。在这三个层面均出现两极化构成向度的前提下，城市的出现促成文化三大层面的全面融合，进而表现出全面融合的正相关性，城市功能的日益体系化直接促进文化在器物、制度、心理层面上出现两极化构成向度的互动性融合，从而使城市自然而然地成为区域文化的文化中心。从区域文化空间绵延的可行性来看，城市既是地域文化的现实性中心，更是地方文化的历史性中心。因此，仅仅是作为地域文化中心的城市将会不断消逝在历史的长河之中，先秦时期诸多文化之中的地域文化中心城市如今已经成为考古遗址，就是最好的证明；不过，兼具地域文化中心与地方文化中心的城市，仍然能够在以地方文化中心来抗拒历史长河的冲刷，最终能够成为源自先秦时期的历史文化名城，来显示其历史悠久的区域文化的现实存在。

巴蜀文化之中，无论是巴国立国之故都，还是蜀国最初之故都，虽然都已经湮没在历史的洪流之中，然而，无论是巴地文化，还是蜀地文化，在区域文化及其文化空间绵延之中，出现了兼具地域文化中心与地方文中心这样的城市，在巴地是重庆，而在蜀地则是成都，它们都出现在所谓的"坝子"上，重庆是峡江坝子上的中心城市，而成都是川西坝子上的中心城市。不过，峡江坝子与川西坝子之间的地理差异是非常明显的，前者是峡江台地，城市建立在万里波涛之滨，而后者是川西平原，城市建立在千里沃野之中，两者的这一差异无疑会影响到同为地方文化中心的重庆与成都之间互动互补的可能性与可行性。

巴地文化中心的重庆，在最初以江州命名之时，已经是巴国的最后之都，而秦国灭巴国之后，设巴郡而筑江州城，此即《汉书·地理志》中所称"巴郡，故巴国"，而巴郡江州县则为巴郡治所。其后巴郡江州县之名在南北朝时期又先后更替为巴郡垫江县、楚州巴郡巴县，到隋唐始有渝州巴县之称，而北宋末年更名为恭州巴县，直至南宋初的1190年，恭王赵惇即位为光宗，依律升恭州为重庆府，而巴县成为重庆府治所。由此可见，从行政区划来看，重庆的定名不仅历经了江州县、垫江县、巴县的城市命名更迭，而且也完成了从江州、巴郡、楚州巴郡、渝州、恭州、重庆府的城市功能演变，最后以重庆城的一再构筑而形成了重庆市区。这样，即使是失落了地域文化中心的城市地位，重庆却一直保持着地方文化中心的历史地位，引领着巴地文化的发展。

较之重庆的城市命名多变，成都仅仅在短短时间内更名过一次，那就是西汉末年，公孙述称帝，将成都改名为成家。事实上，从蜀王迁都之后，新都建立历时三年，所谓"一年而所居成聚，二年成邑，三年成都"，而成都之名即由此而来。与重庆一样，成都在秦国灭蜀国之后改蜀国为蜀郡，按咸阳格局兴筑成都城，设成都县为蜀郡治所。至汉武帝时，归并巴蜀两地设益州，而成都为益州治所。在王莽篡汉时，把益州改称庸部，而蜀郡改为导江郡，但仍然以成都县为州郡治所，随即从东汉又改回益州蜀郡，而成都在唐宋两代均设为成都府。

更为重要的是，由于在三国鼎立之中，刘备一统巴蜀，建都于成都，大规模筑城，不仅唐明皇避"安史之乱"来到成都之后称其为"南京"，而且前蜀和后蜀也先后定都于成都，尤其是后蜀时"发民丁十二万修成都城"，并在城墙上遍种芙蓉树，一到秋天，四十里花开如锦，绚丽动人，称之为芙蓉城，故成都又简称"蓉城"。

由此可见，成都不仅设府较早，而且多次建都，其城市功能在政治权力的强劲支撑下迅速扩张，由唐人宋，成都商业空前繁荣，而造纸印刷业领先全国，早在北宋初年就以纸印的"交子"来代替笨重的钱币，成为世界上最早的纸币。所以，到元朝初年，设四川行中书省，简称四川省，巴蜀两地由是而统称四川，其时四川省治所先设在重庆，不久即迁到成都，此后明清两代，成都一直是四川的首府。由此，凸显了重庆与成都之间第一次城市较量。

不过，到了 19 世纪末，重庆已经逐渐成长为长江上游的中心城市，尤其是长江上游的经济中心。这正如美国学者施坚雅早在《中华帝国晚期的城市》一书中就指出的那样：在长江上游地区，"在 19 世纪 90 年代，重庆已经成为地区内外贸易的主要中心，从这个意义上说，整个地区可以看作重庆的最大腹地"，这是因为此时的"经济中心只要有可能总是坐落在通航水道上，整个中国都是如此"。①

随着辛亥革命爆发，蜀军政府在重庆的建立，重庆的城市功能由经济扩展到政治领域，促进重庆向着现代城市的发展，从四川省政府所在地到国民政府直辖的陪都，不断的行政升级促成重庆沿着国际化大都市的轨迹开始滑动。尽管在抗战全面爆发前夕，四川省政府重新迁回成都，但城市发展的速度与规模已经与重庆不可同日而语。由此，显现了重庆与成都之间的第二次城市较量。

这两次较量是城市文化实力的较量，其中虽然不乏地域文化共时性盛衰的现实影响，但主要是地方文化历时性强弱的历史演变所导致的。因此，重庆与成都之间的较量，主要是地方文化中心之间的巴蜀之争，在文化实力比拼之中，有关谁能争锋的回答就是平局。这就意味着重庆与成都之间的文化之争，只能在继续进行之中，来寻求一个能够促使巴蜀文化在绵延之中共存的文化空间。

---

　　① ［美］施坚雅主编：《中华帝国晚期的城市》，叶光庭、徐自立、王嗣均、徐松年、马裕祥、王文源等译，中华书局 2000 年版，第 343、344 页。

新中国建立之后，重庆作为西南大区的首府，是全国十大直辖市之一；而成都作为四川省会所在地，随着四川并入西康地区，也显现出行政地位的上升趋势。只不过，随着第二度直辖的重庆直辖市被撤销之后，又并入了四川省，重庆与成都之间的行政地位难以维持在同一水平线上，直接导致了城市文化实力的此消彼长。因此，在同为巴蜀文化中心城市的重庆与成都之间，地方文化中心在逐渐偏向成都的同时，重庆不得不在滞后之中偏离，巴蜀文化的双中心格局面临着解体的结局。

随着重庆市在临近 20 世纪末的三度直辖，消解了重庆与成都之间的行政区划禁锢，使两者能够分别成为巴地文化中心与蜀地文化中心。更为重要的是，根据由重庆年鉴社 2006 年出版的《重庆年鉴（2006）》，与成都年鉴社 2006 年出版的《成都年鉴（2005）》，无论是重庆，还是成都，随着城市体制改革的不断推进，促成了重庆主城 8 区与成都主城 9 区的最终形成，促使建立成渝都市圈具有了前所未有的可行性，直接推动着重庆与成都两地的城市文化向着都市文化发展，并且成为巴蜀文化这一地方文化的内核构成，与此同时，促动了巴地文化与蜀地文化之间在再度融合之中走向现代发展。

显而易见的是，这就需要对同为地方文化中心的重庆与成都两地的城市文化进行重新命名。如果说，在重庆市直辖之后巴渝文化的提出，能够得到较为广泛的社会认同，是与巴地中心城市的重庆曾经称为渝州是分不开的，那么，也就可以借用其来对重庆的都市文化命名，使巴渝文化能够展示出巴地文化的现代发展方向。与此同时，成都的都市文化应该如何命名呢？在此不妨参照左思在《蜀都赋》之中称成都为蜀都，化而用之称为蜀都文化，以展现成都的都市文化整体风范，由此而显现出蜀地文化的现代发展方向。

于是，巴渝文化与蜀都文化将在相映成趣之中相得益彰，从重庆与成都之间的城市经济功能对接出发，以推进两者之间城市功能体系的全面接轨，进而推动巴地文化与蜀地文化走向全面融合，使巴蜀文化最终能够成为 21 世纪中国文化在区域分化之中的地方文化之典范，进而成为巴蜀文化向着区域文化发展的现实根基。

二 巴蜀文化的高地

从巴蜀文化的古老历史来看，在巴地文化与蜀地文化之间分分合合的过程之中，最终促成了两大文化中心城市的出现——巴地的渝州与蜀地的成都；而从巴蜀文化的现代变迁来看，渝州被纳入了当下直辖的重庆，而成都则沿袭了四川首府的行政地位，从而在都市化进程之中成为巴蜀文化的都市高地，在分别彰显着巴渝文化与蜀都文化的同时，共同促进着巴蜀文化走向再度融合。

在这里，无论是巴渝文化，还是蜀都文化，均为基于巴蜀文化中心城市的现代都市文化：首先，巴渝文化的文化空间，是直辖市重庆的主城区，故而不称重庆而称渝州，以显现古今文化空间的渝州贯通，并得到巴渝文化这一现实性命名；其次，蜀都文化的文化空间，是承袭了古都所在地的主城区，并与现实中的省会成都，进行了古今文化空间的成都对接，并得到蜀都文化这一现实性命名。

在巴蜀文化的现代发展过程之中，正是由于巴渝文化与蜀都文化这两者的共时性存在，因而由重庆与成都这同属巴蜀文化中心的双城，来共同建构以都市文化为基础的成渝都市圈，无疑就具有了最大的现实可能性。

在成渝都市圈逐渐建构中已经面临着都市文化现代发展的这一现实，所以，无论是巴地文化中的巴渝文化，还是蜀地文化中的蜀都文化，势必在互相交汇与彼此融入的过程之中，在促进巴渝文化与蜀都文化之间双向吸纳、一体发展的同时，推进成渝都市文化带一步又一步地现实生成。于是，随着成渝都市圈的建构，尤其是成渝都市文化带的生成，无论是重庆，还是成都，两者不仅将成为连接巴蜀文化的文化高地，引领着巴蜀文化的变迁；而且将打破巴蜀文化之间的空间壁垒，推进着巴蜀文化的融合，从而促成巴蜀文化沿着从互动到互补的变迁与融合轨迹，最终趋向久分之后的必合。

虽然在区域文化生成的过程中，具有时间性规定的地域文化是其能否发生的行政区划前提，但是具有空间性限制的地方文化则是其是否出现的人文地理根基。事实上，在巴蜀文化之间分分合合的漫长历史过程之中，分的缘由更多地来自行政区划的不时变动，而合的原因则在更大程度上源自人文地理的长久稳定。相对区域文化表层构成的地域文化而言，作为区域文化深层构成的地方文化，是区域文化得以生成的根本。在这样的意义上，也就可以说，巴蜀文化的历史，主要是巴地文化与蜀地文化的地方文化变迁史，没有巴蜀文化在地方文化层面上的率先融合，也就难以真正突破地域文化层面上的行政分隔。

从重庆渝州主城区的巴渝文化，到四川成都主城区的蜀都文化，如何对它们进行考察，势必透过都市文化那繁华而纷繁的地域文化表象，深入到都市文化那复杂而丰富的地方文化底蕴之中，才有可能去求解巴蜀文化趋向融合的当下之途。因此，这也就有必要从区域文化深层的地方文化出发，通过对巴蜀文化中心制高点的渝州与成都进行从地标建构到民气互补之间多重关系的相关考察，以期能够尝试着去揭示巴渝文化与蜀都文化由分而合的当下可能性。

在这里，必须认识到——区域文化作为民族国家之中的特定文化现象，出现了地域文化与地方文化的时空分化。一方面，区域文化中的地域文化，是时间性的文化表层，其文化内涵更多地与生产模式、社会体制、主流意识这些文化构成紧密相关，因而在生产方式、权力结构、世界观念诸方面表现出较大的变动性，并且这一变动性受到行政变更的直接控制。另一方面，区域文化中的地方文化，是其空间性的文化深层，其文化内涵与生存方式、群体规范、国民心态这些文化构成紧密相关，因而在生活形态、习俗体系、族群记忆诸方面表现出较大的稳定性，并且这一稳定性受到地缘稳固的直接制约。

所以，在20世纪末重庆尚未第三次直辖之前，由于城市之间的行政地位不对等，在事实上扩大了巴地文化与蜀地文化之间的文化分离程度，与此同时，随着文化资源的行政分流，无论是渝州，还是成都，其都市化进程也出现了具有单一性的畸变——从生产性的工业中心到消费性的行政中心，因而也难以展现出成渝都市文化带生成的可能远景来。只有当重庆直辖之后，成渝都市文化带的如何生成才开始被提上议事日程，使之成为令人耳目一新的促动巴蜀文化从分离趋向融合的文化区域发展的当下目标。

　　不得不看到的是，被视为巴蜀文化高地的成渝都市文化带能否生成，实际上受制于从地域文化到地方文化的双重影响：一方面是地域文化所造成的行政分隔在日渐消除的同时，基于行政资源的文化支撑也应当相应地随之有所增大，这就促进渝州与成都之间的文化差异在地域文化层面上日渐缩小，有助于成渝都市文化带这一巴蜀文化高地的早日出现；另一方面是地方文化所导致的地缘反差基本上无法消失，因而来自地缘偏见的文化之争自然会持久存在，这就促使渝州与成都之间的文化差异在地方文化层面上一时间难以化解，反而不利于成渝都市文化带这一巴蜀文化高地的尽快出现。

　　这无疑表明，在巴蜀文化趋向融合的现代发展过程之中，渝州与成都之间的文化差异主要是地方文化差异，即存在着从生活形态到族群记忆的民俗性文化差异，具体而言，也就更多地表现为从生存方式到国民心态的诸多不同。这是因为，在地方文化之中，最能够展示出区域文化民俗性特征的，是与文化心理内核相联系的族群记忆，尤其是与之直接相关的国民心态。更为重要的是，在地方文化的衍变过程中，这样的国民心态不仅是在特定的人文地理环境中形成的，而且一旦形成就会沉积到族群记忆之中，从而在互动之中促成国民心态趋向正面与负面的两面性嬗变，在显现出地方文化的正面性的同时又显露出地方文化的负面性。所以，从区域文化到地方文化，国民心态所由之而形成的这一特定人文地理环境，也就成为地缘性的文化标志，即从区域文化到地方文化的文化地标。

　　问题在于，无论是山水都市的渝州，还是宜居都市的成都，如果从地方文化的角度来追溯其文化地标建构，都只能从与城市发展最为相关的地缘性标识，而不是行政性标识来开始。这也就是说，不是要去追溯渝州与成都何时成为城市，寻找那些体现出政权存在之威势与威风的标志，诸如城墙、官衙、楼阁之类的古建筑；而唯一需要去做的，就是要去探寻在渝州与成都的城市发展过程中，与市民生活最为相关之所在，即能够与市民命运切切攸关而又难以割舍的所在，其到底是什么地方。正是这个地方必须能够集中地显现出一代又一代的市民从生存到心态的生活需要来。

对于渝州而言，与城市发展密切相关的是黄金水道的长江水系，无论是重庆渝州成为长江上游的经济中心，还是重庆渝州成为陪都时期的中国文化中心，都是与长江水系不可分离的。正是在长江水系的山山水水之间，出现了林林总总的码头，不仅为长江水系的客货运输提供了前所未有的巨大便利，更是为渝州的城市发展注入了生机勃勃的无尽活力。

从古代到现代，曾经有过那些一段又一段的黄金年代——在长江两岸及其支流嘉陵江沿岸，商贾、船工诸色人等熙熙攘攘地流动于各个码头之间，尤其是在两江汇合之处的老朝天门码头，更是人头攒动，千船竞发，直到当下依然是渝州的城市标志之一。虽然从城市文化变迁的漫长历程来看，可以说码头并非是渝州的唯一城市标志，但是，码头正是渝州所建构出来的唯一文化地标，因为渝州之最终能够走上都市化的道路，与码头最初的大量出现是分不开的。尽管在都市化的过程之中，码头的地方文化使命也许已经完成，码头的日渐衰败不可避免地成为都市化的伴生景象，不过，码头依然还在，似乎是正在以其日新月异的工厂化面貌来伴随着都市化的当下进程。在这样的意义上，可以说，从地方文化的角度来看，因渝州而得名的巴渝文化，其地方文化内涵构成中实际上是无法剥离掉码头文化的，而渝州也以其码头气来见证其城市文化的古今风光。

不过，较之重庆渝州，对于四川成都来说，与其城市发展密切相关的，是自古以来一以贯之的行政中心地位，进而奠定其政治中心、经济中心和文化中心的悠久历史。自现代而古代，成都不仅一直被视为西南重镇，而且也曾数度立为国都，尤为世人所瞩目的是成都经过多次扩建而不断扩张的新城，吸引着形形色色的市民来居住，而其中最为引人注目的市民就是历朝历代的众多官家，纷纷在成都安居，因而在成都兴建了形形色色的公馆来度过悠闲乃至优裕的时光，于是乎，大大小小的公馆遍布整个城中。

从城市发展的角度来看，可以说，在成都曾经出现过的满城之中公馆遍布的城市气象，不仅整合了所有那些有利于城市发展的消费需求，使成都成为商业繁荣的消费城市，而且造就了影响至今的有助于城市发展的宜居环境，为成都转向都市发展奠定了基础。因此，在成都能够始终吸引众人眼球的，是那些似乎已经过时的公馆，尤其是那些具有文物价值的老公馆，显然是成都文化传统中不可剥离的城市标志之一。即使是时过境迁，公馆的气数难以为继，可是，公馆的气度犹存，公馆的风貌与风韵仍然萦绕在市民的内心之中，久久难以忘怀，因而能够被视为成都的文化地标的，依然只能是那些在记忆中存在着的多姿多彩的公馆，以及那些保留至今的主人不再的公馆。由此，因成都而得名的蜀都文化，在其实质上也不得不包容进公馆文化这一地方文化的内涵构成，而成都也因其公馆气而显现出城市文化的古今风采。

不可否认的是，无论是渝州的码头，还是成都的公馆，在中国现代转型的时代大潮冲刷之下，早已经在 20 世纪的上半叶，就开始衰落，所以，在巴金的《家》中，官宦人家宜居之地的公馆，是与所谓的封建大家庭联系在一起的，封建大家庭的没落直接导致了公馆的衰亡；而同样在巴金的《寒夜》中，那些在山山水水间来来往往跑码头的人们，早已经从跑滩匠的下里巴人，转换为南来北往的精英分子，并且通过百姓小家庭生活的描写，同样闪耀出反封建的文学锋芒。这样，在巴金笔下所出现的所有那些关于巴蜀双城的小说书写，已经毫无疑问地表明：无论是渝州的码头，还是成都的公馆，都面临着退出城市文化舞台中心的无奈结局。

光阴荏苒，渝州码头的风采不再却风光依旧，而成都公馆的风光不再而风采依然，不是因为码头与公馆或多或少地仍旧保留在如今的城市之中，而是恰恰在于——无论在渝州，一座座千年码头所孕育出来的码头气，还是在成都，一处处百年公馆所培育出来的公馆气，都同样能显现出文化地标所包容的地方文化蕴含，进而分别在渝州与成都的都市化进程之中发挥着潜在的文化作用，直接影响到成渝都市文化带的现实生成。

在渝州码头与成都公馆从兴盛到衰亡的漫长过程中，使人可以看到区域文化的地标建构，与区域文化高地的城市文化发展相始终，只不过，进入 21 世纪之后，随着城市面临着都市化这一严峻的现实，文化地标因其古老而被逐渐在有意或无意之中遮蔽，一时间在大都市的流光溢彩中黯然失色。然而，依托码头而生的码头气，与仰仗公馆而生的公馆气，却始终是成渝两座城市之间爆发文化"口水仗",进行地方文化孰优之争的根本动因。所以,这新世纪中渝州与成都这双城之间的文化"口水仗"绵绵不断而层出不穷,不是因为两个城市中的人们好逞口舌之利,在飞短流长之中一见口才高低,而是因为巴蜀文化长期分离所遗留的族群记忆,表现为两个城市之间国民心态的极度失衡,因此城市本身成为引发文化之争的导火索,而两个城市及其居民之间的种种文化差异,更是成为一切"口水仗"中不得不说的对攻内容。

拿城说事也好,拿人说事也罢,其根本都要追溯到巴地文化与蜀地文化之中的地方文化上去,而渝州与成都不过是地方文化差异的城市放大器。

问题在于,从区域文化到地方文化,文化地标作为地缘性的文化标识,首先是国民心态赖以产生的特定人文地理环境,对于渝州与成都来说,与码头相辅相成的码头气,与公馆相依相存的公馆气,分别是这两个城市长久保留在市民心底里的族群记忆,并且表现为具有某种普遍性的国民心态。更为重要的是,在地方文化的衍变过程中,这样的国民心态不仅是在特定的人文地理环境中形成的,并且一旦形成就会沉积到族群记忆之中去,从而在彼此交互之中促成国民心态趋向正面与负面的两面性嬗变,在显现出地方文化的正面性的同时又暴露出地方文化的负面性。

如果要追问这一问题的焦点与热点,其根本就在于——正面性的国民心态有助于地方文化之间的发展与融合,而负面性的国民心态不利于地方文化之间的发展与融合。如果进行更进一步的追问,则有可能会发现这样的此消彼长的文化心态演变之态势——在地方文化之间的发展与融合之中,国民心态的正面性一时难以拓展,而国民心态的负面性则不断迅速膨胀,导致地方文化之间发展与融合的失范,甚至在对抗之中出现激烈的冲突。

于是,从文化心态演变的角度来看地方文化中所包容的国民心态,也就是通常所说的民气,出现了两极分化的走向——正面性的国民心态在民气中养成了浩然之气的文化浩气,而负面性的国民心态在民气中酿成了暴戾之气的文化戾气。正是由于文化浩气的消退而文化戾气的暴涨,在巴蜀文化走向再度融合的新世纪过程之中，渝州与成都之间屡屡爆发文化对骂的"口水仗"，而文化"口水仗"一波又一波地连绵不断地出现，不过是地方文化在发展与融合之际国民心态负面性的城市宣泄，表明了民气之中文化戾气阵发性肆虐症的确实存在。

面对着文化戾气在阵发性肆虐之中化为如此文化对骂，势必需要在追溯国民心态各自形成的地标建构的同时，去追寻彼此之间国民心态的共时性嬗变。这一点，无论对渝州，还是对成都来说，无疑都是至关重要的——因为这不仅关系到成渝都市文化带，在由城市文化向着都市文化发展的现代过程之中，能否渐趋生成的可行性，而且更关系到巴地文化与蜀地文化之间再度融合的可能性。

以渝州为其文化空间的巴渝文化，从文化地标的角度来看，似乎又可以简单地称作码头文化。不过，以码头文化来指称巴渝文化，通常被认为是带有贬义的，这是为什么呢？

从文化心态中民气衍生的过程来看，展现码头文化心理的码头气，实际上包含着这样的两极性构成：草莽英雄的豪气干云，显现出码头气中浩气长存的一极；而混世魔王的匪气冲天，显现出码头气中戾气常在的另一极。随着渝州从城市建制开始转向都市发展，在草莽英雄退出历史舞台的同时，混世魔王纷纷登台表演，消解了豪气而凸显了匪气，码头气乃至码头文化也就同时带有了贬义。

这无非是表明，在文化浩气与文化戾气之间，文化浩气在民气衍生之中，较多地潜沉到族群记忆之中，而文化戾气在民气衍生之中，更多地表现在日常生活之中。这一点，对于以成都为其文化空间的蜀都文化来说，也同样不会例外。同样从文化地标的角度来看，蜀都文化似乎也可以简称为公馆文化，问题在于，公馆文化及公馆气的如此称谓也同样带有贬义，因而也必须要去问出一个为什么来。

试看成都的公馆气，与渝州的码头气一样，也是具有文化心理的两极性构成的：从文化浩气这一极来看，珠光云蒸而宝气霞蔚之中，道貌岸然下谦谦大方君子之大气充盈公馆；而从文化戾气这一极来看，官气弥漫而等级森严之中，秩序井然下鬼鬼祟祟小人之诡气密布公馆。然而，随着官家拥有公馆的时光实难一再延续，在大气难以承续之中，诡气仍时时困扰人心，公馆气以至公馆文化也就自然成为带有贬义之称。

由此可见，在渝州与成都之间所激发出来的文化"口水仗"，在排除来自行政区划方面的种种干扰因素之外，应该说基本上是地方文化所包容的文化戾气使然，尤其是当匪气与诡气之间相互较劲的对骂力度，一旦给发挥到最大的限度，也就自然而然地达到了文化"口水仗"之高潮。

事实上，无论是码头气，还是公馆气，如果能够还原其两极性构成的本来面目，在封存匪气与诡气的同时，发掘出豪气与大气来，毫无疑问的就是——渝州与成都之间在文化心态的民气衍生之中将趋向良性互补。更为重要的是，这一良性互补应该是刚柔相济的文化互补。

这是因为：从有关巴人勇武与蜀人机敏的古老文化人格的不断言说之中，透露出来的正是巴地文化与蜀地文化所共有而又各别的族群记忆。故而，这样的巴蜀文化基因必须得到当下的全面延续——既要将巴人的霸气提升为阳刚之气，注入码头气之中以恢复其本来面目，因而在码头气的豪气与匪气之间，有可能在形成刚强、刚直、泼辣这样的文化浩气诸多变体的同时，促成了粗鄙、粗暴、强横这样的文化戾气诸多变体的出现；也要把蜀人的文气升华为阴柔之气，输入进公馆气之中以恢复其本来面目，同样有可能在形成柔韧、柔媚、妩媚这样的文化浩气诸多变体的同时，促成了奸猾、奸诈、阴损这样的文化戾气诸多变体的出现。

尽管可以说，在渝州与成都之间，无论是文化浩气，还是文化戾气，在两两分别相对应之中都可以进行文化互补，但是，文化戾气的互补是劣性而劣质的，很可能在如此阴阳互补之中，实际上出现的将不会是巾帼不让须眉式的刚柔相济，而只能是导致男人婆与娘娘腔并出的文化恶果。

最关键的一点也就在于，渝州与成都之间的良性互补只能是文化浩气的优质互补。这是豪气与大气的文化心态互补，具体而言就是要在刚强、刚直、泼辣与柔韧、柔媚、妩媚之间进行阴阳调和，在刚毅与柔美趋于一致的刚柔相济之中促动成渝都市文化带的开始生成，进而推进巴蜀文化趋向交融，从而催生出巴蜀文化的当下新境界。

在这样的认识前提下，无论是码头，还是公馆，作为区域文化地标的城市建构，都应该置于巴地文化与蜀地文化之中来重新得到认识，由此才有可能展开渝州码头气与成都公馆气之间的民气良性互补，促使成渝双城之间的文化浩气在不断承传之中交融重铸，以实现国民心态的当下更新，最终奠定出巴蜀文化再度融合的都市文化心态基点，以促动巴蜀文化的当下融合。所有这一切的关键之关键，势必取决于巴蜀文化高地的能否最终出现。这是因为，一旦巴蜀文化高地出现在巴蜀大地之上，巴蜀文化的现代发展将会成为不可逆转的事实。

就巴蜀文化的发展前景来看，目前展现在眼前的就是：已经进入新世纪都市化进程的重庆与成都，在依托巴地文化与蜀地文化的地方文化资源，建构成渝都市圈的当下过程之中，不断推进着巴渝文化与蜀都文化之间的全面交汇与融入，从而促动成渝都市文化带的生成。更为重要的是，随着重庆与成都这双城共建的巴蜀文化高地的现实出现，巴蜀文化也将进入整体发展的区域文化之正轨。

三　陪都文化的肇起

区域文化现象的存在不仅基于地方文化的空间绵延之上，而且有赖于地域文化的时间限制之中。这是因为地方文化的空间绵延固然是区域文化出现的根本，而地域文化的时间限制则应是区域文化发生的前提。所以，只有当地方文化与地域文化呈现出共时性的一致性融合，才有可能形成具有整体性的区域文化现象。这就表明，现代中国文化的区域分化首先发生于抗日战争期间不是偶然的。从 1937 年 7 月 7 日爆发卢沟桥事变，到 1945 年 9 月 2 日抗战胜利，长达八年的抗日战争，既是中国区域文化现象发生的必要条件，也是抗战时期中国区域文化现象存在的时间界限。

正是在战时体制中，出现了抗战区与沦陷区的二元性区域分化，促成了抗战区文化与沦陷区文化的并存。在这二元性区域文化并存的中国格局之中，无论是在抗战区文化之内，还是在沦陷区文化之内，由于从地方文化到地域文化的双重差异而产生的现实作用与直接影响，由此促动了更进一步的区域分化，在抗战区与抗战区文化之内，就分化出了陪都重庆与陪都文化。正是在八年抗战中，重庆由地方性的巴蜀文化中心成长为具有全国代表性的区域文化中心，首先体现出战时体制对于文化的区域发展的推动作用，其次表现为行政资源对于文化区域发展的促进作用。然而，无论是战时体制，还是行政资源，对于陪都重庆文化所发挥的阶段性作用与影响，仅仅是显示出区域文化肇起的时间限制，揭示了区域文化现象何以发生的现实原因，而区域文化现象得以出现的历史原因，理应到区域文化肇起的空间绵延中去探求。

区域文化肇起的空间绵延，就是区域文化现象得以出现的地理边际，具有从行政区划到人文地理的两极，因而呈现出区域文化的地理性，并且分别展现为区域文化的地区性与地缘性。具体地说，由于行政区划往往会随着政治体制的变动而出现地理边际的波动，因而区域文化的地区性呈现出动态的性质；而人文地理由于自然环境的限制而保持地理边际的稳定，因而区域文化的地缘性呈现出静态的性质。在这一动一静之中，无论是最为活跃的意识文化因子，还是最为稳固的民族文化因子，均有可能分别通过行政区划与人文地理的中介作用，在地理边际的趋于重合之中进行逐层交融，从而促成了区域文化在特定地理空间的阶段性存在，成为民族国家文化发展版图中具有历史意义的独特文化景观。

由此可见，区域文化肇起的根本还得从地方文化这一构成之中开始，而对于陪都文化的重庆肇起来说，也就意味着要从巴蜀文化之中的巴地文化来着手进行。尽管如此，也不应忽视陪都文化肇起中的时间限制。这是因为区域文化现象毕竟只是在特定的历史阶段内存在着，因而地域文化这一基本构成的作用也不容忽视，尤其是地域文化沿着时间长轴会呈现出一定的政治性变迁来，对区域文化的整体性进行着直接影响。只有当地域文化与地方文化之间达到文化发展的平衡状态，才有可能促成区域文化的出现。这一点，在陪都文化的重庆肇起之中，显得尤其重要——随着国民政府的迁渝，直接推动了地域文化发展速度在重庆的迅速提升，使之能够与地方文化相匹配，促进了陪都文化的重庆肇起。

现今屹立在直辖市重庆闹市中心的"解放碑"，其前身既是抗战时期建立的"精神堡垒"，也是抗战胜利以后重建的"抗战胜利纪功碑"。在这一碑上面所镌刻的《抗战胜利纪功碑碑文》中，就这样赞曰：其一，"国民政府西迁入蜀，重庆建为陪都，巍然系中华民族命运之枢机，为国际观听所瞩目"，"亚洲之战争既与欧洲合流，中国逐自独立作战之孤军进而为民主阵线远东之一翼"，"在此八年之中，国际舆论，目重庆为战斗中国之象征，其辉光实与历史同其永久"；其二，"虽敌方之陆海军力限于夔门，而空军之战略袭击则集中于重庆"，"然重庆以上百万之市民，敌忾愈强，信心愈固，财力物力之输委，有过于自救其私，实造民族精神之峰极"，"重庆之所以无忝为陪都，不仅以其地理形势使然，亦此种卓越之精神有以副也"；其三，"重庆承四大河流之汇，上溯四江达康黔滇青，下循扬子东通于海"，"重庆将进为新中国工业经济至重心，大西南之吞吐港"，"十年之后，将见大桥横贯两江，二千平方公里，二百万市民之大重庆涌现华西，以西南之财富，弼宗国之繁荣"。一言以蔽之："后世史家循流溯源，深究中国复光之故，将知重庆之于国家，时不止于八年战时之献效已也"。

虽然在现代中国进行陪都的设立，除了重庆之外，还有西安等其他城市，但是，陪都的中国设立并非意味着陪都文化必定随之出现，而是与城市文化能否从地方文化向着区域文化方向进行发展直接相关。所以，在现代中国的诸多陪都之中，只有巴蜀大地之上的巴蜀文化中心城市的重庆，在抗日战争期间被明定为陪都之后，进行了从地方文化到区域文化的陪都文化建构，成为唯一拥有陪都文化的中国陪都。这其中的一个关键也就在于，从陪都的重庆设立到陪都文化的重庆建构，都是与国民政府迁渝八年是密不可分的。

然而，无论是对于陪都的重庆设立，还是对于陪都文化的重庆建构，在进行相关研究之时，无疑都同样面临着一个共同的问题：陪都何谓？因而一切将不得不从"陪都"一词的语义辨析开始。

在汉语中对于"陪都"与"行都"的区分与运用，可以追溯到先秦时期，并且至少从历史到文学的文本之中得到相关的印证。所谓"陪都"，即"在首都之外另设的一个都城。如周代的洛邑，宋代的建康，李白《永王东巡歌》：'王出三江按五湖，楼船跨海次陪都'"；而所谓"行都"，则为"在首都之外另设的一个都城，以备必要时政府暂驻。《宋史·黄褒传》：'出攻入守，当据利便之势，不可不定行都'"。① 由此可见，"陪都"与"行都"之间的语义差异，主要在于是否成为"政府暂驻"之地，两者相同之处更在于并非是对于首都的取而代之的"另设的一个都城"。当然，一个词的语义往往会随着时代的更替而发生衍变，但万变不离其宗，"在首都之外另设的一个都城"的基本义将是稳定的。

那么，"陪都"的语义发生了什么样的现代衍变呢？当下有关"陪都"的一个英语译名 Temporal Capital，正好提供了一个就其语义衍变而进行辨析的语用起点。这是因为，如今每当有关陪都或陪都文化研究的一些学术论文在得以发表的时候，由于要与国际学术规范接轨，于是乎需要一个英语的篇名与摘要及关键词来"陪伴"着。就目前所见到的对于"陪都"英语译名来看，最多的就是"Temporal Capital"。只不过，这样的英语译名，从直译的语义来看，不过是"临时首都"。但是，从汉语中对于"行都"与"陪都"的语义区分来看，其基本义倒应该是用以"陪伴"作为一国之正式首都的"另设的一个都城"，也就是从属于国都的具有与国都相类似的行政功能的预备性质的非正式首都，简言之，就是国都之外的"副都"即"陪都"。在这样的基本语义规定下，"陪都"用英语来硬译，似乎倒应该是"Vice Capital"。

一般来说，在现代国家之内，只有在战争爆发的情况下，中央政府被迫迁移，才有可能由于国都的沦陷，促使陪都成为战时首都这样的暂时首都，即临时国都。由此可见，"陪都"一词的基本义应该是"副都"，而衍生义则是"临时首都"。或许因为如此，抗战时期设立在重庆的"陪都"，当时的英语译名就只能是"Provisional Capital"，既是国都之外具有预备性质的副都，又是国都之外的临时首都。

从陪都的基本义来看，一个城市能否成为陪都，往往与其是否成为行将发挥全国影响的区域文化中心有关，具有较高的经济发展速度、较强的

① 《辞海（上）》，上海辞书出版社 1979 年版，第 1005 页"陪都"；《辞海（中）》，上海辞书出版社 1979 年版，第 1823 页"行都"。

政治控制效率、较快的社会意识演变，从而成为民族国家之中与国都相似的、具有较大文化凝聚力的中心城市。不可否认的是，对于国都与陪都的行政性确认，事实上虽然是直接取决于执掌一国政权的执政者，然而，这并不意味着可以任意对一个城市进行这样的行政性确认。一个政府要进行这样的确认，除了必须认可这一城市在全国文化发展过程中所拥有的区域中心地位之外，还必须选择进行确认的时机，而这一时机往往是与国家的政治需要紧密相关的，特别是在面临战争威胁之下，进行从政略到战略的重大调整，从而才有可能确立这一城市在战争之中所可能发挥出来的战时首都的文化功能。这也就意味着只有当一个城市成为区域文化中心之后，才有可能被确认为陪都。正是基于这一前提，无论是作为"副都"的陪都，还是作为"临时首都"的陪都，都是与区域文化中心的这一城市保持着从空间到时间上的阶段性一致。

事实上，对于 20 世纪的中国来说，并非仅仅是在抗日战争全面爆发这一历史期间之内，而是执政者基于从政略到战略的现实需要，当抗日战争在中国局部发生之时，就开始提出必须设立陪都，以有利于进行持久抗战。

尽管人们已经习惯于将中国抗日战争时期称作"八年抗战"，不过，中国抗日战争时期的起点，仅仅是从时间上来看，就应该是 1931 年 9 月 18 日的九一八事变，因为从那一天开始，局部战争向着全面战争演变的可能性日渐突出而最终成为现实性的侵略事实。这就表现为数月之后 1932 年 1 月 28 日的一·二八事变——日本帝国主义的侵略战火，已经从关外的沈阳燃烧到关内的上海，直接威胁着首都南京。在 1932 年 1 月 29 日出刊的《中央周刊》上，发表了《外交部对淞沪事变宣言》，明确指出"淞沪事变"已经导致了"对于首都加以直接危害与威胁"这样的严重后果。第二天，也就是 1932 年 1 月 30 日，国民政府发布《国民政府移驻洛阳办公宣言》，宣布自即日起移驻洛阳办公。2 月 1 日，蒋中正在徐州召开军事会议，商讨对日军事防御；2 月 6 日，国民政府军事委员会成立。由此可见，此时的中国执政者不得不面对这一严酷的战争现实，而如何确立陪都，也就具有了从政略到战略的紧迫性。

1932 年 3 月 1 日，中国国民党第四届二中全会在洛阳召开。会议通过了《以洛阳为行都以长安为西京》这一提议案，议定"以长安为陪都，定名为西京"；"关于陪都之筹备事宜，应组织筹备委员会，交政治会议决定"。3 月 6 日，中国国民党中央政治委员会在议决该提议案的同时，又通过蒋中正担任国民政府军事委员会委员长的任命。这样，从抗日的战略角度来看，设置陪都的现实目的主要是为了进行持久抗战，并且都具体体现在 3 月 10 日中国国民党中央常委会通过的《巩固国防长期抗日案》之中。①

如果从抗日的政略上来看，早在"中华民国"建立之初的 1912 年，中华民国临时大总统孙中山就认为："南京一经国际战争，不是一座持久战的国都"，因而主张要在"西北的陕西或甘肃，建立一个陆都"。② 由此可见，在抗击外来侵略战争的过程中，特别是在中国的军事力量处于敌强我弱的状态下，进行持久战具有从政略到战略上的理论意义与现实作用。因此，无论是孙中山从理论上第一个提出了持久战的远见卓识，并以在中国内地建立"陆都"的方式来予以实施的具体设想；还是中国国民党、国民政府遵行总理遗训，为了抗日而制定持久抗战与设立陪都的国策，都显现出在政略与战略相一致的政治前提下，在抗日战争时期，在中国大地上，陪都重庆的出现，不仅至少是一种难以避免的现实机遇，而且更是一种势必如此的历史选择。

这是因为，对于那些研究中国区域及其城市发展的国外学者来说，重庆早在 19 世纪末就已经被他们视为是长江上游地区最大的中心城市了——"在 19 世纪 90 年代，重庆已经成为地区内外贸易的主要中心"。③ 这无疑表

①　民国时期，先后设立了三个陪都：长安（即西安，1932 年）、重庆（1940 年）、北平（即北京，1946 年）。中国社会科学院台湾研究所编：《中国国民党全书（上）》，陕西人民出版社 2001 年版，第 441—442 页；荣孟源主编：《中国国民党历次代表大会及中央全会资料》下册，光明日报出版社 1985 年版，第 142、156 页。

②　中华人民共和国公安部档案馆编著：《在蒋介石身边八年》，群众出版社 1992 年版，第 9 页。

③　[美] 施坚雅主编：《中华帝国晚期的城市》，叶光庭、徐自立、王嗣均、徐松年、马裕祥、王文源等译，中华书局 2000 年版，第 343 页。

明，进入 20 世纪之后的重庆在城市化过程中，已经具备了现代城市的所有
基本功能，并且逐渐成为长江上游地区，即巴蜀大地之中的文化中心城市。

随着重庆的经济功能的不断发展，首先直接影响到重庆的政治功能的
相应增长。在辛亥革命爆发以后，重庆蜀军政府率全川之先，于 1911 年
11 月 22 日宣告独立，被各省军政府承认为"四川政治中心"。此后，重
庆无论是在"二次革命"中，还是在护国战争与护法运动里，都成为兵家
必争之地，随后又成为地方军事势力眼中的一块肥肉，到 1935 年 2 月，
改组后的四川省政府在重庆成立。随着经济功能与政治功能的上升，重庆
又具备了现代城市文化功能之一的意识功能，来推动思想意识从传统到现
代的更新。以 1919 年的"五四"爱国群众运动为起点，不仅组织了重庆
商学联合会来推进群众爱国运动的持久进行，而且成立了中国勤工俭学会
重庆分会以促动思想解放运动的继续深入。① 由此可见，重庆这一长江上
游地区的文化中心城市，到抗日战争全面爆发之前，已经具有了经济、政
治、意识这三大基本文化功能，从而为重庆成为区域性文化中心奠定了坚
实的文化基础。这样，重庆作为长江上游地区的文化中心城市，显然已经
具备了被选择成为陪都的基本文化条件，而能否成为陪都，还得等待选择
的时机。

随着日本对中国的侵略态势不断扩大，国民政府军事委员会制定的
1935 年度《防卫计划纲要》中，就明确规划"将全国形成若干防卫区及
核心，俾达长期抗战之要求"。为了实施这一纲要，1935 年 1 月 12 日，国
民政府军事委员会行营参谋团抵达重庆，开始对重庆进行从行政、财政、
军事到金融、交通诸多方面的整顿。3 月 2 日，蒋中正首次飞抵重庆这个
当时四川省政府所在地；4 日，蒋中正在四川省党务特派员办事处举行的
扩大纪念周大会上，发表题为《四川应为复兴民族之根据地》演讲，强调
说："就四川地位而言，不仅是我们革命的一个重要地方，尤其是我们中
华民族立国的根据地，无论从哪方面讲，条件都很具备，人口之众多，土

---

① 重庆市地方志编纂委员会总编辑室编著：《重庆大事记》，科学技术文献出版社重庆分社
1989 年版，第 38、48、57—63、141、68—70 页。

地之广大，物产之丰富，文化之普及，可说为各省之冠，所以古称天府之国，处处得天独厚。我们既能有了这种优越的凭借，不仅可以使四川建设成为新的模范省，更可以使四川为新的基础来建设新中国"。① 这实际上是从政治的角度承认了重庆的区域文化中心地位，直接影响到国民政府进行设立陪都的战时调整。

1935 年 3 月 6 日，中国国民党中央常委会通过《中央地方划分权责纲领》；6 月 18 日，四川省政府决定由重庆迁往成都。10 月 3 日，驻川参谋团奉国民政府令，改组为国民政府军事委员会委员长重庆行营。在 1936 年初制定的《国防计划大纲草案》中，正式确立以四川为对日作战的总根据地，而重庆行营随即成立江防要塞建筑委员会。1937 年 3 月 21 日，成渝铁路开工建筑；4 月 16 日川军退出重庆，中央军随即进驻重庆。② 这样，在抗日战争全面爆发的前夕，以重庆为核心城市的战略大后方已经处于逐渐形成之中，重庆也就自然而然地成为国民政府在抗战时期设立陪都时所能选择的主要对象。由此，随着抗日战争的全面爆发，促成了陪都在重庆的再次设立。

1937 年 7 月 7 日，"卢沟桥事变"的发生，标志着抗日战争的全面爆发。从 7 月 8 日到 13 日，国民政府军事委员会委员长蒋中正，一再电告抗战前方将领，强调"卢案必不能和平解决"，应"运用全力抗战"，并在 31 日发表《告抗战全军将士书》，重申"全力抗战"的国策。8 月 12 日，中国国民党中央常委会决议撤销国防会议及国防委员会，设立国防最高会议，并以国民政府军事委员会为最高统帅部；8 月 13 日日军进攻上海，国民政府随即发表《自卫抗战声明书》；16 日，国防最高会议常会决议，由国民政府授权蒋中正为三军大元帅，统率全国陆海空军，与此同时，国民政府下达国家总动员令，划全国为四个战区，建立战时体制。9

---

① 《防卫计划纲要》，国民政府军事委员会档案，中国第二档案馆藏；《四川应作复兴民族之根据地》，国民政府军事委员会委员长行营编：《参谋团大事纪》，1937 年。

② 中国社会科学院台湾研究所编：《中国国民党全书（上）》，陕西人民出版社 2001 年版，第 449 页；重庆市地方志编纂委员会总编辑室编著：《重庆大事记》，科学技术文献出版社重庆分社 1989 年版，第 141—144、151—152 页。

月 10 日，国民政府通电全国，誓以必死决心，求最后胜利；22 日，中央
通讯社播发《中国共产党为公布国共合作宣言》，次日蒋中正发表《对中
国共产党宣言的谈话》，从而推动了抗日民族统一战线的最后形成。于是，
中国国民党进行相关的政略调整，10 月 15 日，中国国民党中央政治委员
会议决，以国防最高会议为全国国防最高决策机关，对中央政治委员会负
责；11 月 16 日，中国国民党中央常务委员会议决，国防最高会议代行中
央政治委员会之职权。这就为抗日民族统一战线的现实发展提供了基本政
治条件。①

11 月 19 日，国民政府国防最高会议主席蒋中正在国防最高会议上，
作了题为《国府迁渝与抗战前途》的报告，指出："国府迁渝并非此时才
决定的，而是三年以前奠定四川根据地时早已预定的，不过今天实现而
已。"第二天，国民政府发表《迁都宣言》："国民政府兹为适应战况，统
筹全局，长期抗战起见，本日迁驻重庆，以后将以最广大之规模从事更持
久之战斗"，"继续抗战，必须达到维护国家民族生存独立之目的"。26
日，国民政府主席林森乘船抵达重庆，十万民众齐集码头热烈欢迎。② 显
然，此次国民政府的到来，与数年前迁往洛阳已经大不一样，不是出于一
时的权宜之计，而是在战时体制之下，以重庆为战时首都，进行战时中国
文化的当下重建，以便实现政略与战略相一致的持久抗战这一现实需要。
这样，国民政府对于重庆作为战时文化发展的全国中心的政治确认，已经
毫无疑问，因而也就导致陪都重庆的最后设立。

当然，对于陪都的设立，不仅必须考虑到在战时体制下重庆的城市功
能是否能够得到不断增强，以保障行政资源的作用充分发挥；而且也必须
考虑到在战时体制下重庆的文化资源是否能够相应增长，以保证重庆文化
当下建构的诸多需求。所有这一切，都意味着陪都在重庆能否最后设立，
必须经过战时体制的全面检验，特别是抗日时期的战争考验。

战时体制通过对于战时文化各个层面进行指令性控制，促成适应抗日

① 中国社会科学院台湾研究所编：《中国国民党全书（上）》，陕西人民出版社 2001 年版，
第 454—455 页。

② 《国民政府公报》渝字第 1 号，1937 年 12 月 1 日。

战争需要的特别发展机制：在经济上，转向战时生产，保障经济建设的专门性与针对性，国民政府组建经济部主管战时工业生产，并将重庆定为大后方工业发展的重点基地，从而确立了重庆作为大后方工业中心的城市地位；在政治上，稳定社会秩序，保证行政管理的有效性和连续性，重庆由四川省辖乙种市改为国民政府行政院直辖市，直接促进了中央机关与地方政府之间的联系与督导，有利于市区的扩大与市政建设；在意识上，唤起民众觉醒，保持思想导向的主流性与及时性，国民精神动员总会在重庆成立，"动员全国国民之精神充实抗战国力"，使"国家至上，民族至上"的思想深入人心。①

这就为重庆陪都文化的肇起提供了一切必需的基本条件。随着国民政府明定重庆为陪都，陪都文化的重庆建构也随之进行，在八年的抗日战争之中，陪都文化与陪都重庆一样，经受了血与火的战争考验。

由此可见，随着抗战期间陪都在重庆的设立，并凭借全民抗战到底的民族意志建构了陪都文化这一无坚不摧的反法西斯正义战争的时代"精神堡垒"，为中华民族的全面复兴，在奠定了战时根基的同时展示出未来方向，由此而彰显了在 20 世纪的中国抗日战争中，陪都文化的重庆肇起所独具的历史作用与文化意义。与此同时，随着巴地文化发展成为区域文化的陪都文化，以陪都重庆为文化中心的陪都文化，已经成为巴蜀文化现代发展过程之中的一个空前辉煌的阶段性文化现象，并且通过空间绵延得以影响着巴蜀文化的当下发展，尤其是巴蜀文化高地的现实建构。

四　陪都文化的建构

从区域文化发展的角度来看，区域文化的发生与出现，必须具有时间性与空间性这两个建构维度。这是因为区域文化作为民族国家之内文化发展的阶段性分野现象，只能发生在特定时期之内，并且只能出现在特定环境之中。这就是说，陪都重庆的文化建构，无论是重庆成为陪都的时间性维度，还是陪都存于重庆的空间性维度，在抗战时期中国区域文化发展的

---

① 《国民精神总动员纲领》，《新华日报》1939 年 3 月 12 日。

过程中，高度体现了从特定时期到特定环境的双重维度特点，促使陪都文化的重庆建构成为抗战时期区域文化发展的全国典范。

陪都文化的重庆建构，之所以被以称为重庆建构，主要在于陪都文化建构发生地的重庆这一命名，不仅是一个行政区划的命名，而且也是一个人文地理的命名。一方面，在重庆这一命名的前后，其行政区划的地理边际，历朝历代处于或大或小的波动之中；另一方面，在重庆这一命名之后，其地理边际，从古至今保持着自然天成的稳定。正是在抗战时期这一特定时间维度之中，重庆的战时首都地位为重庆提供了行政区划波动的战时条件，而重庆的自然地理环境为重庆创造了人文地理稳定的战时基础，随着重庆被明定为陪都而使两者趋于合一，因而陪都文化的重庆建构才最终具有了特定环境下的空间维度。

因此，陪都文化的重庆建构只有实现了时间维度与空间维度之间的相一致，才有可能在促使重庆的陪都文化进行战时发展的同时，进而奠定起重庆的陪都文化在抗战时期中国文化区域发展之中的全国性中心地位。

正是在抗战时期，中国西部的内陆重庆第一次升格为直辖市，而国民政府随后又明定为陪都，在政治功能上，为了保证行政管理的有效性与连续性以稳定社会秩序，驻陪都重庆的国民政府各机关对重庆行政进行必不可少的督导，有利于市区的扩大与市政建设。例如，国防最高委员会过问重庆市政府日常行政工作，行政院批准重庆市政府制定的法令法规，内政部参与重庆市地方自治。这不仅使陪都重庆成为抗战区城市发展的表率，而且也使陪都重庆加快向现代大都市过渡，以奠定陪都重庆这一全国性文化中心的行政基础。

在日机连续进行大轰炸的不断威胁之下，重庆市政府奉国民政府令动员全市机关、学校、商店疏散到市郊。重庆市政府成立紧急疏散委员会负责疏散市民，而中国国民党中央党部与国民政府各机关组成迁建委员会决定各单位迁散。这样，通过疏散区与迁建区的建立而扩大了重庆的原有市区，促使陪都重庆的城市化进程得以在较短的时间内完成。首先，被称为重庆市文化区的沙坪坝，就是由疏散区划归为重庆市政府辖区，形成了由数十家大中型企业、各级行政机构、近20所大专院校和几十家医疗单位为主体的现代城市社区；其次，北碚在划为迁建区以后，也由战前的乡村建设实验区改变成为具有一定现代市政基础，公共设施较为齐备，城市环境较为优美的卫星城市。①

随着陪都重庆市区的逐渐扩大，城市功能在快速发展中具备了整体性，在经济功能与政治功能不断发展的同时，其意识功能也得到了空前的扩张，以发动广大市民积极参与抗日，保持思想导向的主流性与民众动员的及时性。正是由于在陪都重庆出现了众多人民团体，充分体现了《中国国民党抗战建国纲领》的有关精神——"发动全国民众，组织农工商学各职业团体，改善而充实之，使有钱者出钱，有力者出力，为争取民族生存之抗战而动员"。到 1944 年，陪都重庆的人民团体共 257 个，其中职业团体为 167 个，社会团体为 90 个；会员人数达 154898 人，其中职业团体会员 113901 人，社会团体会员 40997 人，从每一团体会员平均人数来看，陪都重庆居于全国各省市首位，会员人数约占全市总人口的 15%，由此可见陪都重庆民众动员的组织水平之高。②

不容忽视的是，陪都重庆所达到的较高民众动员水平，与各人民团体总部大都设立在陪都重庆有着紧密的联系。这不仅有助于陪都重庆人民团体发动并举行形形色色的动员活动，而且通过陪都重庆的动员示范而直接影响到整个大后方与各战区。1939 年 5 月 1 日，重庆 1 万余工人为庆祝"五一"国际劳动节举行集会和游行，当天晚上 7 时，国民政府召开国民精神总动员宣誓大会，会后 10 万余人参加了火炬游行，显示了陪都重庆人民团体为坚持抗战到底而作出的积极努力。③ 在这里，民众动员水平绝非是一个可以用"万"为单位进行统计的数字显示，而正是一个由各种人民团体为连接点，并具体体现为社会行动的民众动员组织过程的程度显现。所以，在陪都重庆开始的国民精神总动员运动对于全国来说是具有示

---

① 　重庆市地方志编纂委员会总编辑室编著：《重庆大事记》，科学技术文献出版社重庆分社 1989 年版，第 173—175 页；隗瀛涛：《近代重庆城市史》，四川大学出版社 1991 年版，第 467—470 页。

② 　社会部统计处编：《全国人民团体统计》，第 7、5 页。

③ 　重庆市地方志编纂委员会总编辑室编著：《重庆大事记》，科学技术文献出版社重庆分社 1989 年版，第 179 页。

范作用的。

事实上，自从 1939 年 2 月 7 日国民政府成立国防最高委员会以来，在 3 月 11 日，国民政府设立隶属于国防最高委员会的国民精神动员总会，并于 12 日颁布了《国民精神总动员纲领》及《国民精神总动员实施办法》，从而掀起了以国民精神总动员运动为标志的全国民众总动员——"国民精神总动员，有国民人人所易知易行之简单明显之三个共同目标，为国民精神所当集结者，当首先标扬之，即（一）国家至上民族至上，（二）军事第一胜利第一，（三）意志集中力量集中是也。"① 这三个共同目标的实质，就是使全体国民知道必须动员起来，全力以赴将抗战进行到底。显然，"国民精神总动员"的号召向全国各地的发出，完全是符合抗日民族统一战线的现实需要的，因而"国民精神总动员"的这一号召在抗日阵营中，更是得到了及时而有力的响应。

1939 年 4 月 26 日，中国共产党中央委员会在《中央为开展国民精神总动员运动告全党同志书》中，认为国民精神总动员的三个共同目标"都是根本正确的"，在一一予以重申之后，指出"国民精神总动员，应成为全国人民的广大政治运动，精神动员即是政治动员"，"只有经过民主方式，着重宣传鼓动才能推动全国人民，造成压倒敌人刷新自己的巨潮"。② 几天之后的 5 月 1 日，延安也与重庆一样，举行了各界"国民精神总动员"暨庆祝"五一"国际劳动节大会。

这无疑表明，抗战到底的思想导向，在已经成为广大民众的爱国主义集体意识根基的同时，也成为国共两党进行政治合作的基石。所以，国民精神总动员运动不仅仅是民众动员与政党合作的社会运动，而且更是将陪都的政治效应扩大到文化的各个领域，尤其是文学这一领域中去的现实运动，正如《国民精神总动员纲领》中所说的那样——"至于文化界，言论界，著作家之人士，更望省察国家安危民族盛衰之责任"，"接受精神总动员之要旨，而为共同之奋斗"。这样一来，陪都重庆文学运动无疑将承

① 《国民精神总动员纲领》，《新华日报》1939 年 3 月 12 日；中国社会科学院台湾研究所编：《中国国民党全书（上）》，陕西人民出版社 2001 年版，第 458 页。
② 《中央为开展国民精神总动员运动告全党同志书》，《群众》周刊 1939 年第 3 卷第 1 期。

担起前所未有的动员重担，来激发出陪都效应的全部文化能量。

在战时体制下，陪都文化的重庆建构连续不断地经受住了战火的严峻考验。举世闻名的"重庆大轰炸"正是日军对重庆进行"航空进攻作战"的罪恶"杰作"，其目的就是"压制、消灭残存的抗日势力"，"摧毁中国抗战意志"，"迅速结束中国事变"，因而进攻重点就是"攻击敌战略及政略中枢"，"消灭敌最高统帅和最高政治机关"，"重要的政治、经济、产业等中枢机关"，尤其是"直接空袭市民"，"给敌国民造成极大的恐怖"。日机从 1938 年 12 月 26 日开始轰炸重庆，"重庆大轰炸"的持续时间之久，生命牺牲之惨烈，写下了抗日战争史上空前悲壮的一页。然而，陪都重庆并没有在大轰炸之中消失，而是以其崭新的面貌显现出不屈不挠的中华民族所创造出来文化奇迹，以至于多次驾机去轰炸重庆的日军飞行员，也不得不在最后哀叹"重庆轰炸无用"，因为"单凭轰炸，使其屈服是不可能的"。①

在那些抗战时期齐集重庆的作家们眼中，正是重庆大轰炸直接促进了中华民族精神的焕然一新——"火光中，避难男女静静的走，救火车飞也似的奔驰，救护队摇着白旗疾走；没有抢劫，没有怨骂，这是散漫惯了的，没有秩序的中国吗？像日本人所认识的中国吗？这是纪律，这是勇敢——这是五千年的文化教养，在火与血中表现它的无所悔的力量与气度！"更是在大地上出现了这样的"陪都轰炸小景"——"废墟上热腾的从草棚喷出面香，时髦男女的笑声落满污黑座头，生活原没有固定大小，固定尺寸，战争教大家懂得幸福的伸缩性。"② 无论是五千年文明所养育而成的民族精神在战时生活中的复兴，还是抗日战争所熏陶出来的乐观态度在战时生活中的焕发，都是基于一个共同的信念：那就是抗战到底！具体而言也就是——"'宁为玉碎，不为瓦全'。必须吾人人抱定最大之决心，而

---

① ［日］前田哲男：《重庆大轰炸》，李泓、黄莺译，成都科技大学出版社 1989 年版，第 38、59、236 页。

② 老舍：《五四之夜》，《七月》1939 年第 4 卷第 1 期；蓬子：《夜景》，《抗战文艺》1941 年第 7 卷第 4—5 期合刊。

后整个民族乃能得彻底解放。"①

在经受血与火的考验的同时，陪都重庆已经成为民族复兴的具有全国代表性的区域文化中心，于是，1940 年 9 月 6 日国民政府正式在重庆设立陪都——"四川古称天府，山川雄伟，民物丰殷，而重庆绾毂西南，控扼江汉，尤为国家重镇。政府于抗战之初，首定大计，移驻办公。风雨绸缪，瞬经三载。川省人民，同仇敌忾，竭诚纾难，矢志不移，树抗战之基局，赞建国之大业。今行都形式，益臻巩固。战时蔚成军事政治经济之枢纽，此后更为西南建设之中心。恢宏建置，民意金同。兹特明定重庆为陪都，着由行政院督饬主管机关，参酌西京之体制，妥筹久远之规模，藉慰舆情，而彰懋典。"②

这就充分证明：陪都的重庆设立，首先在于 20 世纪的重庆，早已经成为长江上游以至中国西南部的区域性中心城市，而抗日战争的全面爆发为重庆设立为陪都提供了一次历史契机，这就充分表明，陪都文化的重庆建构，呈现出陪都文化为区域文化中心的陪都重庆，奠定了在巴蜀文化的后续发展中必不可少的现代文化基础。

不过，即使是重庆具有了陪都这样的行政地位，也并不一定意味着陪都文化的重庆建构就会自然而然地拥有了全国代表性。只有在陪都重庆从地方文化中心发展成为区域文化中心的现实状态之下，才有可能使陪都文化的重庆建构在抗战时期成为中国文化区域发展的主要代表。

正是因为如此，当 1940 年 9 月 7 日国民政府明定重庆为陪都之后，每年的 10 月 1 日，也就被同时定为"陪都日"。1940 年 10 月 1 日，在陪都重庆行了庆祝首届"陪都日"的盛大集会。当天陪都重庆各报纷纷发表社论。

《新华日报》的社论首先指出："明定重庆为陪都，恢宏建置，一由于重庆在战时之伟大贡献，再鉴于重庆在战后之发展不可限量。"《新华日报》的社论进而强调："重庆军民在敌机狂炸被毁的废墟瓦砾场中举行盛

① 蒋中正：《重申抗战到底告国民书》，《中央日报》1938 年 10 月 30 日。
② 《行政院院长蒋中正训令》，《国民政府公报》渝字第 270 号，1940 年 9 月 7 日。

大的庆祝大会，当然大家的心里都不须要是一种粉饰太平的点缀，而是要表现我们抗战不屈团结到底的铁的意志。所以这一次的盛大示威，应该是中国军民抗战到底的一个大示威，应该是中国军民有决心有勇气斩断一切荆棘奋勇前进的旗帜，我们在暴敌蹂躏后的残砖颓壁之间涌出一股民族正气，来证明日寇狂炸的无聊，告诉了我们的敌人，中华人民的生命财产固然可以被毁，然而中华民族的抗战意志是只有愈炸愈强，愈经痛苦的磨炼愈见高扬的。"《新华日报》的社论最后认为："把中华民族坚决抗战的精神发扬起来，这是我们庆祝陪都最重要的意义。"

在这里，《新华日报》的社论中有关陪都重庆与"陪都日"的文化意义的把握，应该说是实事求是的。这就是，一方面通过肯定陪都重庆在战时的伟大贡献与战后发展的不可限量，实际上揭示出陪都重庆具有从地方性到区域性的文化中心这样的双重地位，尤其是两者达成一致之间的全国代表性；另一方面通过宣扬"陪都日"的"最重要的意义"就是"把中华民族坚决抗战的精神发扬起来"，实际上显现出国共合作的思想基础与政治纲领的趋于一致，特别是这两者之间的政治紧密性。

早在重庆被明定为陪都两年多以前的 1938 年 3 月 29 日，中国国民党临时全国代表大会就在重庆开幕，至 4 月 1 日在武昌闭幕，通过了《中国国民党抗战建国纲领》的政纲，4 月 3 日，《新华日报》发表了《中国国民党抗战建国纲领》，而《中央日报》则于 7 月 2 日正式公布。《中国国民党抗战建国纲领》由"总则"及"外交、军事、政治、经济、民众、教育各纲领"构成。总则即"（一）确定三民主义暨总理遗教，为一般抗战行动及建国之最高准则。（二）全国抗战力量，应在本党及蒋委员长领导之下，集中全力，奋励迈进"。其余各纲领即为总则之内容在不同领域内的具体实施方案，强调了"全国人民捐弃成见，破除畛域，集中意志，统一行动之必要"，"欲求抗战必胜，建国必成"。

对于中国国民党的"抗战建国"政纲，中国共产党予以了积极响应。1938 年 10 月，毛泽东在《新阶段——抗日民族战争与抗日民族统一战线发展新阶段》的报告中指出，中国国民党"有三民主义的历史传统，有孙中山先生、蒋介石先生前后两个伟大领袖，有广大忠忱爱国的党员"，因而"三民主义是抗日民族统一战线与国共合作的政治基础",而抗战建国的最终目的就是要"建立一个三民主义共和国";同时,"抗日民族统一战线是以国共两党为基础的","抗日战争之进行与抗日民族统一战线的组成中,国民党居于领导与基干的地位","两党中以国民党为第一大党,抗战的发动与坚持,离开国民党是不能设想的";不过,"各党派各阶层政治力量的不平衡,同时在地域分布上也表现这种不平衡。国民党是第一个具有实力的大党,共产党是第二党",并且"由于有两党的军队,使得抗日战争中两党克尽分工合作的最善责任"[①]。随后,在 11 月 16 日通过的《中共扩大的六中全会政治决议案》中,重申"中国共产党对于拥护三民主义,拥护蒋委员长、拥护国民政府的诚心诚意","对执行三民主义及抗战建国纲领应该采取最诚恳最积极的立场",以达到"国共长期合作,保证抗战建国大业的胜利,为三民主义的新中国而奋斗"。[②]

所有这一切无疑都表明,无论是三民主义,还是抗战建国纲领,在整个抗战过程中发挥着文化导向的现实作用,特别是在以陪都重庆为中心的大后方,更是成为文化主导的现实表现,而且也成为陪都重庆文化与边区延安文化之间文化差异存在的现实标志。就此而言,集中地表现在国共两党对于三民主义的理解与抗战建国纲领的实施的并非完全一致上。事实上,正是基于中国共产党所阐释的三民主义与所实行的抗战建国纲领,陪都重庆的红岩嘴13 号,在以国民革命军第十八集团军驻渝办事处名义租赁下来之后,不仅成为国民革命军第八路军(不久之后按照战斗序列改称第十八集团军)兼陆军新编第四军的驻渝办事处,中国共产党代表团与中共中央南方局的办公地,更是成为国共两党合作抗日的现实风向标,由此而使中国共产党在陪都重庆的政治影响最终形成一种独特的政治文化意识——红岩精神,成为陪都重庆的一种具有独特性的政治文化现象,并且在此后成为重庆文化与中国共产党的革命传统相联系的一种具有稀缺性的政治文化资源。

当然,在陪都重庆,由于战时体制的影响,中国国民党对于三民主义

---

①　毛泽东:《论新阶段》,华北新华书店 1938 年版。

②　《中共扩大的六中全会政治决议案》,《中共中央抗日民族统一战线文件选编(下)》,档案出版社 1986 年版。

的阐释与抗战建国政纲的实行，不可避免地带有执政党的意识形态偏见，特别突出地表现在文化政策与文艺政策的制定与贯彻之上，具体地说就是推行三民主义文化与三民主义文艺。只不过，无论是推行三民主义文化运动，还是鼓吹三民主义文艺竞赛，都是在抗战到底的民族意志与反法西斯主义的时代精神的陪都文化主流制约之下进行的，即使是中国国民党在其所制定的文化与文艺政策上出现了政治偏差，但是，基本上还是为陪都文化的重庆建构提供了相对自由的空间与相应的行政保障。

自从 1933 年 9 月 1 日国民政府行政院令内政部与军政部两部保障新闻从业人员以来，中国新闻界即开始以每年的 9 月 1 日为"记者节"，直到 1944 年 3 月经国民政府行政院核定正式公布为每年一度的记者节。1942 年 9 月 1 日，中国新闻学会在这一天召开年会，以纪念"记者节"并"检讨新闻界的现状和困难"，集中讨论了"对今后中国新闻事业应建立何种制度"，要求保障新闻自由。一方面，对"中国新闻界现势"进行总结："抗战以来，中国新闻事业经长时间之奋斗，发生剧烈之变化，与抗战形势相配合，成为阵容之主流"；另一方面，要求改进"报纸的单调"："这需要各报自己努力，把内容弄丰富，同时管理方面把检查尺度放宽，报纸的内容就不会单调了"。① 1943 年 2 月 15 日，国民政府公布《新闻记者法》，在给予新闻记者以一定法律保障的同时，对于新闻自由也作出了相应的限制。因而在这一年的中国新闻学会的年会上，就提请政府修订《新闻记者法》。② 仅仅从陪都重庆的新闻传播这一角，就可以看出陪都文化的重庆建构的相对自由空间在逐渐扩大。

较之新闻自由而言，出版自由更能体现出个人言论自由的现实状况。尽管有人认为"文化中心以编辑出版事业为标志"。③ 但是，如果仅仅强调出版事业中的编辑这一环节，而抽掉三位一体之中印刷与发行这两个环节，事实上也就在强化出版过程中的意识形态控制之余，在忽视市场流通

①　宣谛之：《一年来中国新闻界大事记》，陈德铭、周钦岳：《中国新闻界现势一瞥》，王芸生：《新闻的选择与编辑》，《中国新闻学会年刊》（1942 年编）。

②　《大公报》1943 年 10 月 2 日。

③　姚福申：《中国编辑史》，复旦大学出版社 1990 年版，第 410—411 页。

之中而最终失去了出版事业的传播功能，所以难易令人信服。其实，较为准确的表述应该是：文化中心同时也就是出版中心，出版中心的形成与出版作为大众传播行业所达到的文化信息交流水平直接相关；文化中心控制着文化信息，出版行业传播着文化信息，正是出版物使二者统一起来。因此，出版物既是信息源的物化形式，又是信息传播的现实手段，出版物的质与量也就具体地决定着文化信息交流的水平。在这样的意义上，可以说只有出版物才是文化中心的标志，因为它能够反映出文化发展的变化来。

根据统计，抗战时期在陪都重庆出版的所谓"渝版图书"，至少有4386种之多，而包括商务印书馆、中华书局在内的各类出版机构已经超过100家。当然，战时检查制度对于陪都重庆的出版事业发展是有所影响的，后来有人统计过，抗战期间陪都重庆被查禁的图书达2000多种、期刊200余种。不过，根据当时的中央图书审查委员会的有关报告，这一统计并非完全准确，或者说只有表面上的准确，因为"自廿七年十月至卅二年十二月列表取缔之书刊共一千六百二十种"，其中"一千四百一十四种中，经各地查获没收者仅五百五十九种，其余八百五十五种，则虚有取缔之名，而毫无所获"。之所以如此，这就与战时检查制度的执行不力有关，更与战时检查制度的不得人心相关，随着抗战胜利的到来，不仅陪都重庆的出版机构采取了自动拒检不送审的抵制行动，而且国民政府在1945年10月1日宣布，即日起废除战时新闻检察和书刊检察制度，原审查人员全部转移到收复区。①

较之新闻出版，陪都重庆的文艺发展自由空间显得更为宽松。这一点特别突出地表现在陪都重庆的抗战戏剧运动的蓬勃开展上。这就在于，抗战戏剧的艺术综合性，集文学与艺术之所长于一身，并且通过二度创作在舞台上直接诉诸观众，造成了当时涵盖面最大的社会传播效果。特别是抗战话剧，通过重现抗战现实而显现出进行抗战宣传和民众动员的巨大作用，以至于在抗战初期担任国民政府军事委员会政治部部长的陈诚，就有过十个演剧队能"当作十个师使用"之说。所以，在日军偷袭珍珠港以

---

① 郝明工：《陪都文化论》，新疆大学出版社1994年版，第213—215页。

后，世界反法西斯战争全面展开之际，田汉提出将演剧队扩充为一百队，即"一百个'文化师'"来"有效地争取抗战胜利"。[①] 陪都重庆的抗战戏剧运动不仅成为大后方抗战戏剧运动的代表，而且更成为整个抗战时期中国戏剧发展的代表，据不完全统计，"抗战八年"陪都重庆上演的多幕剧就超过 120 部。[②] 可以说，仅仅是陪都重庆的抗战戏剧运动，无疑就充分显现出陪都文化的重庆建构在抗战时期中国文化区域发展中的全国代表性来。

随着中国抗日战争成为世界反法西斯战争的重要一翼，不仅促进了民族意识的高度自觉，而且还促成了经济建设与政治民主的协同发展。陪都重庆在成为工业发展中心的同时，也成为民主运动中心。1942 年 6 月，迁川工厂联合会、中国西南实业协会、国货厂商联合会在陪都重庆联合发表了《工商界之困难与期望》的声明，要求保障经济建设发展的合法权利。1943 年 6 月，在陪都重庆举行的全国第二次生产会议上，工商界人士与当局达成了共识，随后落实的工矿事业贷款总额为 20 亿元（其中公营企业 8 亿元，民营企业为 12 亿元）。这一要求保障经济建设的合法权利的民主运动一直持续到抗战胜利。

与此同时，维护合法权利的民主运动更是直接地出现在对于民主宪政的不断努力之中。1943 年 10 月，国防最高委员会设置宪政实施协进会，周恩来、董必武作为中共代表被制定为其成员。这是一个包括各派政治力量以推行民主宪政的官方机构，先后提出废除图书杂志审查、健全地方行政机构等提案。1944 年 1 月 3 日，宪政座谈会在陪都重庆召开，这是一个非官方的包括各党各派与各界著名人士，旨在加快民族进程的松散组织，先后讨论了"自由与组织""成立联合政府"等问题，进而筹组民族宪政促进会。事实上，实施宪政的关键在于是否尽快"成立联合政府"，否则，"国家前途必要有陷于不幸之境者"。[③] 显然，从经济民主到政治民主，已经成为中国走向现代国家的必经之路。

---

① 田汉：《响应黄少谷先生的号召——扩充演剧队到一百队》，《戏剧春秋》第 2 卷第 4 期。
② 田进：《抗战八年来的戏剧创作》，《新华日报》1946 年 1 月 16 日。
③ 郝明工：《陪都文化论》，新疆大学出版 1994 年版，第 173—176 页。

　　由此可见，正是由于陪都文化的重庆建构在时间维度与空间维度趋于一致之中出现了全面而深入发展的强劲势头，在陪都重庆开创了巴蜀文化发展进程之中的辉煌一页。不仅为巴蜀文化进行区域文化的现代发展提供了陪都文化这一历史的证明，而且更是为巴蜀文化的空间绵延提供了陪都文化这一现实的资源，从而表明陪都文化的重庆建构能够为新世纪之中的巴蜀文化从地方文化向着区域文化发展，提供必不可少的历史经验与不可或缺的现实导向。

第二章　陪都重庆文学的战时拓展

一　陪都重庆文学与"重庆形象"变迁

从区域文学出现的角度来看，重庆文学是具有人文地理空间边际的地方文学；而从区域文学发生的角度来看，重庆文学又是拥有行政区划时间限定的地域文学。这无疑就意味着，重庆文学的地方文学构成是区域文学在重庆生成的历史前提，而重庆文学的地域文学构成是区域文学在重庆生成的现实条件，因而只有具备了这样的历史前提与现实条件，重庆文学才有可能发展成为区域文学，从而表明重庆文学的区域文学生成，不过是重庆文学发展的阶段性产物。

审视重庆文学发展从古到今的整个历程，可以说，古代的重庆文学主要是表现巴地风土、风物、风情、风俗的地方文学，只不过，在时至今日之中，古代的巴地文学又被一些人视为所谓的"巴渝文学"。然而，进入20世纪之后的重庆文学，在进行现代发展的同时，也就呈现出从地方文学向着区域文学变迁，继而由区域文学向着地域文学变迁这样的世纪轨迹来，与20世纪的中国文学区域化过程之中文学发展的政治化保持着高度同步。

不过，进入21世纪的新世纪以来，随着个人的文学书写在摒弃人身依附与疏离人为控制之间开始回归自主状态，"重庆形象"的文本塑造在弱化其地域性特征的同时，也开始强化其地方性特征，从而预示着重庆文学在新世纪的发展有可能进入一个前所未有的新阶段。正是因为如此，就区域文学之所以能够生成的根本而言，必须认识到的就是：文学的地方性特征是较为稳定的，而文学的地域性特征则是易变的——无论是显示意识形态主导、文学政策规范，还是显现行政区划调整、地区建制重组，均是在政治需要更替之中随时间长轴波动而不断得到整合的。

所以，在 20 世纪的重庆文学现代发展过程之中，具有区域文学的地方性与地域性双重特征这样的重庆文学，就是抗战时期的重庆文学，即陪都重庆文学。尽管陪都重庆文学这一命名是与陪都重庆的行政确定分不开的，但是，陪都重庆文学所表征出来的正是陪都文化——由地方文化中心成为区域文化中心的陪都重庆所建构的区域文化。陪都文化的文学表征在表现出全国性影响的同时，更呈现出区域性样态，具体而言的文学标识，就是区别于其他区域文学的"重庆形象"。

在这里，从何谓重庆文学的文学命名到何为重庆文学的文学认定，事实上主要依托于"重庆形象"的文本塑造——只要是能够对重庆文化的不同层面进行相应的文学表征，并且塑造出"重庆形象"来的，都是重庆文学，从而避免了对于重庆文学从命名到认定的种种无谓之争：文本是有关重庆还是无关重庆的题材之争，作者是本地还是外地的籍贯之争，因为本地作者有可能写出与重庆无关的文本，而外地作者也有可能写出与重庆相关的文本，以便保持重庆文学发展的开放性——既不以作者籍贯的差异来进行其是否归属重庆文学的文学判断，也不以文本题材的选择来作为是否重庆文学的文学裁定——陪都重庆文学的生成已经证实了这一点。

不可否认的是，"重庆形象"并非只是具有地方性与地域性双重特征的区域文学形象，而且还有可能分别是具有地方性特征的地方文学形象或地域性特征的地域文学形象，在这样的认识前提下，可以说，20 世纪中重庆文学的现代发展，与"重庆形象"的变迁是相辅相成的：始于地方文学，而终于地域文学。显然，对于重庆文学现代发展的考察，应该从地方文学层面上开始，而实际上从重庆文学走上现代发展道路之初，这一点就已经被意识到了，并且在个人文学书写之中加以极力鼓吹。

早在 1920 年前后，诗人吴芳吉就以重庆本地特有的民歌体、民谣体来开始进行地方文学的个人书写。不过，这一个人书写是对中国与世界的文化与文学进行为前提，来进行着对中国的"西方"与"西方人"的诗歌吟唱，写出了巴山蜀水间的种种人与种种事。

于是乎，就有了发表在 1919 年 11 月出版的《新群》创刊号上的《秧歌乐》一诗，通过对"撒秧乐""栽秧乐""薅秧乐""打秧乐""收秧乐"，这一稻子从播种到收获的农事活动五部曲的吟唱，来大显"西方人"之乐：在从春到秋的农事活动之中，首先是其乐无穷的前三步，表现为"撒秧乐""栽秧乐""薅秧乐"，在这一连串的与稻子生长有关的农事活动之中，显示出经过长期辛劳而丰收在望的持久快乐；其次是其乐融融的后两步，凝结为"打秧乐""收秧乐"，从收割稻子的"打秧"到出售稻子的"收秧"，更是展现出丰收已成现实的合家欢乐。正是在凸显这些从农事到方言的种种地方性特征的个人吟唱之中，显现出重庆文学在地方文学层面上开始了向着现代文学的转向——不仅要书写出农家之乐，更要写出农家之苦。

所以，在 1920 年初，诗人吴芳吉发表了《两父女》一诗，主要是通过"乱山间，松矫矫，/乱松间，屋小小。/屋前泥作墙，/屋顶瓦带草"的诗句，来烘托重庆乡村穷苦人家的日常生活，对相濡以沫的父女俩表以深切的怜悯："冷月寒宵，/风涌卷松涛。/一声长啸，/千山震撼。/只地下妈妈知不知晓？"这就将传统文学中的"贫贱夫妻百事哀"转化为现代文学中的贫穷之家事事悲，具有了全面而深刻的文学批判性，因为对于那些生活在重庆的穷人来说，除了饥寒交迫之外，更要命的是"你莫哭，快睡好。/你要哭，兵来了"。这就证实，不时在重庆乡间燃起的战火，直接威胁着无路可逃的穷人们的生命安危，果真是人祸更甚于天灾。然而，正是这一现代性的诗意揭露，引发了读者认为此诗是否真实的质疑——"闻者颇多感泣，乃有以此事问我为真是否"——由此而显现出进行地方文学的个人书写对于中国现代文学发展的重要性。[①]

为了向世人揭示重庆战火频频的确是一种祸害家乡的现实存在，诗人

---

① 在后来的"选编"过程之中，《秧歌乐》一诗中的"撒秧乐""栽秧乐""薅秧乐""打秧乐""收秧乐"的重庆方言表达，被统置换为"秧歌乐"，很显然是没能注意到地方文学的文化特征。贺远明、吴汉骧、李坤栋选编：《吴芳吉集》，巴蜀书社 1994 年版，第 75—84、54—56、92—98 页。

由此将诗情的怒火洒向如同洪水一样漫延在巴山蜀水之间的四川兵灾，而写出了叙事长诗《笼山曲》。正是通过描写"我胸中一段山水"，来最终表达那独特的个人情怀——"只望那后队兵，/麻麻密密！/偏有个乞食的山僧，/布囊瓢饭，/独在那人丛中，/似掩面涕泣，/似掩面涕泣！"——悲天悯人的叙事之中显露出来的正是众生平等的巨大同情心，而"山僧"在叙事结束时的出场，无疑可视为诗人的个人自况，其中已经注入了诗人所受到的人道主义这一外来现代影响。由此可见，重庆文学在现代发展过程之始，有关地方文学的个人书写，总是离不开现代文化与现代文学的直接影响的。

这就充分证明，地方文学书写并非是要自限于地方文化的个人书写，恰恰相反，进入20世纪以来，进行地方文学书写需要个人书写必须能够拥有从中国到世界的文化与文学的双重视野，从地方文学形象的个人书写开始，进而在推动地方文学的区域性发展的同时，促成地方文学形象的区域性变迁。不仅诗人吴芳吉能够如此吟唱，诗人何其芳也能够如此吟唱。

诗人何其芳在最初的诗歌吟唱之中，就紧紧抓住了地方文学书写中的重庆形象不放手，主要是以"江水""桃花"这样一些具有浓郁"地方色彩"的诗歌意象，来开始自己的心灵吟唱。于是，就有了第一首发表在《新月》上的具有高度抒情性的叙事诗《莺莺》，诗人一开始就进行着如此深情的吟唱——"请把桨轻轻地打在江心"，"见否那岸上的桃花缤纷？"然而，"请不要呀，不要/让你们的桨声歌声，/惊动了静睡在那坟里的幽魂"……

这是一篇痴心女子与负心汉的诗意传奇，这更是一曲痴情至死终不悔的青春颂歌，使"落花有意而流水无情"的传统叙事，在女性追求人间至爱的现代氛围之中，成功地进行了个人书写之中有关重庆形象的叙事建构，于是乎，才会展现出重庆形象所特有的诗歌境界："很早的春天，/桃花刚才红上她的芽尖，/江水又织成一匹素绢"，而滚滚东去的江水边，一年一度的桃花下，"就是坟所在，/埋着的是美丽也是悲哀"。①

---

① 罗泅编：《何其芳佚诗三十首》，重庆出版社1985年版。

　　随后，诗人何其芳以家乡的红砂碛为刊名，个人创刊《红砂碛》，以抒发心中对于重庆的无限怀念。在《想起》之中，"想起堤岸上，／我们一排坐。／流金万点，／是月影掉下江波"，而在《我不曾》中，"我不曾察觉到春来春归，／只看到了一度花开花飞"——"树上的桃花已片片飞坠，／夹在书内的也红色尽褪"，以此反复吟唱来表达青春年华在激情躁动之中的种种独特感受。不仅有着《当春》之中的青春焦虑："当春在花苞里初露了笑意，／我是去探问我青春的消息"；而且更有着《青春怨》之中的青春失落："一朵朵，一朵朵，又一朵朵，／我的青春像花一样的谢落"。

　　借助重庆形象中特有的"江水"与"桃花"这样的地方文化意象，走进了青春的年华与激情的个人吟唱，青春的年华犹如江水一去不复返，而青春的激情犹如桃花留下绚丽的记忆，使得青春的诗意吟唱展露出别具一格的文学境界。当然，对于何其芳来说，他的地方文学书写并非是仅仅限于诗歌，在发表《莺莺》的同时，在《新月》上还发表了《摸秋》等小说，[1] 通过对重庆乡村特有的八月十五"摸秋"这样的民间狂欢进行小说描写，来展示故土乡民们的日常生活，初步显现出地方文学书写中重庆形象的文本魅力。

　　诗人何其芳还进行过对于重庆形象的地域性扩张，这就是他在抗战后期写成的与"重庆街头所见"有关的《笑话》一诗，这首诗的政治倾向性显然是旗帜鲜明的，通过对陪都重庆阴暗面的政治讽刺，传达了从圣地延安重返陪都重庆之后进行政治批判的个人激情。不过，这一急就章的"笑话"已经同样鲜明地暴露出个人书写中政治与艺术两者之间的严重失衡，因而自然会导致文本传播中社会影响甚微。[2] 尽管如此，这至少从政治层面上表明在抗战时期，陪都重庆文学对于重庆形象变迁的现实推动。

　　这就在于，陪都重庆文学不仅与中国社会的政治进程保持着一致，更是与中国文化的现代转型保持着同步。从区域文化与区域文学的关系来

---

① 罗泗：《何其芳创作年谱》，《万县师专学报》1985 年创刊号。
② 《何其芳文集》第 1 卷，人民文学出版社 1984 年版。

看，正是在抗战时期，重庆被国民政府明定为陪都，在成为临时性的战时首都的同时，也成为永久性的区域中心城市。于是，陪都重庆在意识形态主导与行政区划调整这两个方面，从地域文化的层面上推进了重庆向着现代大都市发展，由此而促动重庆文化向着区域文化发展，也就是从以人文地理资源与本地民俗底蕴两大构成为主的地方文化，转向地域文化与地方文化并重的陪都文化的现实发展，从而促成陪都重庆文学具有了地方文化与地域文化的双重内涵和地方文学与地域文学的整体构成，完成了从地方文学向着区域文学的现实过渡。

这一发展的文学标志就是重庆形象的战时变迁，已经能够在所有文学样式的文本表达中得到较为充分的展现。这样，陪都重庆文学中的重庆形象，就是以陪都文化这一区域文化为表现对象而形成的区域文学形象。陪都重庆文学中的重庆形象，具有两大文学构成层面，一个是陪都气象，一个是山城意象，它们都是在陪都重庆的战时生活基础上演变而成的区域文学形象。只不过，在陪都气象与山城意象之间，不仅两者在区域文化的内涵构成上各有不同，而且两者在重庆形象的文学构成层面上有内外之分。

陪都气象的文化内涵构成是陪都文化之中的地域文化，表现出战时生活中陪都重庆从意识形态主流到行政权力控制的政治特征，既达成抗战建国的共识，也进行思想自由的限制，而直辖市的行政地位对主流意识的两极分化，在战时体制下都分别以不同的形式进行了程度不等的强化，这就赋予陪都气象以两极对峙的外观，在文本表达之中呈现出从明朗到阴暗的地域文学形象变化来。

山城意象的文化内涵构成是陪都文化之中的地方文化，表现出战时生活中陪都重庆从人文地理环境到本地生活导向的民俗特征，既升腾起青山绿水的惊喜，也涌动着大雾弥天的消沉，加之峡江生活的粗放与粗犷，在战时条件下分别从两个向度以不同的方式进行着强度不同的冲击，这就给予山城意象以两极对立的外观，在文本表达中呈现出从明朗到阴沉的地方文学形象变化来。

由此可见，在陪都气象与山城意象之间，两极化的文学形象外观具有同构性，这正是它们彼此在文本表达中有可能融合成为具有整体性的重庆形象的内在连接点。在这样的意义上，文本中"陪都重庆"绽放的明朗，不仅能唤起陪都气象的温暖感，而且能唤起山城意象的温柔感，也可能唤起重庆形象的温馨感；而"雾重庆"的文本进入，既可特指陪都气象的阴暗，也可专指山城意象的阴沉，更可表征重庆形象的阴森。可以说，重庆形象在游动于陪都气象与山城意象之间进行文本表达的同时，还有可能在史诗性的文本表达中进行陪都气象与山城意象的文本融合，这一点，至少在陪都重庆的长诗、长篇小说、多幕剧的叙事性书写中已经显露出来。

同时更应该注意到，陪都气象是重庆形象构成的地域性表层，当然会随着时间的流逝而消退，最后将随同陪都行政地位的消失而成为历史性的文学景观，因而无法在重庆形象不断变迁之中得到延续；而山城意象是重庆形象构成的地方性深层，自然会因为空间的长存而常在，即使陪都消失也会保持住现实性的文学更新，将会在重庆形象不断变迁之中延伸拓展。从区域文学发展的角度来看，陪都文化的区域文化价值，首先需要在文本表达中得到文学的确认，其次需要对陪都文化的整体性进行文学的文本表达，从而促成区域文学的陪都重庆文学的出现。在这样的前提下，可以说抗战时期重庆形象的区域性变迁，显然是具有历史合理性与现实必然性的。

特别值得指出的就是，陪都重庆文学虽然是区域文学，但是它在抗战时期发挥的文学影响与文学作用，实际上并不偏于陪都重庆一隅，这对于重庆形象变迁的实际进程来说，无疑会成为直接的动力。

这首先是因为陪都重庆在抗战时期已经成为具有全国代表性的区域文化中心，而文化中心的标志之一就是出版中心。在抗战前期，首先是陪都重庆的报刊纷纷改版，从《新蜀报》到《商务日报》，从《春云》到《诗报》；其次是大批报刊迁渝之后的复刊，从《新民报》到《新华日报》，从《抗战文艺》《戏剧新闻》到《七月》。诸多报刊，以专栏与专刊的形式，都为陪都重庆文学的发展，尤其是为扩大重庆形象在全国的影响提供了必不可少的传播阵地。随着重庆报刊的创刊数量不断增加，到抗战后期，不仅陪都重庆新创办报纸的数量达到了 110 家，其中抗战前期为 44

家，抗战后期为 66 家；而且陪都重庆新创办文艺刊物的数量也达到 50
家，其中抗战前期为 17 家，抗战后期为 33 家。

同时还应该看到，在抗战后期，随着商务印书馆、中华书局的迁渝，
众多作家在陪都重庆也掀起了自办出版社的热潮，从郭沫若等人创办的群
益出版社到老舍等人创办的作家书屋，数量达到 120 家，与此同时，也出
版了 120 种以上的文学丛书，无疑更有利于陪都重庆文学之中的优秀作
品，尤其是全国文学之中的典范作品的社会传播。[①]

这其次就在于全国性的作家社团，从中华全国文艺界抗敌协会到中
华全国戏剧界抗敌协会迁来陪都重庆以后，各大协会在陪都重庆的总会
与分散在全国各地的分会之间进行了较为紧密的组织联系，形成了推动
抗战文学运动全国开展的社团体系。中华全国文艺界抗敌协会先后在昆
明、成都、延安、桂林、贵阳等地建立了分会，并且在长沙、香港等地
建立了通讯处，尤其是晋察冀边区分会的建立，被总会称为"在敌后建
立的一巨大文艺堡垒"。与此同时，中华全国戏剧界抗敌协会也在昆明、
桂林、延安等地建立了分会。[②] 正是通过在陪都重庆的各个总会对全国
各地分会的有效组织，有力地发挥了陪都重庆文学在全国的主导作用，
促成陪都重庆的抗战文学运动能够展示出中国文学运动的全国方向来。
陪都重庆文学的这一主导作用在抗战胜利之后，随着各大协会的离渝也
随之不复存在。

更为重要的是，随着大批外地作家来到重庆，他们与本地作家一起，
一方面直接推动着重庆文学的区域性发展，为陪都重庆文学这一区域文学
的生成进行着共同的努力；另一方面，无论是外地作家，还是本地作家，
他们的文学创作空间并不限于陪都重庆，而是向着全国进行拓展，抗战区
与沦陷区的战时生活都成为文学创作的对象，突破了区域文学从地域性到
地方性的双重文化限制，从而使陪都重庆文学在具备区域性的同时又具有
了全国性。在这样的意义上，陪都重庆文学不仅能够代表区域文学的重庆

---

① 郝明工：《陪都文化论》，新疆大学出版社 1994 年版，第 195、212、210 页。
② 靳明全主编：《重庆抗战文学论稿》，重庆出版社 2003 年版，第 105—107 页；葛一虹主
编：《中国话剧通史》，文化艺术出版社 1990 年版，第 207 页。

文学，而且也能够代表全国文学的现代文学。正是因为如此，从外地知名作家到本地新进作家，通过他们的创作，不仅为陪都重庆文学奉献出优秀之作，而且也为全国文学提供了典范之作。可以说，陪都重庆文学，也就是抗战以来的重庆文学，在此时全国文学版图上所占有的中心地位，完全是建立在厚重而坚实的文学文本基础之上的。

从抗战前期的陪都重庆文学发展来看，通常文学史中所谓抗战文学在创作上的小型化现象，实际上与报告文学热的兴起是分不开的。这就在于报告文学以其迅速及时的纪实性叙事，实现了动员全民抗战的宣传要求，成为抗战前期文学创作的文学体裁样板，随之出现了报告长诗、报告小说、报告话剧的个人创作，不仅成名作家是如此，新进作家也是如此。由此可见，报告文学热的兴起固然有其宣传抗战的必要性，在趋于强劲的写作热潮之中，同时也付出了战时生活纪实流于粗疏这一文学创作的艺术代价。可以说，抗战前期文学创作的小型化，实际上也就是报告文学化，其根本则在于个人的文学书写是为扩大全民抗战的社会影响而进行的。

从抗战后期的陪都重庆文学发展来看，个人的文学书写必须回到作家自己熟悉的生活中去，才有可能在进行基于战时生活的文学创作之中，促成具有史诗性的文本产生。这首先就需要作家在摆脱主题先行的创作前提下，进行张扬创作个性的自由写作；这其次也就需要作家在张扬自己的创作个性的基础上，进行现实性与史诗性相一致的个人写作。这样，作家通过对不同文学样式中不同文学体裁的个人选择，从自己熟悉的生活出发，展开具有史诗性追求的个人写作，来满足进行文化人格重建的中国文化发展的战时需要，从而创作出各种各样而形式多变的文学史诗来，展现出从个人心灵的更新到民族灵魂重铸的一致性进程。可以说，无论是外地作家，还是本地作家，都能够通过个人写作来自由地体现出这一文学创作的史诗性趋向。

显而易见的是，陪都重庆文学生成过程中所涌现出来的优秀之作和典范之作，主要出现在抗战后期也就不是偶然的：一方面表明作家对于战时生活的熟悉需要经过一个较长的体验与回味的个人过程，个人写作所能展现战时生活的深度与广度，实际上决定于自己对于战时生活的熟悉程度；另一方面证明作家对于创作自由的把握需要一个较长的适应与调整过程，个人写作能否在展现战时生活中达到艺术创新的高度，事实上依托于自己在展现战时生活中的创作积累。这就是说，战时生活对于作家的影响，一是文学对象的生活形态由和平到战争的现实转变，二是文学主体的自由状态由被动到主动的个人把握，从而使战时生活在成为个人写作的主要对象同时，又规定着个人写作的自由限度。

　　所有这一切，都集中体现在陪都重庆文学中重庆形象的文本塑造之上。这首先就需要在陪都重庆文学书写中达成文本扩张与文本淳化的相一致，才能够有可能书写出上佳的文本来。这是因为文本扩张能够为文本增光添彩，并赋予文本较大的陪都文化包容度；而文本淳化能够使文本引人入胜，并带给文本较大的陪都文化融合力，从而增加文本的阅读魅力，在产生较大的文本影响的同时，也就使重庆形象拥有了较高的文本价值，最终得到特定时期文学典范之作这样的文学史确认。

　　陪都重庆文学中重庆形象这一文本塑造的个人努力，应该说已经率先出现在短篇小说的个人叙事之中，其中较为突出者这就是沙汀的《在其香居茶馆里》——将川西固有的茶馆置于抗日战争的战时氛围之中，给古老斑斓的茶馆点缀上一丝丝抗战的烟云，与此同时，作者更是将自己在重庆防空洞里听来的一段令人回味的关于战时征兵的龙门阵，融进小说的叙事之中，突破了川西茶馆的地方限制，显示了不断扩大的个人叙事眼界。由此，在文本扩张之中，巴蜀两地此时仍在民间流行的"吃讲茶"，已经成为小说叙事的主导线索与关键场景，在似曾相识的众语喧哗之中，营构出一派嬉笑怒骂的闹剧氛围，正当打嘴仗的闹剧转为肉搏战的厮拼，有可能消解这一越来越精彩的闹剧之时，突然而来的好消息——注定要成为壮丁的儿子，据说是不适合"打国仗"给放回了家——将这一场闹剧推向了最高潮。① 这样，关于抗战时期"抓壮丁"的茶馆叙事，实际上成为陪都

————————
　　① 《沙汀选集》，四川人民出版社1982年版；沙汀：《生活是创作的源泉》，《收获》1979年第1期。

重庆文学中的政治讽喻，从揭示消极抗战的视角来展开对重庆形象的文本淳化。

这样，无论是陪都重庆文学书写的文本扩张，还是陪都重庆文学书写的文本淳化，对于重庆形象的文本塑造来说，仅仅是陪都重庆文学的文化表达底线，还需要通过对文本史诗性的锐意追求，才有可能从整体上显现出陪都文化的全部内涵与陪都重庆文学的所有构成。在抗战时期居住在陪都重庆的作家之中，巴金显然具备进行史诗性小说叙事的个人眼光与能力，突出表现在他对巴山蜀水之间的双城——成都与重庆——进行了长篇小说的书写，在显现出从新文化运动以来直到抗战时期巴蜀城市生活变化的同时，更是通过长篇小说叙事来初步展现中国内地的传统城市转向现代城市的现实进程，也就是从传统的内地城市如何开始走向现代的中国大都市。

巴金先是在"激流三部曲"之中对蜀地的省城成都进行城市史诗的个人叙事，后又在《寒夜》之中对巴地的陪都重庆进行城市史诗的个人叙事：从空间上来看巴蜀双城的同中有异，巴蜀一体使得双城之间拥有共同的巴蜀文化传统，而巴蜀相离使得双城之间各具蜀地与巴地的人文地理特征；从时间上来看巴蜀双城的异中有同，巴蜀分划使得双城之间进行着中心城市的行政更替，而巴蜀一统使得双城之间具有现代发展的区域趋向。

封闭的生存状态决定着封闭的意识存在，对于古老传统的守成，不仅在成都是如此，而且在重庆也是如此，并且由于同属巴蜀大地的中心城市，固守传统的社会心态，在战火袭来之中已经转变成为潜沉在市民心底的一种病态心理。所以，在《寒夜》中，巴金将自己目光转向了重庆陋巷中普通人家的"汪家"，这是因为随着抗日战争的全面爆发，战前曾经是四川省政府所在地的重庆已经转变为民国陪都，无论是政治地位，还是经济地位，都在节节上升，吸引着如同"汪家"这样的来自四面八方的众多迁徙者。

陪都重庆在战时体制下的城市开放，并不意味着将会直接引发所有市民的意识开放，反而在实际上暴露出那些固守传统的市民个人的意识滞后。所以，"汪家"的解体，似乎在表面上可以归罪于城市膨胀之中的难以谋生，而实际上应该看到的就是——"汪家"的解体是来自婆媳间"孔雀东南飞"式的病态内耗。事实上，抗战期间，陪都重庆的居民由战前的 40 余万上升到 100 万以上，外来之家已经远远超过原住之家，绝大多数的市民之家都能够在战时的艰难生活之中相濡以沫，至少也会做到相安无事，从而在客观上有利于陪都重庆向着现代大都市的方向迈进。这就表明，《寒夜》通过对陪都重庆深夜时分地冻雾浓景象的小说叙事，来显现人心愚昧所引发的彼此隔膜与无以沟通，以至于酿成家庭悲剧的那种令人心寒到零度的"寒夜"氛围。就这样，巴金通过对陪都重庆的普通人家生活进行心路历程的史诗性叙事，揭示了中国人生存悲剧的本土文化渊薮。

《茶馆》所能展示出来的重庆形象，使人看到的正是地域性文学表象垄断了文本叙事，阻碍了地方性文学蕴含在叙事之中的文本渗入，促成重庆形象的单一与淡薄，不足以引发对于陪都重庆文学的普遍关注。不过，《寒夜》所能显现出来的重庆形象无疑多彩且厚重，达到了小说叙事的史诗性高度。这是因为在个人的陪都重庆文学书写中，巴金不仅能够促成文本扩张与文本淳化之间的一致，而且更能够对本土文化传统与病态人格构成进行较为深入而全面的文本挖掘，由此而激发起对于陪都文化的一再文学书写，这一文学书写一直持续到抗战胜利之后。[1]

正是因为这样，陪都重庆文学中重庆形象的文本塑造，事实上直接催生了文学书写的中国"双城现象"，老舍从文化人格重建的个人视角书写了中国的南北双城——《四世同堂》中的六朝古都北平与《鼓书艺人》中的民国陪都重庆，路翎从文化精神反思的个人视角书写了中国东西的苏渝双城——《财主底儿女们》上卷中的名城苏州与下卷中的陪都重庆……由此可见，陪都重庆文学与重庆形象变迁之间，的确是相互依存而又相互促进的。

---

　　[1]　巴金对陪都文化进行的史诗性小说书写，主要是在抗战后期开始写作的长篇小说《寒夜》之中，自然，他对陪都重庆的文学书写当不限于小说，还有散文、诗歌与剧本，但最能显现陪都文化色彩的，则是他的小说，尤其是长篇小说。参见《巴金全集》，人民文学出版社 1988—1993 年版。

　　陪都重庆文学与"重庆形象"变迁的密不可分，首先表明了 20 世纪的中国文学在区域化过程中，区域文学的生成不是偶然的，既需要地方文学的稳定根基以保障其出现，又需要地域文学的易变趋向以促成其发生；其次也表明了作为 20 世纪的中国文学构成之一的重庆文学，经历了从地方文学到区域文学、再到地域文学的世纪过程，"重庆形象"也随之完成了世纪变迁。

二　陪都重庆文学的审美特征嬗变

　　抗日战争时期的中国文学版图在区域分化之中，出现了抗战区文学与沦陷区文学的二分格局，其中，抗战区文学主要由于从意识形态到行政区划的政治性差异，于是就出现了以重庆为中心的大后方文学与以延安为中心的根据地文学。这一大后方文学与根据地文学的二分格局，在抗日战争胜利之后的解放战争时期，随即转换成为通常所说的国统区文学与解放区文学。在这样的前提下，可以说，陪都重庆文学不仅是大后方文学的核心构成，而且更是抗战区文学的主要构成，并且最能体现出抗战时期中国文学区域发展的审美特征。所以，在诸多有关中国现代文学史的教材与专著之中，与陪都重庆文学相关的作家、作品、文学论争、文学现象，也就占据了抗战时期中国文学的主要篇幅。

　　不过，即使是从中国现代文学史料保存的角度来看，"抗日战争年代的文学作品，延安和解放区的已陆续有'丛书'或'选集'出版"，而以重庆为中心的大后方文学尚有待"填补空白、抢救资料"，故而《中国抗日战争时期大后方文学书系》得以在当年曾经是陪都的重庆出版。不过，该书系关于大后方的区域范围划分过大，因而直接对抗战时期的中国文学进行大后方、解放区、沦陷区的三分，尤其是将大后方视为国统区，如夏衍在该书系总序中就认为大后方"也就是所谓国统区"，进而有 1949 年举行的"第一次文代会是在全国前夕召开的，是一次解放区、大后方和沦陷区文艺工作者的会师大会"这样的说法。①

---

　　①　《编辑的话》，《中国抗日战争时期大后方文学书系》第 1 卷，重庆出版社 1989 年版。

　　由此可见，由于坚持将大后方与国统区等同起来，不仅导致了对抗战胜利之后已经不复存在的沦陷区文学的历史性误认，而且更是对抗日战争时期，在国共合作基础上建立抗日民族统一战线之后，根据地是隶属于国民政府的行政区划，即"边区"这一历史事实而不置一顾。显而易见的是，从区域文学的角度来看，有必要对大后方文学及解放区文学进行学术性的正名。因此，大后方文学可以描述性地界定为抗战时期以国民政府陪都重庆为中心的，包括中国西南与西北的战略大后方这一区域之内的文学，而陪都重庆文学是其核心构成。

　　事实上，随着国民政府的迁渝，接着又明定重庆为陪都，文化中心从中国东部向中国西部逐渐转移。正如中华全国文艺界抗敌协会由武汉迁驻重庆之后，其负责人老舍针对以重庆为中心的大后方文学运动，就及时地进行了这样的强调："在完整区域的总后方，文艺活动应该有努力加紧的必要，由于出版条件的具备，优秀作家的几种，那儿应该是指导中枢的所在。"因此，在陪都重庆出版的"会刊《抗战文艺》应该负起指导全国文艺作家在抗战中一切活动的任务，拿我们创作的笔，扫荡历史积累下来的腐败现象，加强抗战的力量，培养革命的新生代"，从而"使整个的文艺活动参加到民族解放这一伟大的事业里面，使民众理解抗战这一神圣事业固有的革命性质，动员他们起来，贯彻抗战的目的"。于是，无论是作家，还是读者，都应该思考这样一个关键性的问题——"怎样使文艺在抗战上更有力量？"① 这实际上更是陪都重庆文学发展所面临的生死攸关的现实问题。

　　这一关键性问题无非表明，必须对抗战陪都重庆文学的审美特征进行重新审视，因为从已有的研究来看，往往注意到的主要是文学与抗战之间的现实政治关系，将陪都重庆文学视为抗战文学，而忽略了陪都重庆文学是战时文学，既包括了抗战文学，也包括了与抗战没有直接关系的其他文学创作。陪都重庆文学应该也能够在服务于抗战的前提之下，对战时生活进行全面而深入的个人书写，既要写出中国人在抗战时期的战斗生活，更

① 老舍：《三年来的文艺运动》，《大公报》1940 年 7 月 7 日。

要写出中国人在抗战时期的日常生活。

问题在于，面对祖国山河沦丧，作家自觉地进行了文学服务于抗战的个人选择，因而也就导致了战时文学的题材选择受到相应限制，直接影响到作家的创作自由。事实上，1938 年年底在陪都重庆发生的"与抗战无关"的争论就集中反映出这一点：尽管存在着争论者双方在主观上的，特别是由于历史宿怨的影响，而出现了论争中某种对立性的情绪化，但是，从客观上看，梁实秋此时认为在文学创作中，"与抗战有关的材料，我们最为欢迎，但是与抗战无关的材料，只要真实流畅，也是好的，不必勉强把抗战截搭上去，至于空洞的'抗战八股'，那是对谁都没有益处"，① 这一富有预见性的个人主张应该说是有利于促进大后方文学的正常发展的。

对此，中华全国文艺界抗敌协会在《给〈中央日报〉的公开信》中予以及时的回应，认为"目前一切，必须与抗战有关"，② 不过，或许是由于必须尊重文学的审美本质和作家的写作自由这样的现代文学意识对当事人的影响，因而最终能够保持自我克制，而终于没有将这一公开信予以公开发表。不久之后，在"与抗战无关"的论争之中，中华全国文艺界抗敌协会主要成员之一的胡风，就提出了这样的看法："肯指示努力的方向也当然是好的，但不应把战斗生活里的作家拉回寺院或者沙龙"，因为"战争的要求在文艺上打退了一切反战争的甚至游离于战争的主题方向"。③ 客观地来看，这实际上就在有意无意之间，或多或少地认可了梁实秋的说法。正是因为如此，此时初步显现出陪都重庆文学所面对着的"战争的要求"，在实质上早已规定着在宣传性的抗战主题倾向与艺术性的个人创作之间，从表面上的创作题材选择到内在的艺术倾向选择，因而两者之间的对立乃至冲突已经是不可避免的。

这就是说，在陪都重庆文学中，"战争的要求"在对文学与抗战之间

---

① 梁实秋：《编者的话》，《中央日报·平明》1938 年 12 月 1 日。

② 文天行、王大明、廖全京编：《中华全国文艺界抗敌协会资料选编》，四川省社会科学院出版社 1983 年版。

③ 胡风：《关于时代现象》，《中央日报》1939 年 9 月 14 日。

的政治关系进行高度强调的同时，创作题材与创作自由之间的现实矛盾实际上已经深化为主题先行与创作个性之间的具体冲突："在文艺者的心里，一向是要作品深刻伟大，是要艺术与宣传平衡"——"一脚踩着深刻，一脚踩着俗浅；一脚踩着艺术，一脚踩着宣传，浑身难过！这困难与挣扎，不亚于当青蛙将要变为两栖动物的时节——怎能深刻又俗浅，既是艺术的又是宣传的呢？"这是担任中华文艺界抗敌协会负责人的老舍，对大后方文学，尤其是陪都重庆文学"三年来的文艺运动"具有总结性的如是说。

由于老舍的这一看法，不仅仅是他此时的个人感觉，也是文坛中人的普遍感受，更是陪都重庆文学的审美特征在抗战前期的具体表现。所以，对于文学创作的未来趋向，难怪老舍要说："渐渐地，大家对于战时生活更习惯了，对于抗战的一切更清楚了，就自然会放弃那种空洞的宣传，而因更关切抗战的原故，乃更关切于文艺。"① 接下来，郭沫若更要说："现在作家们只是单纯地从正面地、冠冕堂皇地写抗战文艺，有时也不免近于所谓公式化。以后应该拿出勇气来，即使是目前所暂时不能发表的作品，也要写出来，记下来。这所写的才配称真正的新现实，能够正确地把握这个新现实，才能产生历史性的大作品。"②

这就表明，陪都重庆文学必须摆脱以文学来进行抗战宣传的一面，以避免个人创作的公式化的种种负面影响，致使文学创作在空洞的正面宣传中流于工具化。与此同时，陪都重庆文学必须坚持面对战时生活这一新现实以进行基于创作个性的自由书写的一面，促使文学发展走上艺术化的审美道路，即使是那些与抗战宣传没有直接关系的作品，因而被视为脱离了抗战宣传，所谓"目前暂时不能发表的作品"，只要能够显现战时生活，尤其是战时条件下的日常生活，只要能够对这样的"新现实"进行个性化的艺术把握，就完全会有可能创作出展示民族心灵的"历史性的大作品"，即史诗性作品来。

如何在创作中进行艺术与宣传的个人平衡，尽管对于陪都重庆文学来

---

① 老舍：《三年来的文艺运动》，《大公报》1940 年 7 月 7 日。
② 《1941 年文学趋向的展望（会报座谈会）》，《抗战文艺》1941 年第 7 卷第 1 期。

说，成为一个贯穿整个抗战时期的实际问题，但是，这一问题的侧重点在抗战前期与抗战后期是有所不同的，也就是在抗战前期较为强调创作题材与创作自由之间如何进行选择，而抗战后期则更为看重创作主题与创作个性之间如何进行选择。

在这里，对中国抗日战争进行抗战前期与抗战后期的划分，当以1941年12月8日为时间界限：随着日军偷袭珍珠港，太平洋战争爆发，中国、美国、英国随之正式对日宣战，第二次世界大战的反法西斯阵营最终形成，中国抗日战争进入了世界性的反法西斯主义战争与民主主义浪潮兴起的新阶段。① 这就对陪都重庆文学产生了多方面的影响，尤其是作家在创作过程中进行个人选择的自由空间呈现出扩大的趋势，使之有可能对战时生活进行基于审美的艺术显现。这就意味着在进入1942年以后，陪都重庆文学的审美特征将会出现从现世性到现实性的创作转向：抗战前期以宣传为前提来进行个人选择，以达到文学审美的纪实性与正面性的创作平衡；而抗战后期则以艺术为基点来进行个人选择，以实现文学审美的真实性与史诗性的创作平衡。

陪都重庆文学的审美特征在抗战前期呈现出密切关注抗战而进行宣传这一现世性的创作倾向，主要表现在将抗战文学视为战争文学，并且以文学为战斗的武器，也就限制了创作题材选择的可能范围，直接导致对于创作自由的相应挤压，因而文学审美在艺术与宣传之间，是偏向宣传的纪实性与正面性之间的创作平衡。随着进入抗战后期，陪都重庆文学的审美特征逐渐摆脱现世性的创作影响，转向面对战时生活进行艺术描写的现实性的创作方向，于是，在努力克服创作主题选择中主题先行的同时，创作个性由自在的压抑逐步转为自主的张扬，因而在艺术与宣传之间，是基于艺术的真实性与史诗性之间的创作平衡。

这样，陪都重庆文学所面临的"既是艺术的又是宣传的"的审美平衡诉求，直接制约着从散文、小说到诗歌、话剧这些不同文学样式的文本书

---

① 《中国共产党为太平洋战争的宣言》，《解放日报》1941年12月10日；《联合国家宣言》，《新华日报》1942年1月1日。

写，影响着陪都重庆文学从抗战前期到抗战后期的现实发展过程中的审美转向。

通常文学史中所谓抗战文学在创作上的小型化现象，主要出现在抗战前期，实际上与报告文学热的兴起是分不开的。这就在于报告文学以其迅速及时的纪实性叙事，达到了激励抗战精神的正面性要求，成为抗战前期陪都重庆文学的审美导向——报告文学跨越散文叙事与新闻通讯的双重边界，在即事而发的文学叙事之中充分展现出陪都重庆文学在抗战前期的审美特征，与此同时，报告文学更是为抗战前期的陪都重庆文学提供了切实可行的创作范式。于是，对于瞬息万变的战局，如何在战事纪实与抗战宣传相一致的前提下，通过较为全面的文本书写来及时展示战争全景，将面临时间与空间的双重限制。在这里，突破时间限制的努力主要表现为从创作到发表的快捷，而突破空间限制的努力主要表现为从创作到发表的广泛，因而在文本书写中形成了篇幅的短小与作者的众多的趋势，也就不可避免，只有通过短小的篇幅与众多的作者，才有可能展开多样化的文本书写，最终集聚成为对于战争全景的文学展示。所以，就陪都重庆文学中的报告文学而言，不仅其篇幅基本上在万字以下，而且其作者除了作家之外，包括从新闻记者到工人、学生、士兵，甚至官员政要——"宋美龄所写的报告文学《从湖北前线归来》，真实地反映了伤兵出院重赴前线杀敌，妇女服务队的辛勤劳动，农民种地送公粮热烈支持部队抗战的感人事迹"。不可否认的是，抗战前期大后方报告文学的文学叙事，的的确确还暴露出艺术与宣传之间难以平衡的另一面："因现实的需要，对艺术的要求不一定是能够精雕细刻。但这类报告文学作品的特点，是粗而健，给中国人民增强了抗战意志和必胜信念。"①

由此可见，报告文学热的兴起固然有其正面宣传抗战的必要性，在趋于强健的书写热潮之中，同时也付出了纪实战时生活流于粗疏这一文本书写的艺术代价。尽管如此，报告文学热不仅以其短小的篇幅，对战时生活

① 宋美龄所作应为《从湘北前线归来》，见《中国抗日战争时期大后方书系》第 9 卷，重庆出版社 1989 年版。碧野：《序》，《中国抗日战争时期大后方书系》第 8 卷；《后记》，《中国抗日战争时期大后方书系》第 10 卷，重庆出版社 1989 年版。

是瞩目于战争进程并进行不同角度的文学扫描，展现了多姿多彩的战争景象，为纪实性与正面性之间的平衡奠定了文本基础；而且以其众多的作者，对战时生活专注于战争场面进行不同层次上的文学勾勒，显现了多维多变的战争氛围，为纪实性与正面性之间的平衡开发了作者资源，从而在克服时间与空间这一双重限制的文学叙事之中，促成了纪实性与正面性的文学叙事平衡，形成立足于正面宣传而进行战争纪实的创作范式，所谓"粗而健"不过是对于这一创作范式的风格学意义上的概括。在这样的认识前提下，可以说，抗战前期文学创作，特别是文本书写的小型化，实际上也就是报告文学化，其根本则在于文学审美是通过大众传媒，在扩大全民抗战的社会影响之中展开的。

报告文学化这一抗战前期陪都重庆文学的创作范式，不仅对于小型化的文学文本书写进行着直接的创作示范，而且对于大型化的文本书写也发挥着间接的创作影响，特别是在长篇小说中发生了追求文本书写的纪实性与正面性之间创作平衡的个人努力。

茅盾在1938年写成的《第一阶段的故事》就具有典型的报告文学特征，被称为"报告小说"，更被誉为开"纪实小说"之先河。只不过，"何去何从"这一拟定的最初题目，已经透露出"青年知识分子选择了正确的道路——到陕北去"的题材选择的个人意向来，结果在《立报》上连载时被迫更名为"你往哪里跑"，茅盾"因此一直不喜欢"而进行腰斩，最后以"第一阶段的故事"出版单行本。尽管因为种种原因，茅盾已经习惯于腰斩自己的作品，在此之前有《虹》，在此之后又有《霜叶红似二月花》。这样，抗战期间茅盾创作的唯一完整的长篇小说，就是似乎与陪都重庆有某种关联的《腐蚀》，并且从1941年5月17日到9月27日连载于《大众生活》周刊上。

不过，《腐蚀》的文本书写从根本上就脱离了陪都重庆的战时生活，以至于为了显现出《腐蚀》在艺术上的纪实性，不得不在文本书写之初以"小序"的形式来标明日记体的《腐蚀》，的确是源自重庆某防空洞中发现的一本日记。实际上，《腐蚀》更看重的是宣传上的正面性，从而给予了女主人公以"自新之路"——"在当时的宣传策略上看来，似亦未始不可"。只不过，《腐蚀》以如此个人书写的方式来实现的艺术与宣传的个人平衡，反倒是极为容易地引发对于《腐蚀》的文本书写是否具有现实生活依据的普遍质疑——这是因为，无论是从作者的创作动机来进行自我辩白，还是从文本主题思想来加以曲意辩解，都同样是无法证实《腐蚀》具有多少艺术真实性的。①

这就表明，如何在文本书写中达到纪实性与正面性的创作平衡，已经成为抗战前期的作家在创作题材上不得不进行的个人选择。所以，巴金在抗战前期开始创作的《火》，也是出于"我想写一本宣传的东西"，"不仅想发散我的热情，宣泄我的悲愤，并且想鼓励别人的勇气，巩固别人的信仰"，甚至"为了宣传，我不敢掩饰自己的浅陋"，"倘使我再有两倍的时间，我或许会把它写成一部比较站得稳的东西"。结果，为了宣传抗战而失落了艺术真实，表面上的纪实性与正面性之间的文本平衡难以避免创作上的失败——"《火》一共三部，全是失败之作"，而主要原因就是"只看到生活的表面，而且写我自己不熟悉的生活"。与巴金同样在抗战前期所成功完成的"激流三部曲"之《春》《秋》相比较，接着写出来的《火》所遭遇到的失败，不仅揭示出文本书写在个人选择中从现实性到现世性这一转变的文本差异，进而显现出文本的纪实性与真实性之间可能出现的艺术鸿沟。于是，巴金在亲身体验战时生活的同时，通过《憩园》《第四病室》的个人书写，重新回到自己熟悉的生活。这样，在临近抗日战争胜利的日子里，尽管自称"我连做梦也不敢想写史诗"，巴金却在《寒夜》中开始了对陪都重庆"小人物"日常生活悲剧的一次成功的个人书写。②

由此可见，只有回到作家自己所熟悉的生活去，才能够克服抗日宣

①　茅盾：《后记》，《第一阶段的故事》，重庆亚洲图书社1945年版；《〈腐蚀〉后记》，《腐蚀》，人民文学出版社1954年版。丁尔纲：《茅盾评传》，重庆出版社1998年版，第423、486—489页。

②　巴金：《〈火〉第一部后记》，《火》第一部，重庆开明书店1940年版；《〈火〉第二部后记》，《火》第二部，重庆开明书店1941年版；《〈火〉第三部后记》，《火》第三部，重庆开明书店1943年版；《关于〈火〉——〈创作回忆录〉之七》，《文汇报》（香港版）1980年2月24日；《〈寒夜〉后记》，《寒夜》，上海晨光出版公司1947年版。

传对于文本书写的现世性干扰，从而有可能在现实性的文学叙事之中，避免个人创作中出现文本差异现象，有利于文本在从纪实性到真实性的艺术转化之中促成具有史诗性的文本产生。这首先就需要作家在摆脱主题先行的个人书写前提下，进行张扬创作个性的写作；这其次也就需要作家在张扬自己的创作个性的基础上，进行真实性与史诗性相一致的文本书写。

这一点，在抗战后期陪都重庆文学的长篇小说中，显得尤为突出的是路翎的《财主底儿女们》，正是通过对抗战时期中国青年一代的心灵状态进行如实揭示，从"整个的生命在呼着"的起点进行现代文化人格重建的个人书写。所以，《财主底儿女们》的文本意义，从根本上显示出陪都重庆文学在文本书写之中，已经在从现世性向着现实性演变的过程之中，如何进行审美追求的这一面来，进而表明了在陪都重庆文学从抗战前期到抗战后期的发展过程之中，文本书写要达到真实性的审美高度，就必须从丰富多多彩的战时生活出发，进行史诗性的个人书写，以满足文化人格重建的陪都文化建构的这另一面来——"在这里，作者和他底人物们一道身在民族解放战争底伟大风暴里面，面对着这悲痛然而伟大的现实，用惊人的力量执行了全面的追求也就是全面的批判。"① 胡风如是说，不能仅仅视为这是直接针对《财主底儿女们》而言的，事实上，更可以将此说视为对于抗战后期从陪都长篇小说乃至整个陪都重庆文学的审美特征进行的总体概括。

事实上，陪都重庆文学的审美特征在陪都诗歌之中，尤其是叙事长诗之中也得到了较为充分的文本书写体现。从"抗战与诗"的现实关系来看，已经发生了前所未有的战时生活大发现——"一般诗作者所熟悉的、努力的，是在大众的发现和内地的发现。他们发现大众的力量的强大，是我们抗战建国的基础。他们发现内地的广博和美丽，增强我们的爱国心和自信心。"而从"诗的趋势"的中外比较来看，正是在这样的生活大发现

---

① 路翎：《财主底儿女们》上卷，南天出版社 1945 年版；《财主底儿女们》下卷，上海希望出版社 1948 年版。张以英：《路翎的生平、小说和书信（——代序）》，《路翎书信集》，漓江出版社 1989 年版。

的个人体验基础上，将有可能改变"我国抗战以来的诗，似乎侧重'群众的心'而忽略了'个人的心'"的偏向，以有助于叙事长诗从"个人的心"出发而对"群众的心"进行上下求索。① 这样，"新诗的前途"自然也就是"在一个小说戏剧的时代，诗得尽量采取小说戏剧的态度，用小说戏剧的技巧，才能获得广大的群众"。②

由此可见，陪都重庆文学中长篇小说的文本书写对叙事长诗的影响不是偶然的，也是不容忽视的。更为重要的是：无论是战时生活的个人发现，还是诗歌发展的战时趋向，在陪都重庆文学的发展过程之中，真实性与史诗性趋于一致的个人吟唱已经成为抗战后期的诗歌主流，在重新进行艺术与宣传之间的诗歌平衡的过程中，叙事长诗得以真正成为诗歌发展的先锋——不仅"题材不一，表现手法多样"，而且"一部接一部地出现在读者面前，有的甚至长达万行。前面提到的力扬的《射虎者及其家族》以及玉杲的《大渡河支流》都是"③。

抗战后期陪都重庆文学中叙事长诗层出不穷的洋洋大观，是由中年诗人与青年诗人共同营造出来的。一方面，中年诗人臧克家创作了"抗战以来第一篇试验的五千行的英雄史诗"《范筑先》，歌颂了古老中华民族的"一个新英雄"，"用战斗为国家民族和自己另辟一个崭新的生命"而催生了"古树的花朵"，成为中华民族气节与人格所绽放的众多"人花"之中"灿烂的一朵"。④ 另一方面，青年诗人力扬创作了《射虎者及其家族》，以更为宏大的气魄写出了"射虎者的子孙"那一代又一代的冤屈淤积成的仇恨，一代又一代的血汗浇灌成的好梦，在这仇恨与好梦的交替之中展现出民族精神的负面，因而这关于"射虎者及其家族"的"悲歌"，最终也就成为推动中国文化重建而进行"复仇的武器"。尤其需要指出的是，以上这些叙事长诗都是为了迎接诗人节的再度到来而进行的个人吟唱，"是要效法屈原

① 朱自清：《抗战与诗》《诗的趋势》《新诗杂话》，上海三联书店 1984 年版。
② 闻一多：《新诗的前途》，《天下文章》1944 年第 2 卷第 4 期。
③ 臧克家：《序》，《中国抗日战争时期大后方文学书系》第 13 卷，重庆出版社 1989 年版。
④ 《范筑先》从 1942 年 6 月到 8 月在《诗创作》第 12、13、14 期上连载，同年 12 月改名《古树的花朵》出版单行本。臧克家：《我的诗生活》，《学习生活》第 3 卷第 5、6 期连载；《序》，《古树的花朵》，东方书社 1942 年版。

的精神，是要使诗歌成为民族的呼声"。① 应该承认，叙事长诗在陪都重庆
的大量出现，尤其是达到了真实性与史诗性相一致的文学书写高度，实际
上也是离不开陪都重庆文学运动中有意识有组织的文学社团的倡导。

如果说诗人节的发起对于陪都诗歌的发展起到了促进的作用，② 那么，
中国戏剧节的创建，则为陪都戏剧的繁荣一直进行着强劲的推动。1938 年
10 月 10 日，"中华民国"第一届戏剧节在陪都重庆开幕，展开了一年一
度的戏剧节演出活动。戏剧节创建的目的，一方面号召戏剧工作者在共赴
国难之中建立中华民族戏剧体系的新方向，另一方面要求戏剧工作者在进
行民众动员之中提高抗战戏剧运动的艺术水准。③

由于陪都重庆每年 10 月到来年 5 月常有大雾，而日机轰炸在能见度
恶劣的气候条件下难以进行，为了保证戏剧演出活动的正常进行，从 1941
年 10 月 10 日第四届戏剧节开始举行"雾季公演"。"在短短五个月中，竟
演出了将近四十出戏，创造了从未有过的成绩。如果我们细细回想过去造
成那种盛况的原因；除了部分应该归功于戏剧工作者的努力与成就之外"，
"很重要的条件就是当时的客观环境助长了剧运的发展"。④ 由此而来，雾
季公演也就成为抗战后期戏剧运动的转折点，通过话剧演出活动对多幕
话剧的创作提出了更高的艺术要求——"克服粗制滥造的赶场现象，并
且反对那种把演戏当作商业的买卖"。这样，在整个抗战时期，仅仅在
陪都重庆上演的多幕话剧共约 120 部，其中在 1941 年 10 月以后上演的
在 80 部以上。⑤

尽管 1942 年 9 月国民政府社会部以戏剧节不宜与国庆节合并举行
为由而予以取消，并且直到 1944 年年初才明定每年 2 月 15 日为戏剧

---

① 力扬创作《射虎者及其家族》的时间长度几乎历经了整个抗战后期，并陆续发表。《射
虎者及其家族》，《文艺阵地》1942 年第 7 卷第 1 期；《射虎者及其家族续篇》，《诗文学》1945
年第 1 辑。

② 中华全国文艺界抗敌协会：《诗人节缘起》，《新华日报》1941 年 5 月 30 日。

③ 葛一虹：《第一届中国戏剧节》，《新蜀报·中华民国第一届戏剧节特刊》1938 年 10 月
10 日；张道藩：《中华民国第一届戏剧节的意义》，《扫荡报》1938 年 10 月 11 日。

④ 章罂：《剧季的过去与现在》，《新华日报》1943 年 10 月 21 日。

⑤ 田进：《抗战八年来的戏剧创作》，《新华日报》1946 年 1 月 16 日；石曼：《抗战时期重
庆雾季公演剧目一览（1941 年 10 月—1945 年 10 月）》，《抗战文艺研究》1983 年第 5 期。

节，但并没有影响到雾季公演的正常进行，反而推动了抗战戏剧运动的全国展开——从陪都重庆的雾季公演到桂林的"西南九省戏剧运动展览大会"，从大后方到"全国各地，在都市，在乡村，在游击区"，乃至"暂时失去了自由的沦陷区，特别是在上海，我们中国话剧运动发育成长的地方"，都在以各种不同形式的活动来纪念戏剧节这个"我们自己的节日"。与此同时，"最近上演的一个戏剧《戏剧春秋》，就告诉了我们，三十年来我们戏剧运动的一部可歌可泣的历史"——"为着要求得我们民族的自由解放，为着要创造一个现代化的国家，为着要提高我们全民族的文化水准，我们戏剧工作者三十年如一日，永远站在中国人民的立场，不避困难，不怕危险地继续我们的工作。"①

显而易见的是，《戏剧春秋》从书写到演出之所以能够取得艺术上的巨大成功，主要是因为该剧通过对于戏剧工作者自身生活的史诗性再现，展示出抗战时期多幕话剧发展的艺术方向，从而表明抗战后期陪都重庆文学中多幕话剧的创作繁荣正是话剧运动发展的战时产物，同时更是证实抗战后期陪都重庆文学中的多幕话剧对重塑从中国社会到中国人的文化人格发挥了不可替代的艺术作用。

在陪都重庆，在整个抗战期间，无论是散文与小说的个人书写，还是诗歌与话剧的个人书写，都从文学书写的不同侧面，充分地表现出陪都重庆文学的审美特征这一"既是艺术的又是宣传的"两面性。或许正是因为如此，在对于陪都重庆文学所进行的相关研究之中，往往会使人较多地去关注陪都重庆文学审美特征中偏向文学的宣传性这一面，而没有能够对陪都重庆文学审美特征中偏向文学的艺术性这另一面，未能进行较为客观而准确的发掘，以至于直接影响到对于整个抗战时期中国文学的历史评价，结果导致以"政治第一"为主要评价标准来对陪都重庆文学及其审美特征进行审视与评判的单一研究范式。之所以如此，也就在于"政治第一"的评价标准主要是基于文学的宣传效应这一表层价值构成之上的，而忽略了

---

① 《携起手来，更勇敢地前进！——中华全国戏剧界抗敌协会三十三年戏剧节广播词》，《戏剧时代》第 1 卷第 4、5 期合刊；石曼：《重庆抗战剧坛纪事》，《重庆文化史料》1992 年第 2 期。

文学的艺术审美这一深层价值构成，致使"政治第一"的评价标准遮蔽了陪都重庆文学的历史本来面貌。

如果是采用"艺术第一"的评价标准，首先就必须承认政治对于文学的干预在抗战时期的中国文学发展中是空前的，虽然不是绝后的。正是因为如此，坚持以"艺术第一"这一审美标准来对陪都重庆文学进行价值判断，以之作为进行文学评价的基准，就有可能通过陪都重庆文学审美特征的两面性进行重新的认识。只有在这样的认识前提下，才有可能对陪都重庆文学叙事的审美特征及其两面性，进行全面的评价，具体而言，要更多地关注陪都重庆文学审美特征中艺术性的这一面，而不能仅仅停留在陪都重庆文学审美特征中宣传性的那一面。只有穿透宣传的政治表象才能够深入艺术的审美根基，从而对陪都重庆文学的审美特征进行逼近历史真相的揭示——从抗战前期到抗战后期，在从纪实性向着真实性、从正面性向着史诗性的双重演变之中，促成了文本书写趋向宣传性与艺术性的个人平衡。

三　小说史诗的双重建构

陪都重庆文学的史诗性，最为完整地呈现在陪都小说对于战争与生活的个人书写之中。从抗战前期到抗战后期，作家对于小说文本书写的史诗性追求，主要体现在两个层面上的战时生活史诗的小说建构之中：在第一个层面上，是对与抗日战争直接相关的战争生活展开小说书写，以进行战争史诗的小说建构；在第二个层面上，是对与抗日战争间接相关的日常生活展开小说书写，以进行生活史诗的小说建构。简言之，在陪都小说发展过程中进行战时生活史诗的双重性小说建构，也就意味着无论是与抗战看似有关的战争史诗，还是与抗战看似无关的生活史诗，归根结底都是与战时生活密切相关并且达到了史诗性高度的小说书写。

要求现代小说书写应该达到文学的史诗性高度，是黑格尔在19世纪20年代就提出来的一个美学命题："关于现代民族生活和社会生活，在史诗领域里有最广阔天地的要算程度不等的各种小说。"[①] 这就是说，在个

①　［德］黑格尔：《美学》第3卷下册，朱光潜译，商务印书馆1981年版，第187页。

人书写现代小说之中，进行史诗性高度的艺术追求，是具有某种必然性的，因为在小说书写之中，最有可能对人类文化现代发展之中人的生活进行整体性的艺术把握，从而在对史诗性的追求中达到史诗性高度。与此同时，小说书写的史诗性高度也在对史诗性进行追求的个人书写中不断提升，在相辅相成之中促进了史诗的小说建构的书写水平。

从地方文学在重庆的现代发展来看，仅仅是到了 1936 年年底，重庆才创刊了第一份以发表小说为主的地方性文学月刊《春云》。①《春云》的出现，对于重庆文学来说，不仅证实重庆的地方文学已经完成了从业余到专业的现代过渡，而且也为陪都重庆文学在抗战时期的发展，尤其是小说的发展，显示出不可缺少的地方文化资源的存在。一年之后的 1937 年 12 月，《春云短篇小说选集》在重庆出版，这不仅表明重庆出现了第一个本地作家群即《春云》作者群，而且更证明重庆本地的《春云》作者群创作实力有限，尚有待提高，但是至少他们能够在和平转向战争的生活巨变之中，努力地用自己的笔来书写战时生活的方方面面。

仅从《春云短篇小说选集》中所收入的那些在卢沟桥事变之后写成的小说来看：李华飞的《博士的悲哀》所要揭示的是国人的精神负面性，通过固有的奴才意识经过所谓留学美国的洋化之后的个人表现，来展示这种洋化的奴才意识在抗日战争所引发的爱国热潮之中如何蜕变成为个人的心理畸变，从而走向亡国奴"博士的悲哀"这一可悲的个人结局。这就从一个侧面显现出战时生活中以社会精英自居的某些人心中的卑劣与阴暗；与此同时，金满成在《中日关系的另一角》中，则再现了中国社会精英们的正面形象，借助小说中那个打心眼里就爱国的主人公，哪怕是顶着国人眼中既娶了日本老婆又同日本人经常打交道这样的汉奸嫌疑，仍然坚持要用自己的生命来唤醒那些没有丧失良知的日本士兵放下杀人的武器，从而就显现出抗日战争的正义性与侵略战争的非正义性对于中日两国关系的可能

---

① 《春云》是同人文学刊物，其编辑部主要成员均为重庆银行的青年职员，并且经费来源主要依靠各银行、钱庄的广告费，不足的开支由重庆银行补足，每期印数为 1000 册。《春云》于 1939 年 4 月出版了第 5 卷第 1 期后停刊，共出 25 期，每期约 5 万字，发表小说近百篇。李华飞：《〈春云〉文艺始末》，《抗战文艺研究》1983 年第 2 期。

影响。

由此可见，《春云》作者群从抗战伊始，就能够以比较开阔的眼光，来关注战争风云，不仅要揭示出抗战时期国人在日常生活中可能存在着亡国奴心理的精神表现，而且更显现出抗战时期国人在前线奋战中企盼中日两国人民共同反对侵略的精神追求。这无疑表明，早在抗战之初，重庆的本地作家就能够在对战时生活保持一定程度上的开放眼光之中进行着与抗战有关的小说书写。或许正是因为他们生活在抗战大后方的重庆，无时无刻不在感受着战火的即将袭来，在有感而发之中自然而然地对战时生活展开小说的个人书写。从总体上看，《春云》作者群至少还能在小说书写之中对战时生活进行如实的描写，保持着文本的本真与质朴，同时又难免粗疏与简陋，无法融入小说史诗的重庆建构这一文学发展的未来趋势。

这就需要及时打破这一小说书写的重庆现状，以促成小说书写之中的史诗建构的尽快出现。随着大量外地作家陆续涌入陪都重庆，同时又有一大批青年作家在陪都重庆快速成长，为陪都小说的史诗建构提供了必不可少的人力资源。同样重要的是，陪都文化的发展又为陪都小说的史诗建构提供了不可或缺的区域文化资源。所有这一切，都为战时史诗的双重建构提供了充分的资源保障。这一点，可以由老舍在陪都重庆的创作经历来予以证明。

1938年8月，老舍随同中华全国文艺界抗敌协会总会从武汉迁来重庆，1946年2月，老舍接受了美利坚合众国国务院赴美讲学之邀离开重庆出国，其间整整在重庆生活了八年。老舍不仅像茅盾一样，腰斩过从1938年初开始写作的长篇小说《蜕》，而且也像巴金一样，在1943年写出了自认为是失败之作的《火葬》，与此同时，从1939年到1942年，老舍还留下了一段长达四年之久的小说创作的空白。之所以会出现这样的个人创作现象，也许正如老舍自己在《我怎样写〈火葬〉》中所说的那样："它的失败不在于它不应当写战争，或是战争并无可写，而是我对战争知道得太少"，因此"我应当写自己的确知道的人与事。但是，我不能因此将抗战放在一旁，而只写我知道的猫儿狗儿"。①

————————

① 老舍：《我怎样写〈火葬〉》，《火葬》，重庆出版公司1944年版。

事实上，在陪都重庆长达八年的战时生活，不仅使老舍能够更加深入地去体味中国文化人格的正负两面，而且也使老舍能够更加开阔地去感受平民百姓战时精神面貌的区域演变，从而使其小说视野得到空前的拓展并进入个人创作的第二次高峰。老舍在 1943 年重新开始小说的写作之时，不仅写了与战争有关的《火葬》，而且还写了与日常生活有关的一些小说，从短篇小说《一筒炮台烟》到中篇小说《不是问题的问题》，对中国人的文化人格重建进行了前瞻性的审美观照。也就在这 1943 年 11 月，老舍的家人辗转逃难从北平来到重庆，这就使得老舍能够了解并体验到日军占领下的北平市民的生活，从而进行《四世同堂》的创作。① 除了对古都北平的市民生活"的确知道"之外，老舍毕竟在陪都重庆生活了八年，对于流亡到陪都重庆的北平市民的日常生活也同样是"的确知道"，所以，在美国讲学期间，老舍创作了以北平人在陪都重庆为题材的长篇小说《鼓书艺人》。

较之成名作家，青年作家主要是在陪都重庆成长起来的年轻一代作家。在这些青年作家之中，既有着土生土长的重庆籍作家，也有着随着流亡潮而来的外省籍作家。抗战时期的重庆生活不仅为他们进行小说创作提供了必不可少的个人动机和现实契机，促成他们开始去描写战时生活的方方面面；而且更是为他们在小说的个人书写之中，打开了前所未有的个人眼界和历史视野，促使他们去追溯中国文化的根根底底，从而以他们自己的独特视角，来观照抗战时期复杂多变的国民灵魂：城里人与乡下人，尤其是市民、农民，工人、艺人、船夫、纤夫、官员、职员、教员、演员，在众多人生角色扮演之中，从南到北又从西向东的全中国男男女女的内心世界，通过战时生活中人生场景的不同放大，所能展现出来的——人性的错位与张扬，人心的延宕与决断，人情的压抑与膨胀，人格的颠倒与追求——从文化意识到文化心态的不同层面上来进行民族复兴那曲折而复杂的全过程。

---

① 《四世同堂》的第一部《惶惑》从 1944 年 11 月 10 日开始在《扫荡报》上连载，由良友复兴图书公司 1946 年出版单行本。

对于抗战时期重庆出现的土生土长的青年作家来说，他们浸润在生于斯长于斯的本地文化之中，重庆形象内化为进行小说叙事中个人动力，在描写重庆战时生活的同时，更是将审美的生活视野扩大到整个中国乃至整个世界，他们中较为突出的是刘盛亚。刘盛亚不仅在南京、北平读过中学，而且到德国留过学，因而先后写出了揭露德国法西斯主义专制暴行的《小母亲》，展现北平京剧女演员在抗战前后悲剧生涯的《夜雾》，最后又写出在沦落中张扬女性本色的城市女性传奇的《地狱门》，小说叙事的视线从外向内地收敛，小说的个人书写也开始趋向对于史诗性的追求。

对于抗战时期流亡重庆而成长起来的青年作家来说，他们被迫离开故乡而长途跋涉，重庆生活给予他们以希望与绝望并存的双重感受，重庆形象在引发了小说叙事的个人欲望的同时，更是激发小说叙事的个人批判，他们中尤为突出的是路翎。从下江人的少年路翎成长为重庆人的青年路翎，在失学与失业的生活窘迫之中开始了小说的书写，从《"要塞"退出以后》到《卸煤台下》，流亡生活的印象逐渐为重庆生活的现实所替代，而从《饥饿的郭素娥》到《财主底儿女们》，对于原始生命强力的女性追溯转向现代文化人格的青年重塑，由此而显现出已经不断渗入小说之中的重庆形象，小说叙事的挖掘从现实表象向着历史底蕴的深入，从而也就表明进行个人文化批判需要展开由重庆到故乡的史诗性的文化寻根。

在抗战前期，已经有作家在小说书写之中试图摆脱小说的宣传性书写，转向艺术性的小说书写，在个人书写之中从现世性的正面宣传开始逐渐转为现实性的小说审美。1940 年年底，中华全国文艺界抗敌协会征求抗战长篇小说进行评选，陈瘦竹个人书写的《春雷》即为评选出来的两部佳作之一。《春雷》是一部接近于战争史诗的长篇小说。虽然小说素材是作者取自陪都重庆报纸刊登的"江南我人民自卫均极为活跃"的报道，但在个人书写过程中，作者经过"调查实细"之后，再努力进行艺术虚构以"表现日寇和汉奸的暴行，表现故乡人民的苦难和斗争"。因此，《春雷》达到了这样的小说书写个人高度——"故乡的无名英雄的这段事迹表扬于世界，不致湮没，或能予别地方的战士一点鼓励"，故而很快就改编为话剧《江南之春》在各地演出，扩大了小说文本的艺术影响。①《春雷》从现实的抗日活动出发来进行小说的艺术虚构，不仅打破了拘泥于事件报道的小说书写的宣传困境，而且更是成为那预示着小说书写转向小说史诗双重建构的第一声艺术春雷。

从此以后，无论是成名作家，还是青年作家，无论是外地作家，还是本地作家，都纷纷着眼于整个战时生活，进行着更为全面而又更为深刻的小说书写，于是，陪都小说的史诗追求终于化为小说史诗的双重建构。

随着太平洋战争的爆发，中国抗日战争由抗击日本帝国主义侵略的抗战前期，转入了世界反法西斯主义战争的抗战后期。长篇小说在陪都重庆大量发表，涌现出达到史诗性高度的个人之作，显示出陪都小说已经完成从纪实性小说书写向着史诗性小说建构的文本转向，由此而代表着抗日战争全面爆发以来中国小说发展的现代方向。不仅成名作家进入了个人长篇小说的第二次创作高峰期，而且青年作家也开始了长篇小说的个人创作，共同促成了小说史诗的双重建构。

长篇小说创作在陪都重庆的欣欣向荣，一个最主要的原因就是：长期的战时生活个人体验与深厚的小说书写个人经验，促使所有这些生活在陪都重庆的作家，都已经具备了进行长篇小说的基本条件。同样不可忽视的是，较之短篇小说或中篇小说，只有长篇小说才能够呈现出在抗日战争这一历史场景之中的战时生活全景。所以，通过长篇小说的个人书写将更有可能达到现代小说的史诗性高度，从而使现代史诗的审美理想在长篇小说书写中最大限度地由想象的可能变为文本的现实。

这样，无论是沦陷区人民的奋力抗争，还是抗战区人民的抗战到底，都将通过长篇小说的个人书写来完成有关中国战时生活的文本显现，由此而揭示出在艰苦卓绝的八年抗日战争中，千千万万中国人的灵魂蜕变，尤其是精神成长的心路历程，使长篇小说有可能成为国人精神及其文化人格战时演变的史诗性文本。这样的史诗性文本应该被称为中国现代小说中的

---

① 陈瘦竹：《春雷·楔子》，《春雷》，江苏文艺出版社 1986 年版。

战时生活史诗，具体分为两大类小说史诗：一类就是与抗战直接相关的书写战争生活的小说史诗，即战争史诗；一类就是与抗战间接相关的书写日常生活的小说史诗，即生活史诗。

往往由于作家对于战争场景缺乏切身感受，不仅没有可能进行史诗性的小说书写，而且甚至也无法进行纪实性的小说书写，最终失落了真实性这一艺术根基，直接导致小说文本在个人书写之中的失败，即使是知名作家也难以避免这样的失败。所以，无论是巴金的《火》，还是老舍的《火葬》，均成为游离于艺术真实性之外的失败之作，也就不是偶然的。当然，这并不是说战争史诗不需要虚构，恰恰相反，战争史诗必须在基于战争真实的基础上进行趋向艺术真实的个人虚构。如果这样的艺术虚构，能够摆脱纪实性的叙事约束，也就有可能促成个人叙事向着战争史诗的方向转换，因而《春雷》在抗战前期的出现，正好表明陪都重庆的作家早已开始进行这样的小说书写转向，进而预示着在进行史诗性的书写突围之中，战争史诗的个人书写即将转变成为长篇小说的文本现实。

事实上，为了冲破纪实性的书写牢笼，有必要把艺术虚构的叙事功能加以大大的张扬，所以，这就需要进行传奇性的小说叙事，来促成战争史诗的尽快诞生，因而也就意味着陪都重庆的作家们会通过战争传奇的个人书写，来开拓战争史诗这一中国现代长篇小说的创作荒野。于是，也就有了徐訏的《风萧萧》。

《风萧萧》不仅仅是作者个人书写的传奇格调在战争史诗之中的延续，也是作者个人生活所累计的战时体验在战争史诗之中的个性显现，由此而涉及抗战时期在沦陷区所发生的间谍之战。这一秘密战线上正义与邪恶之间的反复较量过程，一旦作为小说主导线索来推动小说情节的展开，也就在揭露日军及其间谍的残忍与阴险的同时，更是显现出中国人民与其同盟者的智慧与勇气。

特别重要的是，《风萧萧》通过对间谍之战的小说书写，充分地展示了男女主人公各自不同而又独特多彩的性格特征，进而将男主人公置于两个层面上的复杂男女关系之间，来分别表现出具有人性深度的激情奔涌与情感波澜：潜心于哲学研究而又"抱独身主义"的男主人公徐先生，在战争阴影笼罩下的上海，一方面与分属中美日三国的女间谍白苹、梅瀛子、宫间美子进行周旋，并且在周旋的过程之中激发民族感情，最后投入间谍之战而踏上抗战之途；另一方面，又与美国女郎海伦在彼此敬慕之中开始交往，并且在交往之中萌生恋情，最后不得不挥泪斩断情丝。

在这里，离别泪显现出个人情感服从于民族大义的悲壮，当徐先生以叙述者的"我"进入文本叙事，从民族情到男女情的两个层面，通过恨中有爱与爱中有憾的个人感受进行小说叙事的艺术缝合，从而促使有关战争传奇的个人叙事极大地拓展了艺术虚构的叙事功能。与此同时，《风萧萧》为了强化小说叙事的传奇性，采用了色香味交互的通感手法，来醇化中外女性的内外和谐之美，显现出艺术虚构所必需的想象张力，而艺术虚构的叙事功能的拓展，正是基于想象力之上的。合理的虚构与独特的想象自然而然地赋予《风萧萧》以动人心弦的阅读魅力，战争传奇的史诗性小说书写对于习惯于纪实性小说书写这一小说阅读定式的读者来说，自然是在大力冲击之中开始动摇而后倾心，其阅读反响可想而知。这就难怪《风萧萧》发表的 1943 年会成为"徐讦年"。①

"徐讦年"的到来不是偶然的，除了战争传奇对小说阅读定式的动摇所引发的小说创作格局的分化之外，陪都重庆的青年作家在小说书写之中对史诗性的追求显得更为自觉，进一步推动着生活史诗的小说书写。刘盛亚进行了追求史诗性的小说尝试，他在《地狱门》中通过女主人公从城市底层进入上层，最又沦落到城市底层的坎坷人生，来显现市民女性的抗争本能，尽管这一小说的个人书写由于不够全面，不够深刻，而未能达到生活史诗的史诗性高度，但也不能由此而被批评为所谓完全脱离现实，而仅仅是在"描写下层民性民情"方面有"唯一可取之处"。②

显而易见的是，长篇小说书写的史诗性转向，固然不能离开战时生活这个最大的现实，然而也不是非要以个人战斗的经历为描写对象，除了战

① 徐讦的《风萧萧》从 1943 年 3 月起在《扫荡报》上连载，随后由成都东方书店在 1944年出版单行本。

② 刘盛亚：《地狱门》，上海春秋出版社 1949 年版。杨义：《中国现代小史》第三卷，人民文学出版社 1991 年版，第 134 页。

争场景之外，战争过程中的个人生活无疑更为长篇小说的史诗性书写所关注。这样，包括民风民情民俗在内的地方文化势必成为生活史诗的描写对象，也就不足为怪。所以，不仅需要对战时生活的个人体验，而且也需要对地方文化的个人感受，只有在两者均不偏废的状态之中进行小说史诗的个人书写，才有可能促使长篇小说的个人书写最终达到史诗性高度。

无论是在抗战区，还是在沦陷区，较之战争生活，日常生活更是与绝大多数人分不开的。在这样的前提下，可以说，同为战时史诗两大类型构成的战争史诗与生活史诗，后者较之前者，无疑能够更加丰富多彩地显现出战时生活那更为普遍而深刻的一面来，并且由此而延伸到战争前后的日常生活过程之中，呈现出生活史诗所能体现的历史整体感。这就意味着小说史诗需要进行双重建构，通过战争史诗与生活史诗的众多个人书写，来实现在双重建构之中促成小说书写趋向史诗性高度的统一。这就需要作家通过一己体验来拓展生活视野，基于创作个性来扩大想象空间，从而使作家能够以本地人与外地人的双重文化眼光，打破战时生活的区域文化限制，发掘生活史诗赖以生长的丰厚文化底蕴。

1944 年路翎完成了《财主底儿女们》的写作，从整个小说书写来看，抗日战争——从 20 世纪 30 年代初开始的抗击日本帝国主义侵华战争的民族解放战争——仅仅是为小说书写提供了历史背景，以 1937 年抗日战争全面爆发为界，小说分为上下卷，分别描写了苏州财主蒋氏家族的分崩离析与流亡旅途蒋氏儿女的心灵呐喊，展示出从远离关外战火的封建世家的衰落，到硝烟弥漫关内的破落子弟的奋起这一全过程，主人公们的日常生活成为贯穿和平日子与战争年代的叙事轨迹，从而演绎出一部完完整整的生活史诗来。[①]

更为重要的，那个举起了自己的整个生命来呼喊的蒋纯祖，是《财主底儿女们》中最具叛逆性的人物。这一叛逆性不仅表现在他对于封建家族制度进行的家庭批判上，而且更表现在他对于整个中国封建文化意识进行

的社会批判上。正是抗日战争的全面爆发促成了蒋纯祖在从南京到重庆的颠沛流离之中，展开了从家庭转向了社会的反封建主义，将全面的追求置于全面的批判之中，也就需要将全面的批判寓于追求"人的觉醒"的国民性批判之中。在此可以看到作家凭借着过去生活的回忆与当下生活的亲历，在两相互交织之中来展示对于未来生活的向往。

与此同时，《财主底儿女们》显示出独特的文化蕴含，仅仅由主人公蒋纯祖从苏州到南京，从南京到武汉，从武汉到重庆的流亡生活，就可以看到长江文化显现出从下游的吴越文化，到中游的荆楚文化，再到上游的巴蜀文化的谱系性区域分化，并且在小说书写中得到详略不同的显露，尤其是蒋纯祖在陪都重庆，经历了从演剧队到农村小学的生活场景转换，对于陪都重庆的城市与乡村进行了较为深入的感受，由此而使得小说的个人书写能够真正透露出陪都文化的独特与局限来。

如果说《财主底儿女们》所进行的文化批判经历了从家庭本位到社会本位的转变，那么，巴金在《寒夜》中所进行的文化批判仍然是以家庭为本位的，不过，在《寒夜》中出现了从封建大家庭到百姓小家庭这样的转换。这就在于巴金的个人生活轨迹发生戏剧性的转变——巴金到陪都重庆之前，在沦陷区的上海已经完成了"激流三部曲"中的《春》与《秋》的创作，此后离开上海来往穿行于昆明、桂林、重庆之间，写成了自认为是失败之作的《火》的系列性长篇小说。此时，汲取了《火》的写作失败教训的巴金，终于能够下定决心结束长期的单身流浪生活，1944 年 5 月，巴金结婚之后建立了小家庭，从贵阳来到陪都重庆长住，凭借自己所熟悉的战时生活，尤其是身处其中的小家庭生活，巴金先后完成了中篇小说《憩园》和《第四病室》的写作，从而促使巴金在小说的个人书写之中再度转向长篇小说。[①] 于是，巴金写出了《寒夜》这一关于陪都重庆市民日常生活的生活史诗。

一般说来，人们往往关注《寒夜》中在战时体制重压之下汪文宣一家

---

① 唐金海、张晓云主编：《巴金年谱（一九○四——一九四九）》，四川文艺出版社 1989 年版，第 481、537、540—541、610—618、626—629、657—659 页。

的悲剧性解体，并且直接归罪于战时体制本身，而往往忽略了传统意识对人心的毒害与扭曲，才是这个家庭解体的内在原因，从而更是根本原因之所在。这是因为无数的家庭在战时体制之下都能够相濡以沫，坚持到抗战胜利的到来，而这一家人重演"孔雀东南飞"式的古老悲剧，不能不引发人们对于中国反封建主义的思考，尤其是对于一贯坚持对不合理的制度进行"我控诉"的巴金小说来说，更是以从《家》到《寒夜》这样的小说个性化书写，将反封建主义的必要性从上流社会的大户人家推广到社会底层的普通人家，由此可见，与抗战间接有关的生活史诗已经能够显现出进行小说的文化批判之极端重要性。

在生活史诗中，小说的文化批判与小说的文化重建应该是同时发生的，尽管在不同的作家那里各有所侧重。1944 年开始陆续发表《四世同堂》，将人放到沦陷区的放大镜下来体现出"北平人"与"道地中国人"之间的巨大文化人格差异：前者苟安、隐忍、麻木，而后者抗争、不屈、清醒。① 所以，当前者安于亡国奴的现状之时，后者宁愿为国杀身成仁，由此而展示了中国文化的真正力量与巨大感召力。文化重建需要剥离出民族文化的优秀传统来作为现实基础，承载这一传统的文化人格正是导致文化重建的个人前提，古都北平提供文化重建所需要民族文化传统与个人文化人格，而沦陷区的存在促成了文化传统的剥离与文化人格的分野，而"小羊圈胡同"就是沦陷区北平的小说缩影，"祁家"的故事就是北平人的现实生活的小说写照。由此可见，《四世同堂》的史诗性主要表现在文化批判与文化重建的小说书写之中。

《四世同堂》是北平人的老舍居住在陪都重庆对沦陷区北平生活的个人回顾，而《鼓书艺人》则是老舍这个在陪都重庆整整生活过八年的作家，在美国写成关于北平鼓书艺人方宝庆一家在陪都重庆过日子的长篇小说。②

---

① 《四世同堂》第一部《惶惑》从 1944 年 11 月 10 日开始在《扫荡报》上连载，单行本由良友图书出版公司在 1946 年出版；第二部《偷生》完成于 1945 年冬，第三部《饥荒》完成于 1948 年。有关出版情况参见关纪新《老舍评传》，重庆出版社 1998 年版，第 382 页。

② 《鼓书艺人》完成于 1949 年，该小说的写作与出版情况，参见关纪新《老舍评传》，重庆出版社 1998 年版，第 405—406 页。

在《鼓书艺人》中，陪都重庆的战时生活，通过北平逃难来的鼓书艺人这一外地人眼光，显然得到了较为完整的折射：一方面，从北平出逃到落脚陪都重庆，大鼓仍旧唱得那么漂亮，艺人一家受到了芸芸众生的喜爱，而从卖艺为生到不忘爱国，鼓词振奋了抗战的斗志，艺人一家得到了全社会的尊重；另一方面，从茶馆演唱到学校读书，在世人的白眼之中，艺人一家默默忍受屈辱，而从日机轰炸到官员横行，在权势的欺凌之下，艺人一家历经重重人祸，从而展现出陪都重庆战时生活的不同侧面。《鼓书艺人》正是通过对来自北平的鼓书艺人在陪都重庆的日常生活所进行的全方位描写，来揭示出展开文化重建的艰巨性，然而，文化重建的不可逆转的潮流，正如《鼓书艺人》的结尾那样，主人公在抗战胜利之时面对滚滚江水，唱出了"长江后浪推前浪，一代新人换旧人"这一滚滚向前的文化心声。

抗战时期在陪都重庆所出现的小说史诗的双重建构，正是通过众多作家，无论是成名作家与青年作家，还是外地作家与本地作家，在彼此之间的鼎力协助之下，主要是以长篇小说这一小说体裁，分别通过对战时生活的个人书写，不仅书写出了战争史诗，更是书写出了生活史诗，共同完成了从战争史诗到生活史诗这两大类型的小说的书写，在展现陪都重庆、抗战区、沦陷区的战时生活全貌的同时，更是为中国现代文学发展贡献了前所未有的史诗性小说文本，从而将中国现代小说的个人书写推向了史诗性的时代新高度。

四　诗歌探索的多元趋向

无论是现代诗歌在重庆本地的群体性创作，还是现代诗人在重庆本地的群体性聚集，都是临近抗日战争的 1936 年底才真正出现的地方文学现象，同样也是以《春云》的创刊为其标志。随着抗日战争的全面爆发，促成了现代诗歌的重庆视野持续不断开放，在诸多外来成名诗人的努力创作与直接影响下，年轻一代的诗人在陪都重庆大量涌现，促成了普遍性的诗艺探索，形成了中国现代诗歌战时发展的空前繁荣。陪都重庆的诗歌探索，不仅表现在诗歌语言上，而且也表现在诗歌体裁上，两者均出现了个性化的多种尝试，使得现代诗歌形态千变万化，在大力融汇中外诗歌的诗形与诗式的同时，又开始贯穿古今诗歌的诗律与诗韵。

更为重要的是，在陪都重庆进行的诗歌探索，与陪都文化从地方文化向着区域文化的发展相伴随，从陪都重庆的地方文化到地域文化，从中国东部的文化到中国西部的文化，从中国的传统文化到外国的现代文化，都程度不等地融入现代诗歌的蕴含之中，诗意与诗情的厚积，为众多诗人在陪都重庆进行从诗思到诗风的全面探索，提供了前所未有的丰富而繁复的文化资源，在诗歌视野不断开拓的前提下，个人的诗兴与诗性在诗歌创作中亦为之一变。于是，从抗战前期到抗战后期，陪都诗歌在持续探索中不断发展，显现出从诗歌体裁到诗歌蕴含的全面转型的多元趋向。

不过，在陪都重庆，这一现代诗歌探索的多元趋向，由诗歌尝试的可能直接成为诗歌创作的现实，又是与形形色色的诗歌发表阵地不断出现是分不开的。

首先，在抗战前期，除了陪都重庆本地报刊纷纷改版之外，大批外地报刊迁渝之后立即复刊，与此同时，又开始创办新的报刊。所有这些报刊，纷纷以专栏或专刊的形式，都为陪都重庆的诗人们在现代诗歌创作中展开的个人探索，提供了必不可少的发表机会。其次，进入抗战后期，不仅陪都重庆新创办的报纸在数量上达到了110家，而且陪都重庆新创办的文艺刊物在数量上也达到50家，这就为陪都重庆的诗人们提供空前巨大的创作与探索的发表空间，在推动着抗战时期的中国现代诗歌发展的同时，更是扩大了陪都重庆在个人探索现代诗歌多元之路的全国影响。

对于诗歌发展之路的战时探索，早在抗战之初，重庆的本地诗人就已经朦胧地意识到了。这就是，在1937年12月16日，重庆的第一个现代诗歌刊物《诗报》试刊号，伴随着抗战的隆隆炮声在中国大地上的回荡而诞生。正如《诗报》的发刊词《我们的告白》中所说："诗歌，这短小精悍的武器，毫无疑义，对抗战是有利的，它可以以经济的手段暴露出敌人的罪恶，也能以澎湃的热情去激发民众抗敌的意志"，与此同时，抗战更需要"强化诗歌这武器，使它属于大众，使它能冲破四川诗坛的寂寞"。这就表明，现代诗歌为了适应战时生活的巨变，必须进行前所未有的艺术探索，这既是抗战到底的时代需要，也是诗歌变革的审美需要。

所以，在陪都重庆出现的诗歌探索，其多元趋向，除了集中体现在对于重庆形象的个人吟唱之外，还放眼于整个中国西部、整个中国、整个世界。

于是，在曹葆华的《西北牧羊女》一诗中，不仅出现了有着"不饰脂粉/鲜如苹果的圆脸"的"西北牧羊女"，而且更展示出离别中的期盼："当你半回头/看长长的山峡里/曳过了多少骡车/驮着寒衣/向天外送去。"① 这样，少女的离别情怀与民族命运的紧密相连，自然也就超越了个人的小天地，在天真妩媚之中显出激昂向上的另一面来。更为重要的是，这一吟唱有助于拓展诗人们的个人视野，同时也为陪都重庆的诗歌探索增添了几分来自大西北的清新与自然、粗犷与奔放。

这样，仅仅是在陪都重庆出版的《新华日报》上，不仅发表了《敬礼，守卫国土的老妈妈》，② 来歌唱太行山手持红缨枪的老妈妈们，而且也发表了《边塞吟》，③ 来歌唱察哈尔草原上浴血奋战的蒙古族英雄，更发表了《夜过秦岭——赠别西北》，通过反复的吟唱来表达这样的离别之情："难以忘怀啊！/那坚实的黄土地，/和坚实的战斗伙伴们。"④ 所有这些短唱与长吟，虽然都是直抒胸臆的颂歌，但是，对于包括大西北在内的中国军民坚持抗战到底的执着信念与牺牲精神的高度颂扬，在震撼着每一个献身于神圣抗战的读者与诗人，中国的崇山峻岭、广阔草原、黄土地开始闯进他们的心灵深处。

在陪都重庆，随着外地诗人的纷纷到来，有关重庆形象的个人吟唱无疑已经成为诗歌探索之中的一种有意识的个人创作选择，并且呈现出由两相对照到意境融通的诗艺探索来。

在《雨》之中，"看不见山顶的古塔/层峦中现出苍茫的云海"这样的雨中山城，与"柳丝摇曳在湖边/芭蕉声搅碎旅人情怀"这样的故园情

---

① 曹葆华：《西北牧羊女》，《国民公报》1940 年 7 月 6 日。
② 袁勃：《敬礼，守卫国土的老妈妈》，《新华日报》1938 年 12 月 27 日。
③ 戈茅：《边塞吟》，《新华日报》1939 年 11 月 6 日。
④ 李嘉：《夜过秦岭——赠别西北》，《新华日报》1940 年 12 月 30 日。

景，在鲜明的诗意对峙之中凸显出来的，"是饥寒交迫的流亡者之哀呼/长空里一两声雁唳"。① 而在《芦花》之中，身在战时首都重庆的流亡者那思乡之情，正是通过"芦花白透河塘"之后"夜沉沉，雁南归"的追忆，来唤起"少年流落在远方"的离乡背井之痛。② 应该说，无论是重庆形象之中的山城意象，还是重庆形象之中的陪都气象，在这些外地诗人的吟唱中已经开始或明或暗地在诗情抒发之中得到了初步的表达，抒发了一种别开生面的诗意。

对于本地诗人来说，对于重庆形象的个人吟唱，已经开始有意地将山城意象与陪都气象融为一体："远山模糊，江边流媚着白雾/纤纤的柳枝闪起了嫩绿/爆竹里传来雄壮的《义勇军进行曲》。"这就是《听，那峰峦》之中闪现出来的一个完完整整的重庆形象，一个抗战豪情高万丈的充满活力的重庆形象——"这是群绿竹一样的年轻行列/从山城，挺拔的去到祖国的原野"——"嘉陵江畔轮船的汽笛长鸣/山风波荡着海潮般的欢声/江水，也蓝澄澄的漾出多情"。如此明朗欢乐的重庆形象，烘托出如此慷慨激昂的抗战豪情，尽管战士们出征之时要告别自己的妈妈、告别自己的妻儿，可是，为着真正安乐的家庭，为着不再荒芜的田园，必须高举抗战的大旗，"听，那峰峦，那峡壁，远远回应着军歌/船身东去了，可是——/抗战的炮火却燃烧着每个人的心窝"。③

无论是外地诗人，还是本地诗人，随着抗日战争的持久进行，都面临着同样的选择：为了抗战到底而坚持歌唱。正是拥有了共同的选择，诗人彼此之间的战斗情谊与日俱增。《打马渡襄河——寄风磨》中出现了这样的赠答："七百里风和雪，/我向东方，/打马渡襄河。/你从枇杷坪，/写诗来送行，嘱我——/赶着春天去，/去丰收一个秋天。"④ 无论是上前方，还是在重庆，千里同心为抗战，彼此之间只留下激励与思念。不过，离开陪都重庆上前方要做到轻装上阵，倒也并非容易——"从此摆脱这儿女的

①　苏吉：《雨》，《新蜀报》1938 年 9 月 30 日。
②　孙望：《芦花》，《国民公报》1939 年 11 月 30 日。
③　李华飞：《听，那峰峦》，《新蜀报》1939 年 3 月 17 日。
④　吕剑：《打马渡襄河——寄风磨》，《中国四十年代诗选》，重庆出版社 1985 年版。

私情，/不留守巴蜀的山景"，只因为坚信"春不远了，/江南三月天；/看敌人总崩溃！/看健儿跃马立功！"这正是从《春来歌大地》中传出的告别壮歌。①

所有这些在陪都重庆发出的个人吟唱，极力表现了全民抗战的斗志高昂，从后方到前方，从南方到北方，对诗歌视野进行了全方位的艺术拓展，与此同时，重庆形象的内外两面也分别在诗情抒发中浮现出来，趋向山城意象与陪都气象的诗意融合。不可否认的是，所有这些吟唱，往往是以心灵告白的方式进行诗情的个人宣泄，虽然降低了诗歌接受的门槛，却又促使诗歌创作走向诗味的淡薄与诗意的单薄。于是，诗人们面临着诗情抒发的诗艺选择。

能否通过对传统诗歌营养的汲取来促进现代诗歌吟唱的多姿多彩呢？康陈珠英在《怀旧别曲》进行了这样的个人尝试，"城楼边，/箫鼓滴出金马的悲鸣"与"唱一声——起来！/不愿做奴隶的人们！"之间，② 企图进行诗与歌的古今缝合，在难能可贵之余，留下了诗艺的生硬缝隙。这种诗艺的生硬，稍后在冯玉祥的《哀杜鹃》中得到某种程度上的缓解，能够以杜鹃花替代杜鹃鸟，来化用"杜鹃啼血"的传统意象，进行这样的吟唱："我哀杜鹃，/我哀杜鹃，/我哀国家的金钱，/我哀人民的血汗！"来控诉着国贼与倭寇的罪恶。③

然而，只有当诗人们在诗情抒发之中由直白的倾诉转向委婉的表达，才有可能在坚持诗歌吟唱的个性色彩的同时，使个人吟唱的诗风显现出独特的韵味来，所以，依然还是那古往今来一体的月光、荒店、行人……不过"一壶土味的水酒，/醉去八百里的疲劳，/一床金黄的稻草，/好编织旅途的长梦"，④ 无疑赋予《荒店》以较为新鲜的诗思与较为醇厚的诗味来。

在抗战前期，陪都诗歌的个人探索尚未成为有意识的个人选择，往往是于无意之中偶然发生的。因此，有意识的诗艺探索出现在从抗战前期向

---

① 朱亚南：《春来歌大地》，《国民公报》1940 年 5 月 20 日。
② 康陈珠英：《怀旧别曲》，《国民公报》1939 年 3 月 29 日。
③ 冯玉祥：《哀杜鹃》，《冯玉祥诗选》，四川人民出版社 1982 年版。
④ 程康定：《荒店》，《诗前哨》丛刊 1944 年第 2 辑。

着抗战后期过渡的 1941 年。

在 1941 年 2 月 28 日的《新蜀报》上，发表了晓莺的《唱下去》一诗，其中发出这样的呼唤："为真理而歌罢！/直到旭日照到山头，/而大地开满花朵。"① 这就是为坚持抗战而唱下去，这就是为献身抗战而唱下去，这将意味着可能的牺牲。同样的感受，却有可能以不同格调的吟唱来进行个人的表白。所以，到了 1941 年 10 月，晏明在《假如，我死了》一诗中反复吟唱："假如，我死了，我死了，/为了我的碧绿的碧绿的府河，/和淡蓝淡蓝的梦泽湖，/姑娘，你莫悲伤，莫悲伤！"……"假如，我死了，我死了，/请为我立一块很小很小的石碑，/碑上刻着：一个年轻人为祖国而战死！/姑娘，你莫悲伤，莫悲伤！"……② 在一唱三叠的咏叹之中，诗情抒发开始进入荡气回肠与幽远深长交互融入的境地。

这就难怪一年后，在 1942 年 2 月 6 日的《新蜀报》上，诗人禾泥在《醒后》一诗中，从"儿时的梦"醒来之后，对于"苦涩的快乐"进行如此独特的个人吟唱："眉月无言瞅着江水/我浸浴在晚风里/忆想到故乡流水的低唱"……"然而归期呢/很深的/很远的/像无底的海"。从此时的江水到彼时的流水，延伸为未来的海水，绵延不绝的怀乡情呈现为水的传统意象在当下流荡。

当然，在诗意抒发之中，出现了更多男女青年诗人的努力探索。左琴岚在《新叶》上，似乎看到"羞涩的娇小的新叶"，不仅是"春天的襁褓"，而且是"生命的象征"，更是美的化身——"我彷佛看见你坐在红色的帆里/漂浮在蓝色的天空的泡沫里了"。③ 而沈慧则在《四月的风》里，似乎听到"四月的风"，吹来了像晚霞一样"鲜红美丽"的山桃花，也吹出了像"江流一样宽畅"的好心情，所以，"四月的风/低唱在茫茫的夜空"，"星儿""月亮""我"都"沉醉在你的呼唤里"。这就是女诗人以其细腻的情思与艳丽的辞藻，所触摸到的春天的叶与春天的风。④

① 晓莺：《唱下去》，《新蜀报》1941 年 2 月 28 日。
② 晏明：《假如，我死了》，《诗丛》1943 年第 1 期。
③ 左琴岚：《新叶》，《诗垦地》1942 年第 4 辑。
④ 沈慧：《四月的风》，《新华日报》1942 年 4 月 24 日。

　　在迎来抗战胜利的 1945 年，如同春天的来临一般，激动着男诗人的阔大情怀，在心潮澎湃之中不由得去追忆春天的由来。在曹辛之的《六行——赠梅》中，外来现代诗风吹拂着"梅"这一中国传统意象，进行了个人诗情的任意挥洒，在坚贞里熔铸牺牲的奉献，从牺牲中唤起理想的追求，诗意充盈的诗境升腾到哲思的高度——"多少阵杂沓的音响，掠过你身旁，／一片玉瓣，是一滴生命，／剥落了生命，你召来燕语和莺啼。／感谢你在我心里投下温馨与希望，将我从苍白的国度带向绿色世界，／而你却在绿色的世界里凋谢。"①

　　仅仅由此，就可以看到从抗战前期到抗战后期，在陪都重庆，诗人们在诗歌创作道路上所进行的个人探索，从无意之中的单一转向了有意之中的繁富，逐渐促进了诗歌探索的多元趋向在陪都重庆的形成。然而，在陪都重庆，诗歌探索的多元大潮的真正形成，仅仅依靠青年诗人是远远不够的，还得需要成名诗人的出场与在场。只有当成名诗人一旦到场，才有可能以他们在诗歌探索中的个人示范，在取长补短之中，去直接影响青年诗人进行诗思与诗风的不断增益，尤其在诗艺上的推陈出新，从而使青年诗人与成名诗人在诗歌探索中形成合力，来推动着现代诗歌在陪都重庆的不断向前发展。

　　这就需要从集体到个人的诗艺示范，而历史老人无疑是偏爱陪都重庆的，为诗人们提供了这样的机遇，尤其是陪都重庆众多发表阵地的存在，更是为对这一机遇的诗人把握予以了稳操胜券的及时保障。

　　1938 年底迁渝的《七月》，从 1939 年 7 月在陪都重庆复刊到 1941 年 9 月停刊，集聚了一大批青年诗人，由此而形成七月诗人群。从 1942 年到 1944 年，南天出版社出版了"七月诗丛"，显现出七月诗人群的整体实力。② 1944 年 12 月，《希望》在陪都重庆创刊，为七月诗人群的

---

　　①　曹辛之：《六行——赠梅》，《最初的蜜》，1945 年版。
　　②　由蓝天出版社在 1942 年到 1944 年间陆续出版的"七月诗丛"，包括青年诗人们的个人诗集，有孙钿的《旗》、亦门的《无弦琴》、冀汸的《跃动的夜》、邹荻帆的《意志的赌徒》、绿原的《童话》、鲁藜的《醒来的时候》，以及胡风编的青年诗人合集《我是初来的》；另外还有成名诗人的诗集，有田间的《给战斗者》、艾青的《北方》、天蓝的《预言》。

稳固与壮大提供了有效的保障，促使七月诗人群在进行诗艺的个人探索中，完成了向着诗派的战时转换，成为抗战时期具有全国影响的七月诗派。

七月诗人群对于重庆现代诗歌发展的现实影响，从不断扩大转向日益深入，实际上是与七月诗派的形成保持着高度的一致的。1939 年 10 月在《七月》上发表钟瑄的《我是初来的》一诗，预示着七月诗人群中的青年诗人，将以"黎明"追求者这样的欢唱出现在陪都重庆的诗坛上——"我是初来的/我最初看见/从辽阔的海彼岸/所升起的无比温暖的，美丽的黎明"——"黎明照在少女的身上/照在渔民的身上"，激发起民族意识在觉醒中不断地高扬。这就难怪胡风在编选七月诗派 14 位青年诗人合集的时候，会借用"我是初来的"进行命名。由此可见，诗歌探索中所展现出来的理想追求，在个人吟唱中进行着从简单到繁复的意象转换，由单纯的倾诉转为多重的品味，实际上已经促成诗意蕴含的扩张与深化，与此同时，诗情抒发的方式与手段更趋向个人选择的多样化，从而构成了七月诗人群进行诗艺的示范之中从诗思到诗形的两极。

仅仅从七月诗人群所运用的诗歌体裁来看，抗战之初，就已经出现了诗歌吟唱由短而长的变化。从 1938 年 4 月艾青写成《向太阳》这样的抒情长诗，到 1938 年 5 月天蓝写成《队长骑马去了》这样的叙事长诗，展示出抗战时期中国诗歌发展的新动向。毫无疑问的是，七月诗人群素以擅长进行抒情长诗创作著称，不过，他们还进行了组诗、寓言诗与讽刺诗的创作，而特别值得在此一提的，则是小诗的创作。

不仅有着邹荻帆在《蕾》中对于生命初绽的憧憬："一个年轻的笑/一股蕴藏的爱/一坛原封的酒/一个未完成的理想/一颗正待燃烧的心"，[①]而且有着曾卓在《陨落》中对于生命奉献的赞颂："流星是映照着爱者的晶莹的泪珠/带着听不见的声响落的/落了，落了，几千年后的人间/闪着它不灭的生命的光"，[②] 更是有着鲁藜在《泥土》中对于生命价值的沉思：

---

① 邹荻帆：《蕾》，《意志的赌徒》，南天出版社 1943 年版。
② 曾卓：《陨落》，《曾卓抒情诗选》，中国文联出版公司 1988 年版。

"老是把自己当作珍珠／就时时怕被埋没的痛苦／把自己当作泥土吧／让众人把你踩成一条道路"。[1]　在这里，可以看到在战时生活中诗歌对于生命张扬所能达到的个人极致，显示出七月诗人群通过同中有异的个人吟唱，已经能够在诗思与诗形之间趋向高度的和谐。

显而易见，正是七月诗人群中的青年诗人们，正是以其充满青春活力而多姿多彩的创作，为抗战时期的中国诗人，特别是陪都重庆诗人进行了群体性的诗艺示范。不过，在来到陪都重庆的成名诗人之中，需要特别提及的，既有七月诗人群之中的艾青，还有七月诗人群之外的臧克家，他们同样以激情洋溢而魅力十足的诗歌探索，为抗战时期的中国诗人，特别是陪都重庆诗人，进行了诗艺探索的个人性示范，从而与青年诗人一起，为陪都重庆的诗歌探索趋向多元共同作出了突出的贡献。

首先是艾青于 1940 年 5 月来到陪都重庆，而在前来陪都重庆的途中，他已经完成了长达千行的长诗《火把》，很快地于当年 6 月，就在陪都重庆出版的《中苏文化·文艺专号》上发表。可是，没曾想艾青在陪都重庆所发表的这首长诗《火把》，结果立即在陪都重庆诗坛引发了一场论争，而论争的焦点就是：《火把》是不是基于现实生活而又塑造出新女性形象的探索之作？[2]从文本构成的角度来看，如果说《火把》是抒情长诗，诗作里却出现了关于"我"这样的人物设置与情节的大量虚构，如果说《火把》是叙事长诗，诗作里则又同时出现了关于"我们"这样的抒情主人公进行过多的激情宣泄，自然就会引起针锋相对的说法。

更为关键的是，艾青在《火把》一诗的创作中，是不是果真在"指示私生活的公众化"的同时避免了"公式化"？这就关系到艾青的《火把》之作，是否是一次真正意义上的诗歌探索的个人尝试。或许，如何评价《火把》中对诗艺的个人探索，倒应该是如同艾青自己所说的那样："我尝试运用变化多端的手法，场景也一幕一幕的有所变换"。[3]　至少从艾青自己的评论中，可以看出《火把》应该视为叙事长诗。只不过，由于艾

---

①　鲁藜：《泥土》，《希望》1944 年第 1 卷第 1 期。

②　郝明工：《陪都文化论》，新疆大学出版社 1994 年版，第 160 页。

③　杨匡汉、杨匡满：《艾青传论》，上海文艺出版社 1984 年版，第 131、135 页。

青本人是习惯于写作抒情长诗的，因而《火把》中出现"我"与"我们"之间抒情与叙事的并置，也就不足为怪。因此，至少还可以说，艾青虽然只是在陪都重庆停留了半年多，不久之后，在1941年2月就离开了陪都重庆，不过，对于抒情长诗与叙事长诗到底应该如何写，在成败得失的激烈争论之中，艾青与他的《火把》倒的确是进行了一次影响颇大的个人示范。

其次是臧克家于1942年8月来到陪都重庆，并且一直到1946年6月才离开，在陪都重庆整整生活了4年。刚到陪都重庆的臧克家，如同艾青一样立即开始在期刊上以连载的形式，来发表完成不久的，自称是"五千行的英雄史诗"《范筑先》。这是因为，处于危难中的中华民族需要新的民族英雄来激励民族精神的更生，犹如古树绽放新花，而抗日战争催生了英雄的辈出，在臧克家看来，"人的花朵，先后开放了许多，而范筑先，是这些人花中灿烂的一朵"。于是乎，《范筑先》在期刊上连载之后，在陪都重庆出版单行本时，被臧克家改名为《古树的花朵》。① 这不仅证明英雄史诗《范筑先》在战时中国的诞生，需要以抗日战争的真人真事为原型，而且更说明英雄史诗《古树的花朵》在陪都重庆的出版，需要确立民族精神更新之中的理想文化人格。

这一英雄史诗的个人创作，表明战时史诗的文学书写，已经能够越出小说的疆域而进入诗歌的吟唱之中。臧克家在长诗创作的个人探索中，能够率先写出战争史诗之中的英雄史诗，即《古树的花朵》这一抗战以来最长的叙事长诗，也就在于此前他自己早已写过"报告长诗"《走向火线》《淮上吟》，并且完成了从《向祖国》到《他打仗去了》等六篇纪实性长诗，深深感受到"写长诗特别需要气魄和组织力"，只有通过艰苦的创作才有可能取得长诗吟唱的不断成功。所以，接下来，臧克家在陪都重庆以自己已经获得吟唱叙事长诗的如此"气魄与组织力"，又一次写出了生活史诗之中的爱情史诗《感情的野马》。② 臧克家通过自己对战时生活进行的史诗吟唱，来进行着从英雄史诗到爱情史诗的个人示范。

---

① 郝明工：《陪都文化论》，新疆大学出版社1994年版，第247页。
② 孙晨：《臧克家传》，山东大学出版社2000年版，第216、232页。

　　所有这些从群体性到个人性的诗歌探索示范，引发了生活在陪都重庆乃至大后方的诗人们群起效仿，同时也在整个抗战区，乃至全国各地都产生了强烈的反响。一时间，形形色色的众多诗作纷纷在陪都重庆的各种报刊上不断问世——从抒情长诗到叙事长诗，从组诗、寓言诗到讽刺诗、小诗，都展现出在诗歌视野持续拓展之中的个人努力，诗歌探索在陪都重庆蔚然成风。于是，从外地诗人到本地诗人，从成名诗人到青年诗人，经过了诗艺探索的个人尝试之后，已经展现出诗歌创作在较为开阔的诗思与较为完备的诗形之间的一致来，使陪都重庆的诗歌探索呈现出趋向多元发展的势头来。

　　从陪都重庆的各种报刊上所有这些已经发表的诗作来看，其中对基于陪都文化的重庆形象进行诗意表达的诗作，在诗歌探索中无疑占据了极为重要的地位，而诗人们同样也是通过诗思与诗形之间相一致的个人尝试，来进行陪都气象与山城意象的个人吟唱。

　　"我向你默祝着珍重，/你天空多雾的/中国的马德里呵！"这是发自《离渝小唱》中的颂扬，因为，"我要著上戎装，/加入英勇的一群，/守卫祖国，/守卫你——/中国的马德里！"① 这就表明，陪都重庆不仅与国际反法西斯主义的正义战争连为一体，而且更是成为中国抗日战争坚持到最后胜利的后方基地，在同样的流血牺牲之中，竭尽全力支撑着抗战到底，从而使陪都气象在个人吟唱中越来越显明。

　　举世闻名的"重庆大轰炸"自然进入了诗人们的视线。面对着陪都重庆在日机的狂轰滥炸之中，已经失去的无数生命，宁死不屈的意志仍然在烈火焚城之中冲天而起——难怪在深夜中坚守岗位的"更夫"，在"发着使黑夜痉挛的声音，/刺拨丧家失业者的心灵"的同时，更"催促着睡眠的人们起来！/去迎接心声的朝阳"②。正是在这样的坚强意志的顽强支撑下，陪都重庆并没有在轰炸中消失，反而在轰炸中屹立，只要人们经受住战火的锤炼，就完全有可能创造出前所未有的人间奇迹，在茫茫人海

---

　　① 郭尼迪：《离渝小唱》，《中国诗艺》复刊 1941 年第 2 期。
　　② 蒲汀：《更夫》，《新蜀报》1940 年 11 月 25 日。

之中的"他俩是在防空洞里认识的"——"恐怕敌人也完全没有想到过吧？——/他们的屠杀和破坏的炸弹/竟变成了/使得有情人终成眷属的媒妁！"①

由此可见，即使是陪都气象曾经有过阴霾的遮蔽，毕竟还是拥有能够鼓舞全民抗战到底的一派明朗。由此更可见，陪都重庆遭遇的大轰炸，从不同角度展示出陪都气象所包蕴的坚定与从容。如果说陪都气象展现的是重庆形象中战时生活的地域文化表层，那么，山城意象显现的就是重庆形象中战时生活的地方文化深层。正是山城的雾与嘉陵江的水，成为建构山城意象的基本要素。

山城的雾是"灰黯而浓重的雾"，《灰色的囚衣》一诗中就这样为它定下了意象的底色，它使"葱郁的茂林晦暗了，/碧绿的山岩霉湿了，/旷阔的田野/在死寂的雾层里沉沉地睡了"，而"生活在山国的人民"渴望"太阳，这山国美丽的稀客，/将用她千万支纤长的金手/撩起这人间灰色的囚衣"。②在这里，雾与太阳，也就成为黑暗与光明，囚禁与解放的象征，成为个人吟唱中对举的山城意象——这正是《重庆的雾》一诗所要引发的内心渴望："阴沉的雾就要消退了！/在它的后面会出现一轮红辉的太阳！"③

嘉陵江的滚滚波涛，当能引起"我的家在东北松花江上"似的乡愁与斗志，《嘉陵江上》回荡着思乡的情怀："如今我徘徊在嘉陵江上，/我仿佛闻到故乡泥土的芳香。/一样的流水，一样的月亮，我已经失去一切欢笑和梦想。/江水每夜呜咽的流过，/都仿佛流在我的心上"；同时也激荡着战斗的意志："我必须回去，/从敌人的刺刀丛里回去；/把我打胜仗的刀枪，/放在我生长的地方！"④

嘉陵江的滚滚波涛，又能引起对于"生和死并没有什么距离"的叹息与悲愤，《嘉陵江之歌》在倾诉着如此沉重的感叹与质疑："生命是多么

①　任钧：《他俩》，《后方小唱》，上海杂志公司 1944 年版。

②　江村：《灰色的囚衣》，《新蜀报》1940 年 12 月 7 日。

③　丹茵：《重庆的雾》，《民主周刊·增刊》1945 年第 1 期。

④　端木蕻良：《嘉陵江上》，《中国民歌集》，文汇书店 1942 年版。

狭窄而迅速啊！／生活不是更为艰辛吗"，因为生生死死一瞬间就是嘉陵江船工的命运。由此，只能在无比的悲哀之中进行了这样的愤怒回答。"嘉陵江是美丽／还是忧郁的呢？／嘉陵江是悲哀的！嘉陵江是悲哀的！"①

山城的雾作为意象构成是惨淡的单一，而嘉陵江的水作为意象构成是浓烈的多变，这就为山城意象提供了从单一到多变的构成形态，使之具有了变幻莫测的寓意性。如果说陪都气象不乏阴霾的缠绕，那么，山城意象也不乏阴沉的充斥，这就使从抗战前期转向抗战后期的重庆形象染上了阴森的色调，与重庆形象的明朗形成鲜明的对照。

《别雾重庆》所倾诉出来离开重庆的理由，有一个："只怨这里太冷，／留不住人，／让人们追寻／另外的春！"② 而从《山城的侧面》来看，"一片浓雾"遮住山城"破烂的侧面"，而山城就像"舱底破漏的海船／正迷失在雾海里／渐渐靠近雾海的险滩里"。③ 然而，在关于山城意象的个人吟唱中，所留下的并非仅仅是冷酷而险恶的雾遮蔽了重庆，江水也流淌着惨不忍睹的人间悲剧。

在《弃婴》一诗中，一个婴儿被抛弃在江岸上小巷的墙角边，蜷曲在"一块破破烂烂的布片遮盖"之下，在过路人不加理睬的冷眼中，只有"街头的野狗夹着尾巴蹑行而来，／几只乌鸦在空中困惑地盘旋着……"④ 婴儿是如此的不幸，而大人们也难以逃脱同样不幸。在嘉陵江上游的煤矿重镇白庙子，"冬天的嘉陵江啊！／清得像苦难的眼泪，／那样悄悄地，那样不尽地／从白庙子流下来"，这就出现了《白庙子》中所描画的悲惨的一幕："白庙子是一个黑色的国度，／在那里矿工们弯着腰干活，／在阴暗幽深的洞底，／掘取他们黑色的生活。"⑤

重庆形象就是在战时日常生活的流逝中，被逐渐抹上了冷酷而险恶、冷漠而凶险的阴森色调，使陪都气象黯然失色。所以才会出现《不是我们

---

① 高兰：《嘉陵江之歌》，《高兰朗诵诗》第 2 集，建中出版社 1944 年版。
② 高咏：《别雾重庆》，《战时文艺》1941 年第 1 卷第 1 期。
③ 吴视：《山城的侧面》，《华西晚报》1944 年 12 月 10 日。
④ 邱晓崧：《弃婴》，《遗忘的脚印》，1944 年。
⑤ 夏渌：《白庙子》，《春草诗丛》第 3 集，1945 年。

的城》中从憧憬到绝望的发现："像一支停泊在寂寞里的小船，/拍击着希望的水花，/从远方，我低唱着水花似的歌，/来到这被人们称赞的山城"，而"山城的道越踏越不平"，证明它"不是我们的城"① 问题在于，无论在现实中，还是在诗歌中，"我们"都是普普通通的大多数，而失去了这样的"我们"的陪都重庆，也就失去了它继续存在的真正价值。

无论是重庆形象的阴森，还是陪都气象的阴霾与山城意象的阴沉，实质上是基于战时生活的负面现实。从整个抗战时期，从陪都重庆出现的诗歌探索来看，仅仅是关于重庆形象从明朗到阴森的个人吟唱，就可以看到诗人们所付出的缕缕诗情与所表达的浓浓诗意。

抗战的整整八年间，诗人们在陪都重庆不断地努力扩展个人的诗歌视野，坚持着对战时生活进行总体性的诗意表达与多样性的诗情抒发。尤为突出的是，诗人们对战时生活进行从英雄史诗到爱情史诗这样的个人尝试，以显现出诗艺探索的史诗性方向；与此同时，诗人们更是对重庆形象展开个人吟唱，以表现出诗学探索的陪都文化底蕴。就这样，中国诗人们以陪都重庆为诗歌探索的历史起点，力图开辟出中国现代诗歌在现实发展中的多元化道路。

五　话剧创作的两极互动

在抗战时期的全国文学运动中，陪都重庆话剧的创作影响远远超过其他文学样式。造成这一文学运动奇观的主要原因，首先应该从社会传播的角度来看，话剧通过舞台演出的二度创作，扩张了话剧影响的传播速度与范围，从读者到观众的受众数量，无疑会形成倍增效应，实现了话剧传播的社会化；其次从接受美学的角度来看，话剧通过舞台演出的二度创作，降低了文本传播的审美门槛与接受成本，从剧本到演出的受众消费，自然会激发话剧创作需求，催生了话剧接受的大众化。因此，这就促使话剧这一从国外移植的戏剧形式，在社会化的艺术传播与大众化的审美接受之中，通过彼此之间的现实互动，最终走向了话剧的中国化。

---

① 蒂克：《不是我们的城》，《诗丛》1945 年第 2 卷第 1 期。

　　所以，抗战伊始，从陪都重庆开始，话剧就逐渐成为国人最为喜爱的戏剧形式。在这样的意义上，可以说，在整个抗战时期，从中国戏剧到中国文学的现代发展之中，陪都重庆的话剧创作显然是占据着举足轻重的领军地位，并且发挥了表率全国的领先作用。

　　当然，无论是陪都重庆话剧创作的领军地位，还是陪都重庆话剧创作的领先作用，都是与国民政府在整个抗战区实施战时体制分不开的，这就直接导致了陪都重庆的话剧创作充分体现出陪都重庆文学审美导向之间的互动——从抗战前期以纪实的正面性宣传动员为主，转向了抗战后期以真实的史诗性艺术创造为主，进而具体化为抗战宣传与话剧创作之间的两极互动，现实剧与历史剧之间的两极互动。于是，陪都重庆的话剧创作就在这多重的两极互动的合力推进之中，达到了中国文学运动战时发展的顶点。

　　1937 年 9 月 15 日，怒吼剧社在重庆成立，在 50 多个成员中，既有来自重庆本地各行各业的青年话剧爱好者，又有来自北平、天津、上海等地的话剧界专业人士。从 10 月 1 日到 3 日，怒吼剧社在当时重庆最大的影剧院国泰大戏院连续公演三幕话剧《保卫卢沟桥》，取得极大的成功。这不仅是话剧第一次在重庆进行大规模的公演，同时也是话剧第一次在重庆以公演的形式来进行抗战宣传，因而 1937 年 10 月 4 日，在《新蜀报》当天发表的诸多评论中，都认为"重庆有真正的演剧，那是以怒吼剧社为历史纪元"。随着中华戏剧界抗敌协会迁驻陪都重庆之后，各地的众多戏剧演出团体也陆续来到陪都重庆，陪都重庆也因此成为戏剧运动的全国中心。

　　1938 年 10 月 10 日，"中华民国"第一届戏剧节在陪都重庆开幕，标志着在战时体制下陪都重庆这一全国戏剧运动中心地位的确立：不仅要展示出全国戏剧工作者共赴国难的团结爱国精神，在戏剧运动中树立中华民族戏剧体系的发展新方向；① 而且更需要全国戏剧工作者承担起抗日宣传的现实任务，在进行全民总动员的同时提高戏剧艺术的创作水平。② 为了达到全民总动员的宣传目的，戏剧节演出委员会组织了"五分票价公演"，

---

　　① 葛一虹：《第一届中国戏剧节》，《新蜀报》1938 年 10 月 10 日。
　　② 张道藩：《中华民国第一届戏剧节的意义》，《扫荡报》1938 年 10 月 11 日。

扩大了话剧的社会传播规模，使之为广大观众乐于接受，进而推进话剧创作走向繁荣。

第一届"中华民国"戏剧节的压轴戏，就是曹禺和宋之的共同改编的四幕话剧《全民总动员》。从 10 月 29 日到 11 月 1 日连续上演了 7 场，场场爆满，反响热烈。虽然《全民总动员》是在抗战初期集体创作的《总动员》一剧的基础上进行的改编，但是，由于改编者的精心修改，"结果只是引用了原著中一部分人的故事，由曹、宋两先生另行构写了另一个更适宜舞台演出的故事。所以与其说《全民总动员》是'改编'的，毋宁说是'创作'的更为切实"。①

《全民总动员》较之其前身的《总动员》，除了对破获代号为"黑字二十八"的日本间谍这一故事进行精心重构，使全民动员肃清内奸外特，奋勇参军杀敌的主题更为鲜明突出之外，更重要的是，呈现出从集体创作转向个人创作的战时话剧创作大趋势。这就是，在进行抗战宣传的同时，必须注重话剧艺术的个人独创性，以便能够使话剧的社会传播与大众接受的双重影响在持续扩大之中，真正有利于抗战到底的全民总动员。

戏剧节，虽然由于日机对陪都重庆的大轰炸，无法举行大规模的演出活动，不过，在坚持演出之中，对于陪都重庆的话剧创作来说，反而起到了直接促进的作用。所以，到第三届戏剧节举行的前夕，据 1940 年 9 月 5 日《新蜀报》报道，仅国民政府行政院教育部审定公布的可供演出的话剧剧本就有 80 多种，由此可略见陪都重庆的话剧创作之一斑。这就深深扎下了话剧创作的现实根基，而话剧演出开始利用陪都重庆的雾季，既能避开日机的轰炸威胁，又能吸引大量观众的积极参与。

这就是，从每年的 10 月到来年的 5 月之间，在陪都重庆大雾弥漫时节，举行话剧的公开演出。所以，从 1941 年第四届戏剧节开始，形成一年一度的"雾季公演"，以其公演时间长，演出水平高，社会反响大，有力地推动了话剧创作。仅仅第一次"雾季公演"在"短短的五个月中，

---

① 辛予：《〈全民总动员〉的一般批评》，《戏剧新闻》第 1 卷第 8—9 期合刊。《全民总动员》后改名《黑字二十八》由正中书局在 1945 年出版。

竟演出了将近四十出戏，创造了从未有过的成绩"，而其中话剧占了绝大多数。[①]

正是陪都重庆的话剧创作所取得的突出成绩，引起了国民政府有关部门的重视，于是对"中华民国"戏剧节的举行进行了相应的时间修改，以利于话剧创作的可持续发展。1942 年 10 月，国民政府社会部宣布取消每年 10 月 10 日的戏剧节，随后又明令确立每年 2 月 15 日为戏剧节。这就使得在陪都重庆肇起的"中华民国"戏剧节能够突破区域性的时间限制，而成为每年春节前后，在与民同乐之中进行抗战宣传与民众动员的举国一致的盛大节日。

1943 年 2 月 15 日，陪都重庆的各大报纸上发表了中国国民党中央宣传部新闻处提供的《抗战以来的话剧运动》一文，其中就肯定了话剧"一直是现实主义的艺术，是服务于革命的艺术"，并且"差不多每一个剧本都是指向着这一目标的"，"显然已有极大的成就与贡献"，具体而言，就是对于战时生活从"正面的反映英勇抗战"扩展到整个战时生活——由"后方工业的建设"到"沦陷区人民生活及其艰苦斗争"。这就表明，话剧从抗战之初进行关于战争生活的全程"报告"，已经转向当下对于战时生活的全面"反映"。

显然，《抗战以来的话剧运动》一文的发表与"中华民国"戏剧节举行时间的重新确立，同为一天，并非完全是是一种巧合，而是恰恰证实了一个不可动摇的事实："中华民国"戏剧节的确立，不仅表明陪都重庆的话剧创作在战时体制的保障下已经进入繁荣时期，而且更是证明陪都重庆的话剧创作已经体现出陪都重庆文化与文学的全国代表性。这就在于，从抗战前期到抗战后期，陪都重庆的话剧创作有可能在展示出抗战时期中华民族的心路历程的同时，更揭示出中华民族的人格精神的未来方向，从而体现了抗战时期中国文化与文学所能达到的精神高度。

事实上，这一民族人格精神重塑的文化需要，早已经融入抗日战争的发展过程之中。1943 年 2 月 4 日，在陪都重庆上演的《祖国在召唤》一剧，

①　章罂：《剧季的过去和现在》，《新华日报》1943 年 9 月 21 日。

更是将人的意识转换与世界反法西斯战争紧密地联系起来，深刻地揭示出在高昂的爱国热情的促动下，人的心灵复苏，不仅源自对于法西斯侵略者残暴行径的憎恨，而且基于对于固有的生命价值观念的重估，并且将这憎恨的激情与这重估的思考，统一在个人的心灵自忏与觉醒之中——"不管我堕落到什么程度，我总还是一个中国人。老实说，这次打仗叫我懂得了许多事情，要是不打仗，我还不知道敌人是这么可恨，祖国是这么可爱呢！"① 这就从全体中国人的角度，充分显示了正义战争对于民族人格精神重塑的巨大推动力，尤其是在这一推动之下民族人格精神重塑的普遍意义。

尤其是那些直接以陪都重庆的人和事作为题材来创作的话剧，从抗战前期创作的《雾重庆》《重庆二十四小时》，到抗战后期创作的《山城故事》《重庆屋檐下》，通过舞台上先后演出之后都产生过不小的社会反响。不过，在所有这些话剧之中，《山城故事》与《重庆屋檐下》的艺术水准，远远超过《雾重庆》与《重庆二十四小时》，特别是《重庆屋檐下》一剧，在1943—1944年之间的第三次雾季公演中，引起了一次又一次的对号入座者的干扰，以至发展到对簿公堂的地步，因而引发了关于该剧是否具有真实性的激烈论争。②

所有这一切，都从不同的层面上显现出陪都重庆的话剧创作在审美导向上的两极互动来。与此同时，在陪都重庆的话剧创作中也自然地出现了从抗战前期到抗战后期，政治需要与话剧创作之间的两极互动来。

陪都重庆话剧运动所进行的抗战宣传动员，固然与话剧舞台演出直接相连，但更与话剧剧本创作紧密相关。尽管可以说话剧剧本创作与话剧运动之间的联系是具有间接性的，但是，话剧剧本的创作质量毕竟是话剧运动艺术水平能否提高的关键，所以，必须进行高质量的话剧剧本创作来保证高质量的话剧舞台演出，只有当一流的剧本与一流的演出结合起来，话剧才有可能进行高水平的抗战宣传动员。正是因为如此，在话剧基础较为贫弱的陪都重庆，话剧之树的迅速生长，主要是与外来作者的辛勤浇灌分不开的。

---

① 宋之的：《祖国在召唤》，远方书店1943年版。
② 石曼：《重庆抗战剧坛纪事》，《重庆文化史料》1991年第2期。

1940 年 10 月，在陪都重庆举行了第三届戏剧节，首次公演了曹禺的《蜕变》，激发了具有轰动性的社会反响，促成了《蜕变》在全国范围内的演出：从大后方演到根据地，从抗战区演到上海孤岛，每一次《蜕变》的演出，都激发起抗战意志的高扬。到 1941 年 10 月 10 日，上海孤岛（即公共租界）上演《蜕变》，每天日夜两场，连续 35 天客满（后来公共租界工部局迫于日本军方压力而禁演），每次演出都是在"中国，中国，你应该是强的"所唤起的同仇敌忾中，达到群情激奋的高潮。[①]

《蜕变》之所以能够引发来自全国各地与社会各界的好评如潮，也就在于：《蜕变》中展现了曹禺所把握到的"我们民族在抗战中一种'蜕'旧'变'新的新气象"这样的时代主题，抗日战争不仅是中国人民走向胜利的正义之战，而且也是中华民族走向现代的文化复兴。所以，巴金在为《蜕变》所写的"后记"中，这样写道："一口气读完了《蜕变》，我忘记夜深，忘记疲劳，我心里充满了快乐，我眼前闪烁着光亮。作家的确给我们带来了希望。"[②]

1942 年 12 月 21 日，在陪都重庆新扩建为 1000 座的抗建堂中，由中国万岁剧团再次上演《蜕变》，到 1943 年 1 月，演出共达 28 场，引发了强烈而又广泛的社会反响，不但报刊上对《蜕变》一片盛赞之声，而且中国万岁剧团也因演出《蜕变》，"抗战建国增加莫大效果"而获得戏剧指导委员会的嘉奖。更为重要的是，中央图书审查委员会于 1943 年 1 月决定对《蜕变》"颁发荣誉奖状及奖金 1000 元"，并且"分别函请中央宣传部及教育部，通令各剧团、学校奖励演出"。于是，在 4 月 21 日，蒋中正为首的政府要员观看了《蜕变》，随后也纷纷予以称赞，并提出修改的希望。[③]

《蜕变》一剧从抗战前期到抗战后期都能够取得演出的成功，其引发的社会反响一再证明："蜕旧变新"的必要性已经成为举国一致的共识。

---

① 柯灵、杨英梧：《回忆"苦干"》，《中国话剧运动五十年史料集》第 2 辑，中国戏剧出版社 1959 年版；胡叔和：《曹禺评传》，中国戏剧出版社 1994 年版，第 150、165 页。

② 曹禺：《关于〈蜕变〉两个字》、巴金：《后记》，《蜕变》，文化生活出版社 1941 年版。

③ 1943 年 6 月 22 日《新华日报》刊出《蜕变》暂遭禁演的消息，其实是作者根据蒋中正等人的希望进行剧本修改，然后再演出。石曼：《重庆抗战剧坛纪事》，《重庆文化史料》1991 年第 2 期。

这样，《蜕变》通过揭露伤兵医院的因循苟且来展示蜕旧变新的现实过程，大力赞美男女主人公，也就为民族文化的复兴树立了人格榜样。更为重要的是，进入抗战后期以来，陪都重庆话剧中类似《蜕变》里那样的人格榜样，开始普遍出现，从而表明战时条件下民族文化复兴的可能，正在逐渐成为曹禺所说的现实："抗战非但把人们的外形蜕变了，还变换了他们的内质"。

《蜕变》一剧的成功，更表明在政治需要与话剧创作之间的两极互动，既有可能趋向良性的两极互动，也有可能趋向恶性的两极互动，关键取决于对话剧创作能否保持较为客观的评价姿态。如果采取艺术性的评价姿态，就能够使良性的两极互动成为现实，在良性互动之中促进话剧创作。反之，如果采取宣传性的评价姿态，就将会让恶性的两极互动出现在眼前，在恶性互动之中结果会妨碍话剧创作走向繁荣。

1942 年 3 月 5 日，陈铨所作的《野玫瑰》一剧在抗建堂上演，共演出 16 场，观众 10200 人；4 月 3 日，郭沫若所作的《屈原》一剧在国泰大戏院上演，共演出 22 场，观众 32000 人。两剧的演出均产生了轰动效应，引起了毁誉参半的激烈论争。① 有人认为《野玫瑰》是鼓吹"汉奸也大有可为"的"糖衣毒药"，"企图篡改观众读者的抗战意识"；② 与此同时，又有人认为《屈原》"与历史相差太远"，"牵强""滑稽""草率""粗暴"，"所表现的完全是'恨'"，从而形成了互不相让的对攻局面。③

4 月下旬，《野玫瑰》获得教育部学术审议会评定的学术三等奖，陪都重庆戏剧界 200 人联名致函中华全国戏剧界抗敌协会，要求向教育部提出抗议以撤销颁奖。④ 5 月 16 日，中央文化运动委员会与中央图书杂志审查委员会联合举行招待戏剧界同人茶会，戏剧界同人再次提出严重抗议，要求撤销奖励、禁止上演；而教育部长陈立夫则称学术审议会奖励《野玫

① 石曼：《重庆抗战剧坛纪事》，《重庆文化史料》1991 年第 1 期。
② 方纪：《糖衣毒药——〈野玫瑰〉观后》，《时事新报》1942 年 4 月 8 日、11 日、14 日连载。
③ 王健民：《〈屈原〉、〈孔雀胆〉、〈虎符〉》，《中央周刊》第 5 卷第 28 期。
④ 石曼：《重庆抗战剧坛纪事》，《重庆文化史料》1991 年第 1 期。

瑰》乃投票结果，给予三等奖并非认为"最佳者"，不过是"聊示提倡而已"。6 月 28 日，《解放日报》以"获得教育部学术审议会奖励的为汉奸制造理论根据之《野玫瑰》一剧"为导语，报道了上述内容，并称"《野玫瑰》现在后方仍到处上演"。

如果不是仅仅停留在政治性质的宣传表象上，而是从艺术构成的创作角度来看，或许就会发现：《野玫瑰》与《屈原》之间，并非主题的对立，也非人物的对立，而是对剧中主题在评价姿态上的对立，进而把这一对立直接附着到剧中人物身上去，最终导致评价姿态的全面对立。然而，如果能够从艺术评价的立场出发，对《野玫瑰》与《屈原》进行话剧的文本还原，那么，就可以看到：《野玫瑰》中的"野玫瑰"就是置身于浪漫化的现实，并且战斗在秘密战线上的民族斗士，要表达出作者这样的思想——"凡是对民族光荣生存有利的，就应当保存，有损害的，就应当消灭"；[1] 而《屈原》中的"屈原"就是献身于现实化的历史，并且为人民解放而呐喊的战士诗人，要表达出作者这样的意愿——"中国由楚人来统一，由屈原思想来统一，我相信自由空气一定要浓厚，学术的风味也一定更浓厚"。[2]

显然，此时围绕着《野玫瑰》与《屈原》所出现的对立性的评价与纷争，主要与评论者的评价姿态是基于政治评价立场之上紧密相关，而与艺术评价立场无关，没有能够较为公正地展开客观性的评价，这无疑是不利于陪都重庆的话剧创作的。所幸的是，《野玫瑰》与《屈原》的作者们，似乎没有受到这场对立性评价的多大影响，继续进行着个人的话剧创作，而其他在陪都重庆的话剧作者，似乎也同样如此。这就充分说明，如何坚持以艺术评价的姿态来进行话剧创作及评论，对于陪都重庆话剧的正常发展来说，将成为关键。

不过，《野玫瑰》与《屈原》对于陪都重庆的话剧创作来说，其意义还远非如此，在《野玫瑰》与《屈原》之间，如果存在着更为重要的启示的话，那就是现实剧的《野玫瑰》与历史剧的《屈原》之间，对自由

---

① 陈铨：《民族文学运动》，《大公报》1942 年 5 月 13 日。

② 郭沫若：《论古代文学》，《学习生活》1942 年第 3 卷第 4 期。

战士进行了古今之间的形象贯通，由此显现出抗战时期现实剧与历史剧之间的两极互动。在这里，所谓现实剧，主要是其内容与战时生活直接相关，而所谓历史剧，则主要是其内容与战时生活间接相关；彼此在这直接与间接之间进行着与战时生活有关的话剧创作，从而推进了现实剧与历史剧之间的两极互动，引导着中国话剧的战时发展。

曹禺在现实剧《蜕变》中指出全民抗战的过程，同时也是整个中华民族进行蜕旧变新的过程，或许是《蜕变》中所塑造的男主人公这一"变新"的形象，遭遇到是否具有艺术真实性的种种质疑，故而曹禺转向关注民族复兴中如何进行"蜕旧"，于是就有了《北京人》。在《北京人》中，变新仅仅作为蜕旧的时代大背景，并且得到了象征性的展示，由此使《北京人》与《雷雨》之间保持着某种精神上的联系，只不过，当初《雷雨》所表现出来的所谓天地间的"残忍"，如今已经在《北京人》中被置换为蜕旧途中的"坚韧"，分别体现在两剧之中女主人公们的命运上：《雷雨》的女主人公非死即疯，而《北京人》的女主人公则冲出家门。

之所以出现这样的女性命运大逆转，并非仅仅是由于战时生活的影响，更有其内在的个人情感原因：《北京人》中的素芳，是以曹禺此时的恋人方瑞为原型的，并且通过方瑞为《北京人》一剧抄稿来实现彼此心曲的交流与共鸣，近在咫尺的恋人们却难以促膝谈情，因而也就赋予《北京人》以创作的个人激情。此时，在《北京人》单行本扉页上引用"海内存知己，天涯若比邻"的名句，其用心倒也良苦，因为只要稍作颠倒，即可表白作者内心的苦恋之情——海内存知己，比邻若天涯！唯其如此，才可以看到在民族复兴与个人情变之间在蜕旧上的一致性。

或许是因为个人激情已经在《北京人》的创作过程中得到充分燃烧，此后曹禺创作的话剧不多，即使是在改编巴金小说《家》的时候，也主要是关注觉新与瑞珏、梅芬之间的情感悲剧。这自然是与作者内心的苍凉凄楚相关的，因而也就不足为怪，至于任何后来的人为拔高与偏爱，都是不足取的。①

---

　① 胡叔和：《曹禺评传》，中国戏剧出版社1994年版，第168—169、211页。

不过，抗战前期在曹禺指导下写出了《凤凰城》的吴祖光，从《凤凰城》中对抗日英雄英勇杀敌的纪实，转向了对抗战后期沦陷区生活的写真，于是就有了《少年游》。

吴祖光在《少年游》之中以 1943 年盛夏时的北平为背景，描写了四个大学毕业离校的女青年，面临人生道路的选择。从学校宿舍搬到市内公寓，她们在日寇的淫威之下，艰难地生活着，面临着反抗还是屈从的选择，除了个别人以出嫁的方式企图逃避选择之外，其他人最后决定离开北平去参加抗日，显示出抗战到底的无比信心："到我们解放了的国土去，什么困难拦得住我们？"① 这就表明，年轻的一代只有在战时生活中逐渐觉悟，并且在觉悟中进行人生道路的选择，只有经受住人生道路上的艰苦磨炼，才有可能培养出反抗的意识与斗争的意志，从而走上全民抗战之路。这样的"少年游"，不仅为沦陷区的年轻一代，而且也为抗战区的年轻一代，提供了战时生活中的个人楷模。

如果说《少年游》中年轻一代知识分子，需要在战时生活中通过人生道路的选择来逐渐走上觉醒之路，那么，被视为社会良心的老一代知识分子，则需要在战时生活中砥砺个人的节气与操守，来进行文化人格的重塑。

《桃李春风》是由老舍和赵清阁为纪念教师节而共同创作的。② 剧中通过教师辛永年在抗战爆发前后办学的经历，来表彰那种"热心教育辛苦备尝，志未稍馁"的人格精神。这样的人格精神，在抗战爆发之前，主要是以甘守清贫而认真办学，来表现人格追求中个人的执着，而在抗战爆发之后，则是在坚持长期抗战之中历尽办学的艰辛，来显现无怨无悔的人格魅力，由此而展现出抗日战争对于个人操守的人格磨炼。因此，《桃李春风》在上演之后，立即得到来自社会的好评，并且由于切合提倡教育的宗旨，得到了中央文化运动委员会文艺奖助金委员会授予的剧本创作奖与舞台演出奖各 4000 元，同时中央图书杂志审查委员会也予以奖励。③

---

① 吴祖光：《少年游》，开明书店 1945 年版；《凤凰城》，生活书店 1939 年版。
② 老舍、赵清阁：《桃李春风》，《文艺先锋》1943 年第 3 卷第 4 期。
③ 石曼：《重庆抗战剧坛纪事》，《重庆文化史料》1991 年第 2 期。

　　较之《桃李春风》一剧主要立足于教育界之内来颂扬教师的人格精神，陈白尘在《岁寒图》中，选择了"岁寒三友"之中宁折不弯的竹子这一传统文化人格意象，来为该剧主人公命名为黎竹荪。与此同时，还对"岁寒"这一传统语境进行当下的置换，展现为战时生活中的现实场景："大学教授也好，小学教员也好，公务员也好，文化工作者也好，甚至若干民族资本家，以至于规规矩矩的商人也全都改行了！改行的，去投机发财了；不改行的，大半也利用着自己固有的地位在投机发财！——投机发财的心理像一股狂涛巨浪，浸蚀着这整个社会！"在这样的社会性"岁寒"浪潮之中，难免令人心寒。

　　问题在于，如何进行面对现实，不再仅仅是一个是否参与投机发财的个人选择，而是在社会畸变心态的滚滚寒流之中，如何才能保持傲霜凌雪的个人气节。黎竹荪坚持住了一个学者的气节："我们学医的人如果不把自己的医术当作科学去研究，而当作商品去贩卖的话，那便不是一个学者，只是一个市侩！"所以，他面对市侩心态的泛滥，如同自己对付结核病菌的肆虐一样，竭尽自己的全力，甚至不惜任何代价坚持进行"打仗"。正是在这一"打仗"的持久过程中，可以看到对于文化人格进行重塑的重要性——"您不投机，不改行，坚守着岗位，您的存在便是一种力量！一种正义的力量！"[①] 可以说，《岁寒图》所展现出的老一代知识分子心灵蜕变之中的人格追求，正是对民族文化复兴不可缺少的人格底蕴进行了史诗般的重建。

　　不过，陪都重庆的历史剧，尽管可以说与战时生活有关，但是，历史剧与抗战现实的联系上，或者是使战时生活与古代历史事件之间形成某种程度上的文本对应，于是就有了故事新编式的历史剧；或者是使战时生活通过借古讽今的方式来进行历史的现实化，于是就有了失事求似式的历史剧。由此更进一步，就是将战时生活融入历史过程之中而成为现代史实中的一部分，于是就有了生活长卷式的贯通现实与历史的话剧史诗，从而使陪都重庆的话剧创作开始进入从抗战前期到抗战后期的史诗性转向。

---

　　① 　陈白尘：《岁寒图》，群益出版社 1944 年版。

在陪都重庆的历史剧创作中，除了从戏曲与小说之中获取历史剧创作的有关题材之外，更多的历史剧则从历史记载中寻求历史剧创作的相应题材，尤其是选择与战时生活具有某种内在联系的历史史料。于是，出现了大量的有关"太平天国"的历史剧，因为在内忧外患这一历史背景上存在着相通之处，所以，根据"太平天国"流传下来的有关史料，从中选取与战时生活相对应的素材来进行历史剧的创作。这一类历史剧在整个抗战时期的历史剧创作中是颇为突出的，特别是陪都重庆的这类历史剧创作无疑具有一定的代表性。

在抗战前期，阳翰笙在《天国春秋》中以太平天国的东王杨秀清与北王韦昌辉之间互相残杀的史实为依据，通过话剧的创作来揭示其原因就在于洪秀全企图独自掌握大权：不仅让北王杀了东王，而且还杀了北王来安抚翼王石达开，与此同时，又准备杀害翼王——洪秀全的国舅赖汉英对洪秀全的妹妹洪宣娇说——"告诉你，宣娇！现在陛下一面派人去迎接达开，一面却又叫我把城里的兵将布置好等他啦！"所以，洪宣娇在全剧结束时，在无比悲愤中大声疾呼："大敌当前，我们不该自相残杀！"其寓意也就不仅仅止于进行所谓的"借古讽今，体现了'同室操戈，相煎何急'的主题思想"，[1] 而更是彻底地揭露出一切专制者都不惜以屠杀来维护其独裁的历史真相。[2]

这样，到了抗战后期，陈白尘写作《大渡河》的目的也就在于，"不逃避现实以献媚观众，也不歪曲历史以迁就现实"，因为"我更没想在这历史剧风靡一时的当口来赶热闹，那样一个趋时的艺术家将会堕落成为匠人的"。[3] 所以，在《大渡河》中，石达开有这样的一番言语，也就不足为怪："天王昏庸懦弱，既不能弥祸患于未发，又不能平内乱于事后"，"如今更远君子，亲小人，大封洪氏兄弟，遂令谗臣当道，忠言逆耳"；"再回想当年金田起义，原是要驱逐鞑虏，恢复汉室，但大事未成中途内讧"，"四川底定，再取云贵，造成鼎足三分之势，则进可以攻，退可以

---

①　葛一虹主编：《中国话剧通史》，文化艺术出版社1997年版，第219页。

②　阳翰笙：《天国春秋》，《抗战文艺》1942年第7卷第6期。

③　陈白尘：《历史与现实——〈大渡河〉代序》，《习剧随笔》，当今出版社1944年版。

守，岂不也是为天国创立基业，为太平军保全兵力么？"这样的人物内心表白，应该说是较为合乎历史的本来面目的，由此也可以反证《天国春秋》的艺术真实性。

因此，在《大渡河》中，不仅可以看到它与《天国春秋》之间的前后呼应，而且更进一步，已经能够展现出从金田起义到大渡河兵败的"太平天国"兴衰全过程，由此表明抗战时期有关"太平天国"的历史剧，基本上是再现历史的悲剧。当然，故事的新编是以故事为基础的，故事的悲剧性决定了历史剧的悲剧性。除此之外，对于历史的现实化，也可以赋予失事求似的历史剧以悲剧性，只不过，话剧中的历史悲剧往往会成为战时生活中所发生的现实悲剧的个人翻版，由此而促使借古的个人创作动机转化成为讽今的个人创作目的。在这一类历史剧中，最具有代表性的就是被郭沫若自称为"献给现实的蟠桃"的《屈原》。

从 1942 年 1 月 24 日到 2 月 7 日，《屈原》全剧在《中央日报》的副刊《中央副刊》上分 10 次连载完毕，到 4 月 3 日开始公演。从剧本完成之后，就有人认为《屈原》是"一篇'新正气歌'"；① 到公演以后，又有人指出"诗人独自有千秋，嫉恶平生恍若仇"。② 然而，在《屈原》一剧中，用以表达"把这包含着一切罪恶的黑暗燃毁"主题的《雷电颂》，却并非屈原所作。这就表明《屈原》一剧中的失事求似限度，已经达到了艺术虚构的极致，换句话说，也就是为了讽今，借古已经变成了撰古——杜撰历史。

之所以这样做，或许是因为"在反动政府的严格检查制度之下，当代的事迹不能自由表达或批判，故作家采用了迂回的路，用历史题材来兼带着表达并批判当代的任务"。③ 所以，在由《屈原》一剧所引发的评价热潮之中，出现了非此即彼的评论冲突，更多的是与《屈原》"批判当代"的政治性质有关，而与"历史题材"的艺术审美无关。

即使是就郭沫若在陪都重庆写成的六部历史剧来看，《屈原》无疑

---

① 孙伏园：《读〈屈原〉剧本》，《中央日报·中央副刊》1942 年 2 月 8 日。
② 董必武：《观屈原剧赋两绝句》，《新华日报》1942 年 4 月 13 日。
③ 郭沫若：《关于历史剧》，《风下》周刊 1948 年 5 月 22 日。

是在失事求似的创作道路上走得最远的历史剧之一。虽然写于《屈原》之前的《棠棣之花》，已经开启了郭沫若进行失事求似的历史剧的个人写作道路，但是，《棠棣之花》之中爱国爱民的英雄，毕竟还保留着快意恩仇的侠义之士风范，人物形象的古今两面性反差在主题表现上的相距并不遥远。

更应该看到的就是，在《屈原》之后写成的《虎符》《筑》《孔雀胆》《南冠草》，除了接着写的《虎符》《筑》与《屈原》一样，有着郭沫若本人所说的"暗射的用意"之外，从《孔雀胆》到《南冠草》的历史剧创作，已经从失事求似转向故事新编，因而这对于那些已经习惯于对郭沫若的历史剧进行政治解读的评论者来说，也就出现了所谓"主题不明确"的说法。[1] 其实，只要能够看到无论是《孔雀胆》，还是《南冠草》，它们与"战国四剧"的《棠棣之花》《屈原》《虎符》《筑》之间，所存在着的历史剧类型差异，也就不难根据它们各自与历史的关系来进行历史剧的主题解读，更不用说进行历史剧的艺术评论了。

如果说，历史剧出现故事新编与失事求似这样的类型差异，主要是抗战时期的政治环境所造成的产物，那么，历史剧从失事求似向着故事新编的个人回归，无非是要表明历史剧必须在与古代历史事件相关的文本基础上，来进行话剧创作的艺术创造。不过，这并不意味着历史剧的写作只能局限在历史文本之中进行，从抗战前期到进入抗战后期，对于话剧史诗性的个人追求也随之就出现了。这就是要以中国现代历史一直不断延伸到当下的全过程为创作选择的对象，进行话剧史诗这样的个人创作。

袁俊的《万世师表》一剧以大学教授林桐从 1918 年刚刚到大学任教开始，到 1942 年大学生们为 50 岁的林桐祝寿，献上大书"万世师表"的旗帜而结束，通过在大学任教 25 年的一个普通教师的人生经历，来展现25 年来的中国社会巨变的历程。

从全剧的结构来看，选取了最具有历史意义的个人生活片段，在中国从和平到战争的风云变幻之中，来进行史诗性的叙事：在第一幕中，林桐

---

[1]　秦川：《郭沫若评传》，重庆出版社 1993 年版，第 268—273 页。

刚刚进入大学教书，就遭遇到新派教师的热情欢迎与旧派教师的当面侮辱，由此而显现出新文化运动对大学乃至全社会的巨大冲击；在第二幕中，以林桐参加五四爱国群众运动被捕的事件，来显示从大学教师到社会民众在走向觉悟之中的复杂心态；在第三幕中，林桐与学生一道徒步到大后方坚持办学，努力为国家培养抗战人才，展现了爱国不惜一切代价的崇高精神；在第四幕中，林桐在艰难困苦的战时生活条件下，仍然坚守岗位而得到学生的崇敬与爱戴，表现出献身教育事业的伟大人格。这样，学生们发自内心地高呼"林桐先生万岁！"[①]实际上也就成为对勇于牺牲而坚韧不拔的现代人格精神的高度颂扬，正是这样的现代人格精神，才足以堪称"万世师表"之人格风范。

在陪都重庆话剧创作中出现的《万世师表》等话剧史诗，正是从一个人的职业生涯来展现社会的历史进程，即通过选取具有历史意义的个人生活片段，来显现其所献身的事业，是如何与整个中国社会的现实变迁保持着高度的一致。抗战后期，话剧史诗在陪都重庆的涌现，显然表明在陪都重庆的话剧创作之中，在纪实的正面性宣传动员与真实的史诗性艺术创造这两极互动的前提之下，已经开始趋向政治需要与话剧创作、现实剧与历史剧这两个层面上的两极互动之间的艺术融合，从而为陪都重庆的话剧创作预示出将有可能达到的史诗性高度。

六　散文书写的个人姿态

陪都散文书写，应该说与抗战之初报告文学热的出现是有着直接关联的，这不仅是因为陪都重庆的众多报刊与出版社为报告文学的社会接受提供了不可或缺的发表阵地，保障了报告文学在八年抗战中社会影响的经久不衰；而且更是因为陪都重庆的众多作家积极投入报告文学的书写之中，促成了报告文学在抗战到底中文学地位的不断上升，最终促使报告文学真正跨越了通讯报道的新闻门槛，而得以进入文学的世界，成为散文之中的新兴体裁，在与其他散文体裁的互动之中推进散文的战时发展的同时，对

---

① 袁俊：《万世师表》，文化生活出版社 1944 年版。

于散文之外的其他文学样式的发展也发生着不容忽视的直接影响，从而显现出抗战时期中国报告文学的书写特点。

不可否认的是，报告文学这一边缘性的新兴散文体裁，一方面在战时条件下，通过报告文学书写的文学化，完成了从新闻本位到文学本位的书写转型，成为基于文学性文本之上的散文体裁；另一方面在报告文学热兴起之中，促成了散文书写乃至文学书写的战时化，导致了文本书写中偏向纪实性的宣传需要而忽略了真实性的艺术追求。这就需要在不断提升报告文学的审美品质的同时，对宣传需要与艺术追求进行战时书写中的不断平衡；这同时也就要求在从散文到其他文学样式的战时书写之中展开个人文学姿态的不断调整。只有这样，方能使陪都散文在个人姿态的走向协调的过程中真正得到长足的发展。

应该看到的是，报告文学书写文学化的战时发生，是与作者和读者共有的激情抒发的个人需求紧密地联系在一起的——正是在"天下兴亡，匹夫有责"这一具有时代特征的民族激情性的驱动之下，使得平实稳重的新闻通讯报道转向热情洋溢的报告文学书写，因而报告文学成长为散文体裁之一的文学创作，在扩大其传播影响的同时，能够及时而形象地展现出战时生活的多种变化来。与此同时，还应该看到的是，抗战以来出现的报告文学热，促成包括散文在内的文学书写转向战时化，更是与作者和读者共同的亲身经历的个人生活密切地联系在一起的——正是在"全民动员，抗战到底"这一具有现实特征的生活亲历性的触动下，促使散文与其他文学样式的不同书写呈现出与战时生活的密不可分，在一定程度上消解了文学与生活之间的个人审美距离的同时，能够从不同角度与侧面呈现出战时生活的多重风貌。

正是因为如此，从抗战前期到抗战后期，无论是报告文学基于激情性的文学化，还是其他散文书写基于亲历性的战时化，都同样保持着与陪都重庆文学发展的一致性。具体而言，也就是抗战前期侧重于文学纪实的现实需要以求保持宣传与艺术之间的个人书写平衡，而抗战后期立足于文学美文的战时重构以求保持艺术与宣传之间的个人书写平衡。陪都重庆散文正是在从抗战前期到抗战后期的个人书写平衡的转换过程之中，出现了前所未有的全面发展势头，进而成为抗战时期中国散文，乃至整个文学发展的风向标。

在抗战之初，以长篇通讯形式出现的报告文学，主要是对战时生活的热点及焦点进行及时描写，因而抗日战场上战况的进展成为报告文学的主要描写对象，特别是抗战前期，通过主要战役的描写来尽可能展现抗日战争逐步扩大的实际进程，与此同时，后方对前方进行积极的支持也成为抗日战争全景中不可分离的一部分；进入抗战后期，国内战场与国际战场紧密地连接在一起，在反法西斯主义的正义之战中，迎来国家独立与民族解放的最后胜利。

这就难怪抗战全面爆发之初，报告文学的主要作者仍然是新闻记者。《卢沟桥畔》对战斗场面与战斗过程进行了概括性的报告，之所以这样，也就在于对整个战况的了解主要是通过采访完成的。不过，对我军在抗击日军进攻之前准备的不足，倒是进行了较为全面的报告，并进行了对比："此次冲突，日方兴师动众，范围甚广，其后方为丰台、为天津、为沈阳、为高丽、为其本国，而迄今日止，我们之后方为宛平县之第六区，且此区区之一区亦非有组织有计划者。"① 尽管这一报告，主要是新闻性而并非文学性的，但是仍然在一定程度上揭示了战争准备不足的情况，中国军队的忠勇精神与中国民众的牺牲精神，全力支持着卢沟桥畔抗战的继续进行，进而为全民抗战提供了精神导向。由此可见，报告文学在对战况进行纪实性描写的同时，也在发挥新闻评论的引导作用。

随着抗战烽火由中国北方燃烧到中国南方，继七七事变在北方的卢沟桥爆发以后，八一三事变在南方的上海爆发，中国军民英勇抗击日军进犯的全过程，随之出现了"上海一日"的书写浪潮，标志着报告文学的书写在全民参与之中将趋向文学化的发展道路。在所有相关的报告文学书写之中，由于众多作者描写的对象不同，因而是在具体书写中注重视角的转换，尤其注重战火中人的精神面貌的深入展示，从而也就初步显现出文学书写的基本特点来。

---

① 《卢沟桥畔》，《长江战地通讯专集》，开明书店1938年版。

所以，在《台儿庄血战》之中，就开始了对整个战役进行纪实性描写，并且不再插入主观性的评论，通过血战到底迎来胜利的全过程展示，来形象地了证明"以运动战为主，而以阵地战和游击战为辅的战术原则"的有效性——"我们第二期作战新战术思想新实验的大成功"。① 这就表明即使是新闻记者，在进行报告文学的个人书写之中，也开始脱离新闻本位而转向文学本位，从一个侧面上显现出报告文学书写的文学化趋向的开始出现。

这一切，在个人书写的报告文学系列作品《闸北打了起来》《从攻击到防御》《斜交遭遇战》中，得到了较为完整的展现——在《闸北打起来》中，通过一个中国排长的亲自叙述，以"我"的视角来进行有关上海军民积极备战，直到最后与日军在"闸北打了起来"的纪实性描写，给人一种亲临战场的真实感。② 而在《从攻击到防御》中，以第三人称来讲述"闸北之战"的全面展开到最后撤出，充分体现了在敌强我弱的状态下，"战略上采取的是消耗战，战术上采取的是决战防御"的抗战原则，再加上"我们的空军，常给敌人夜袭"的陆空一体化作战，③ 从而也就显现出中国抗日战争所具有的现代战争性质。在《斜交遭遇战》中出现了一位讲故事的军人，以具体的战例来解说什么是"斜交遭遇战"——在敌我双方在运动状态中，进行不期而遇的遭遇战，其关键是如何把握战机，④ 从而表明，"两军相逢勇者胜"的中国智慧正是"斜交遭遇战"的制胜根本。

从此以后，立足于文学本位的报告文学与立足于新闻本位的长篇通讯开始分道扬镳，即使是新闻记者也非常注重报告文学书写的文学性，中国的抗日战争从此进入了全面而立体的现代战争阶段。无论是在北方，还是在南方，无论是内地，还是在沿海，无论在陆地，还是在天空，任何地方只要有日寇出现，都是侵略者必须付出死亡代价的抗日战场。

---

① 《台儿庄血战》，《长江战地通讯专集》，开明书店 1938 年版。
② S. M. :《闸北打了起来》，《七月》1938 年第 3 集第 3—4 期连载。
③ S. M. :《从攻击到防御》，《七月》1939 年第 4 集第 2—3 期连载。
④ S. M. :《斜交遭遇战》，《七月》1940 年第 5 集第 2 期。

　　《中国炸弹爆发在台北》无疑表明了中国人民抗战到底的坚强决心——"我们英勇粗大反攻的拳头，马上就伸过台湾海峡，在台北敌人的空军根据地上重重的一擂！"在猛烈的轰炸声中，敌人机场被炸毁了，通信被终断了，硝烟弥漫之中，"载在铁翼之上的天兵，又重临我失陷的故土，高高在上的'天日之徽'，给弱小民族以远大的希望，威猛灭亡的铁血火花，警告敌人以末日的来临"。[①] 在显现出英勇杀敌的无比壮观的同时，展现出豪迈无敌的战士情怀，打动着每一个中国人的心。

　　这是因为，只要是一个中国人，哪怕是生活在沦陷区，也同样怀着一颗报国之心，时时刻刻坚守住中国人的尊严，时时刻刻牢记着侵略者的罪行。正是因为如此，所以在《从东北来》中，可以看到的就是在"我们的土地失去了，但是我们人心不死"这样的誓言激励下，我们既顽强地反抗日寇的奴化教育，我们又顽强地战斗在冰天雪地，为了我们的土地，为了我们的生存，"我们都能够为了理想而努力！"[②] 在这里，那些曾经在沦陷区生活过的人们，无论是记者、作家，还是普通人，在同仇敌忾之中都开始了对于报告文学的书写，向所有的同胞揭露侵略者的卑鄙与残忍，以激发抗战到底的无比勇气与坚强意志。

　　所以，《血债》中以第一人称叙述了主人公的我，在"残暴敌人飞机屠刀之下"捡来一条命之后，亲眼目睹自己家人与乡亲一步一步掉进东洋鬼子的虎口，更看到了自己同学不甘凌辱不惜与东洋鬼子同归于尽，也听说了一时软弱做了汉奸的人们如何抗命东洋鬼子的故事……一笔又一笔的血债，使我奋起抗争，直到三天以后"才遇着我们中国的队伍"。这就无比沉痛而生动地显露了一个普普通通的中国人是怎样走上抗日之路的。

　　不仅中国人难以逃脱日寇的屠刀，就是外国神父也照样避免不了日寇魔手，从而成为一个"伟大的死者"——"日本帝国主义者的魔手伸向一切阻挠他对中国侵略的人"，而这位外国神父仅仅是因为同情并祝福中国抗战，保护逃到教堂来的中国难民，就被残忍地杀害了，而无耻的日寇

---

①　丁布夫、黄震遏：《中国炸弹爆发在台北》，《光荣的纪事》，中国的空军出版社1939年版。

②　孙陵：《从东北来》，前线出版社1940年版。

却给出示了一张伪造"神父自杀证",来表白凶手们的无辜。[①] 这就表明,即使是披上了羊皮的狼终究还是狼,非正义的侵略战争必将遭到世界各国人民的一致反对,而中国人民的抗日战争是正义之战,必将得到世界各国人民的全力支持。

在中国的抗日战争中,前方的胜利与后方的大力支援是分不开的。特别是为了打破日军的封锁,争取国际援助,打通国际交通线在云南与缅甸的接壤处展开。后方人民为此作出了巨大的牺牲。在 1939 年 3 月发表的《血肉筑成的滇缅路》之中,提供了这样一组令人触目惊心的数字:"九百七十三公里的汽车路,三百七十座桥梁,一百四十万立方尺的石砌工程,近两千万立方尺的土方,不曾沾过一架机器的光,不曾动用巨款,只凭二千五百万民工的抢筑:铺土,铺石,也铺血肉。"[②] 滇缅公路就是在短短的时间内由"千千万万筑路罗汉"用血肉筑成的,是现代的万里长城。在这"血肉筑成的滇缅路"上,难度最大的是桥梁的架设。仅从《一〇六号桥——滇缅公路是怎样筑成的》一文中,就可以看到正是民工们以生命的牺牲为代价才"筑成"了这"一〇六号桥"。这样,"用我们的血肉筑成新的长城",在滇缅公路上成为如此惊人又如此惨烈的现实。[③]

当然,更多的生命将牺牲在前方的战场上,后方人民踊跃参军杀敌,构成一道又一道血肉筑成的"新的长城"。在《伟大的离别》中,呈现出欢送"壮丁入伍"盛大集会的一派热闹景象,前来送行的亲友和其他民众一样,"都觉得从军是当然的事了",所以他们的脸上"连半点离别惘然之色没有",而壮丁们更是表示:"我们这回打火线去,一定要多杀几个日本鬼子,这才对得住大家,才不负大家的期望。"[④] 这就表明,抗日必定是全民抗战,每一个中国人都心怀杀敌之心,壮丁入伍是自愿而非强拉,因而才会出现"伟大的离别"这样的动人场面,于是乎,只有在如此高涨

①　魏伯:《伟大的死者——敌人暴行之一》,《抗战文艺》1938 年第 3 卷第 2 期。
②　萧乾:《血肉筑成的滇缅路》,《萧乾散文特写选》,人民文学出版社 1980 年版。
③　木枫:《一〇六号桥——滇缅公路是怎样筑成的》,《七月》1940 年第 5 集第 2 期。
④　蹇先艾:《伟大的离别》,《离散集》,今日文艺社 1941 年版。

的抗战觉悟与热情之中，才能迎来胜利的日子。

日本侵略者面对着如此坚强与顽强的中国军民，面临着如此勇敢与无畏的中国军民，不得不采取轰炸中国抗战中枢城市——陪都重庆的卑劣手段，企图瓦解中国军民的意志，企图打击中国军民的斗志。1939 年 5 月初，日寇对陪都重庆进行了一系列空前惨烈的大轰炸。在日机的狂轰滥炸之中，面对这呼啸而来的漫天弹雨，在熊熊燃烧的遍地火焰中，在隆隆不绝的满城爆炸声中，越发显现出中国人抗战到底的信心与决心。众多作家纷纷投入了报告文学的写作。写出了自己的怒火，写出了自己的坚信，写出了自己的悲痛、写出了自己的控诉……

首先是在轰炸的硝烟尚未散去的 5 月底出刊的《抗战文艺》上，就发表了大量的作品，集中爆发出作家们，尤其是女作家们那决不屈服、永不妥协、奋起抗争、坚持战斗的抗战意志。

白朗在《在轰炸中》这样写道："经过了第一天敌机狂炸之后，新都绮丽的面容已失去了整个的壮观，这里那里的显现出许多的疮疤与血迹"，"江上栉密的木板房，已在敌机的摧毁下粉碎了，余烬在挣扎着，被难同胞的尸骸到处露着，我不敢看，也不忍看；然而我终于看到了"。所有的人，无不"悲愤填了胸腔，胸腔快爆炸了"。① 在面对血腥与残忍而悲愤难消的同时，更有着沉默与喧闹之中的怒火在燃烧——安娥在《炸后》里展现了这样的劫后景象——"男人们挑着乱七八糟的东蝶，默默的喘着气从火里疾走出来，经过人们的脸前时，一股火热气烫人！女人们扶老携幼背着火向外逃！失散人家或是死了家人的哭哭啼啼，欲行又止！"面对如此景象，没有哪一个人能够不发出这样的诅咒："如果有人说：用铁和火杀人不野蛮的话，那我简直就否认这个世界！"②

如果说白朗与安娥以大轰炸亲历者的第一人称写，在即事而发之中出了女作家特有的细腻与激情，那么，萧红在稍后写成的《放火者》之中，更是写出了女性作家细腻中的洞悉入微与激情中的冷静沉着。

---

① 白朗：《在轰炸中》，《抗战文艺》1939 年第 4 卷第 3—4 期合刊。
② 安娥：《炸后》，《抗战文艺》1939 年第 4 卷第 3—4 期合刊。

虽然是仍然保持了第一人称的个人书写，然而，不仅"我就看到了这大瓦砾场的近边，那高坡上仍旧站着被烤干了的小树，有谁能够认得出那是什么树，完全脱掉了叶子，并且变了颜色，好像是用赭色的石雕成的"；而且我也看到"大批的飞机在头上过了，那里三架三架地集着小堆，这些小堆在空中横排着，飞得不算顶高，一共四十几架。高射炮一串一串地发着，红色和黄色的火球像一条长绳似的扯在公园的上空"。面对着"放火者"的如此血腥与残暴，则是以自问自答的方式来作出即刻回应——"死了多少人？我不愿说出他的数目来，但我必须说出他的数目来"，因为"重庆在这一天，有多少人从此不会听见解除警报的声音了……"① 这显然是将国仇家恨在个人的高度克制之中进行寓热于冷的压缩，锻炼成对"放火者"的"控诉"！

较之女作家们的"我控诉"，男作家们则在大声呐喊之中号召"以亲爱团结答复敌人的狂炸"。

这首先是因为，"整千的良善人民死亡在敌人的炸弹机枪轰击下了，难以统计的财产毁灭在敌人所投放的罪恶火焰中了"。所以，"我满心海样深的仇恨，我满心海涛样的汹涌的感情"，在表达出男作家粗犷与真挚的同时，更显现出深沉的愤怒——"逼之以死地，仍以死相威胁，这是枉然的！因为新'五四'的血海深仇，连和平的月亮也愤恨红了脸庞。"于是，"三天以后，重庆市的所有罪恶火焰完全消灭了，秩序恢复，而且比以前更刚强地屹立在扬子嘉陵两江中间，它已成为可以击碎敌机再度滥炸的抗战大堡垒！"②

这其次是因为，"给血染过了的五月三日，天空像扫过了似的。这一天的惨剧，加深了一层中日民族的仇恨！"所以，"每个人的眼前，放着一串悲痛的事，父亲想着儿子，母亲想着女儿，儿女想着父母，哥哥想着弟弟，妹妹也想着姊姊。他们死得太惨了！他们怎样死的？我相信三岁的孩

---

① 萧红：《放火者》，《文摘·战时旬刊》1939 年第 51、52、53 期合刊。
② 梅林：《以亲爱团结答复敌人的狂炸——新"五四"血债三日记》，《抗战文艺》1939 年第 4 卷第 3—4 期合刊。

子，忘记不了鲜红的血，毁灭的火！"① 仇恨在不断的加深，而怒火也在不断地燃烧。"连续的轰炸又开始了，今天是第十五次"……"这是第十八次的市区轰炸"……"也许觉得我写得太多了吧，但是不，我只写了一点点，只是在全部血债中的细微的一滴。"所有这一切，将都是为了证实："敌人想用炸弹来毁灭这个都市，但是它，却永远地屹立在这里！无论你十八次十九次乃至一百次都是一样的。"②

由此可见，男作家们在展现出更为广阔一些的个人眼界的同时，男作家们的情感宣泄也就会表现得更加理智一些，可是，他们与她们一样，依然是以亲历者的"我"的视角，刻意展示出中国军民在重庆大轰炸之中的种种动人情景，尤其是日益高涨着从顽强与团结到坚韧与不屈这样的民族精神。

然而，千万不要忘记的是，"在南阳，美洲、欧洲甚至非洲，'唐人'永远怀念祖国，除了出钱为祖国买飞机击敌之外，还不断地送子弟回国，保卫领空抗战"。涌现了众多血洒长空的英雄，"从八一三开战时起即在祖国天空作战"，尤其是"南京、武汉、一直到重庆，扬子江畔有空战发生"，都时时闪现着这些空中牛仔浴血奋战的身影，在奋不顾身之中为保卫祖国人民献出了年轻的生命。尤其是在重庆大轰炸之中，他们展开了绝地反击，"牛仔永不归来了，扬子江承受了嘉陵江呜咽的流水，南山青松上浮腾白云，可是我们空军中最好的一位分队长永不归来了"③。请记住，记住所有这些为祖国捐躯"永不归来"的华侨飞行员，他们的英灵将长存在祖国人民的心里。

支持中国人民抗战到底的，不仅来自海外的"唐人"，也来自世界各国的友人。在 1941 年 12 月 8 日那一天，随着日军偷袭珍珠港，太平洋战争的爆发促成了世界反法西斯同盟国的出现，中国成为反法西斯战争的远东战区，中国的抗日战争也随之进入抗战后期。这一巨大的历史转机，集中体现在消灭法西斯的战场上。于是，从国内战场到国际战

---

① 秋江：《血染的两天》，《七月》1939 年第 3 集第 4 期。
② 罗苏：《轰炸书简》，《自由中国》1940 年新 1 卷第 1 期。
③ 林有：《保卫祖国领空的华侨飞航员》，《大公报》1940 年 4 月 17—27 日连载。

场，相继发动了一系列战役，展现出前所未有的战争场面。从此以后，对于报告文学的个人书写来说，也就意味着拥有了更为广阔的视野与更为多样的视角。

在《战长沙》中，通过中国武官陪伴同盟国的武官和记者到长沙进行战场考察，来自美国的武官称赞长沙大捷"是同盟军成立后在太平洋方面的第一次大胜利，这一点，我们都是知道的，这是一次非常大的胜利"。对此，长沙的司令长官作出了这样的呼应："我们中国兵是能打胜仗的，我们不单在国内，我们还能在国外作战。假如我们再经过严格的训练，尤其是有精良的武器，我们到国外去一定帮助你们打胜仗"。在正义之战中，不仅需要相互支持，更需要的是相互理解，"中国打了四年半的仗，现在才被别人知道了，现在我们中国人可以挺起胸脯来说话了"，进而喊出了中国军人的钢铁誓言："我们要打下去——打下去，困难地打下去，给全世界看！"①

中国军人的誓言很快就变成了行动。随着印缅战场的开辟，中国军队跨越国境，发动一次又一次的对日作战。报告文学的书写也更加趋向文学化，由彼此间的战地对话扩展到对战场氛围，尤其个人心理的深入描写。渲染出印缅战场上的"雨的世界"——"天空中每天总是铺着雨云，只要林中风一响，云林的相接处便涌起漫天的烟雾，眼看着它们一步步的逼上来，雨的脚步声愈走愈近"，随后"地上集起齐腰的泥水，遇有洼地更深，我们的士兵和马匹常常陷死在泥里"。这"雨的世界"更加险恶，"但是我们火线上的战士便以这副肉身子在泥水着中匍匐冲杀"，夺得了一个又一个胜利。②

在与美军协同作战之中，随着几声枪响，"好像谁在我们后面放爆竹，我已经被推倒在地上了"；"我爬到一撮芦苇下面，裤子上的血突涌出来"；"一点也不痛，但是觉得伤口有一道灼热"。随后"美籍军医替我上药，眼睛笑眯眯的"，而"缅甸小姐替我注射预防针，也是笑眯眯的"。

---

① 徐盈：《战长沙》，《文艺阵地》1942 年第 6 卷第 6 期。
② 吕德润：《雨的世界》，《中缅公路是怎样打通的?》，重庆大公报馆 1945 年版。

就这样，"我匆匆而来我匆匆而去，一切如在梦中"。① 这就在写出印缅战场上一个负伤的中国军人那心中的朦胧感觉的同时，又从一个侧面展现出同盟国军人之间那份无所不在的友情，从而显露出战地上的另一种独特风采。

从国内到国外，中国军队的浴血奋战表明了正义之战的胜利来之不易，因而也就自然而然地成为抗战后期报告文学书写的热点。与此同时，应该看到的是，抗战后期的报告文学书写已经能够全力描写战争中的人，尤其是个人的心路历程，加快了报告文学的文学化。在所有这些关于战争与人的文学报告之中，不仅仅写出了中国人的战时心态，而且将个人书写的视线扩展到敌对阵营中的人们，尤其是那些日本战俘，去写出他们是否有可能在逐渐觉醒之中开始人性的复苏。这一类作品逐渐成为抗战前期到抗战后期报告文学书写中颇为引人关注的一个文学焦点。

在 1940 年发表的《听日本人自己的告白》一文中，以侧写的方式引用日军指挥官的训话，来现出侵略者深陷持久战争泥潭的窘态——"长期的事变使士兵都意气消沉，不守军纪，同时更发生许多幻想"——"使部队内部发生许多的不安现象"。军心不稳根源就在非正义的侵略战争，这一点首先得到了日军士兵书信中的印证："昼夜不分地响着不断的枪声，日夜都在袭击中，弄得我们的身体都疲劳得像棉一样，眼睛深深地陷下去了"，尤其是"粮食断绝了，只得吃些山芋和萝卜，甚至捡中国人民丢下的小米吃，真苦极了"；这一点也得到了来自日本国内家信的印证："随着战争的延长，国内的物价日益腾贵，市面非常萧条！"在无法度日之中发出这样的期盼与思念："假如你能寄十块来，我们母子也不至于分离了"，"假如我有翅膀，一定飞到你那里"。②

显然，这些所披露出来的"日本人自己的告白"，基本上是来自抗战前期缴获的日军信件，随着抗战后期日军俘虏的激增，终于能够正面写出"日本俘房访问记"这样的作品来。

---

① 黄仁宇：《密芝那像个罐头》，《大公报》1943 年 6 月 12—17 日连载。
② 以群：《听日本人自己的告白》，《生长在战斗中》，重庆中国文化服务社 1940 年版。

从重庆到西安，在走进"日本俘虏集中营"之前，作为访问者，"我并不希望所有的俘虏列队站出来，我只想看看今天上午他们如何过日子——和平日一样"，从而立足于平等待人的立场，以平视的眼光来审视这些日本俘虏。尽管"据说俘虏们有'改变'了的和'未改变'的两种"，不过，实际上集中营里的"俘虏分成两部分，军官们与忠实的武士代表，和普通的士兵们，他们彼此之间好像没有什么关系"，因而"不得不将这两类俘虏分开来住"。通过面对面的访问，普通士兵除了想家之外，对于这场侵略战争感到"莫名其妙而且想不透"。然而，军官们，特别是"日本飞行员不仅是坦白，而且极想说话"，显得"'士气'仍旧很高，他们残忍，聪明，狂热而不悔过"，甚至认为"全世界的人都死光了的时候，那么才会有世界的和平"。由此可见，在这样的日本俘虏之中，无论是士兵，还是军官，哪怕是那些在集中营里生活了多年的俘虏，基本上处于"未改变"的状态之中，这主要是因为"中国对俘虏的待遇已实行了西方各国的人道主义的传统"。①

在陪都重庆郊区的"一个地主的古老的住宅"，如今已经成为日本俘虏收容所，"但为尽量把解除了武装的诸君当成'人'来看待，我们却另外取了个名字叫'博爱村'"，"于是'村员自治会'组织起来了。即俘虏自身的生活，由其自身来约束，来实践，来管理，所方仅居于监督和指导的地位"，而博爱村的干事长则是由日军俘虏中的军官担任。在这样的博爱气氛之中，通过"我"这个所方人员与"步、骑、炮、工、辎，各类兵种的俘虏"的交谈，得知他们"都是在无可奈何才来作战，而也无一不抱着厌战的情绪"。不过，他们对某些派来的所谓日本"觉悟者"比较反感，认为"他反而不比一个有理解的中国人更理解我们"。正是与"我"这样的"有理解的中国人"朝夕相处，生活在"博爱村"中的村员们逐渐觉醒过来。他们通过公开演出自编自演的"中国魂"一剧，在"博爱村"周围的中国老百姓面前，在公开承认日本侵略者暴行的同时，肯定了

---

① 林语堂：《日本俘虏访问记》，《亚美杂志》1944 年 11 月号。

中国人民反抗侵略的正义性，由此开始了发自内心的反省。^① 只有这样，以陪都重庆"博爱村"的村员们为代表的日军俘虏，才有可能真正走上"人性的恢复"之路。

当报告文学以越来越广阔的题材领域，越来越深入的人性挖掘，越来越生动的如实表述，呈现于社会大众之前，在事实上也就为报告文学的文学化趋向予以了文本的确认，尤其是众多作家进行报告文学的书写行列，无疑加快了报告文学完成文学化的战时进程。与此同时，报告文学紧密关注战时生活的现实发展，也对作家个人的文学书写产生极大的影响，所谓文学书写的战时化，即使是对与现实生活保持最大审美间距的游记书写来说，也难以脱离其影响。

这一影响在"国难旅行"这类游记中立即显现出来。即使是诗人李金发，到了抗战后期，也放弃了早年那晦涩朦胧的诗意表达，转而力求在当下进行明快晓畅的如实描写，在"国难旅行"之时，写出了由陪都重庆出发，前往长沙这一主要战场的所见所闻。

事实上，这更是一次为完成"派出的公事"而进行的报国之旅：从重庆朝天门上船沿江而下，为避免日机轰炸，轮船采取"昼伏夜出的政策"，而"我们又到街上去大嚼，看新嫁娘，游山涧，几忘人间何事"。随后没想到"此船过巫峡。从床上惊起，想细看这个名胜，可是月色朦胧，波涛汹涌，只觉两岸狭窄险要，不能看到全景"。结果等到凌晨三时半，由于连日轰炸中，轮船无法前行，只好高价租下木船到三斗坪，"冒着夜寒到江边，下弦月无限凄凉，这个旅程，就是象征人之一生"。然后从三斗坪经过七天步行到了"洞庭湖口之津市"，"沿途贫瘠不堪，过着原始时代的生活，几乎没有文化的影子，也不见一所学校"。最后乘船到长沙，途中"亲历湘北大战的胜地"，于是随同"大家下船步行沙岸上，心旷神怡，拾得奇形蚌壳二只，以作纪念，又拾得鸿雁的大羽毛数根，预备做笔"。至此，游兴已尽，"平淡的旅程，也不打算再记了"。

不过，沿途的种种感受深深铭刻在心，催人奋笔。由此可见，艰难困

---

① 沈起予：《人性的恢复》，《文艺阵地》1942—1942 年第 6 卷第 2—4 期连载。

苦的战时生活，仍然有着生意盎然的一面，而如何享受与感受这一面，无疑需要保持的一份内在的乐观，故而发出这样的感慨——"我们抗战了五年多，居然能在敌人火线不远的地方，建立交通孔道，这就是我们民族的伟大处"。①

从陪都重庆出发，不仅可以到前线去，而且也可以到大后方各地去，而从重庆到成都已经成为作家们出行的热线。或许，在羁旅之中更能现出人之真性情，不过，即使是这一类游记，也或多或少地融入了报告文学的影响，显现战时化的特征来。

1938 年年初到重庆的宋之的，在《重庆到成都》的个人书写中，就传达出如此印象式的个人发现："重庆看不见天，天被雾遮着。"不过，更为重要的发现是重庆的人："一个老重庆这样告诉我：'要是重庆人不爬山，一定会早夭十年！'这话，我是相信的。"不过，重庆人的好动是静中有动，既有坐茶馆的悠闲，更有跑警报的匆忙，毕竟这是生活在日机常常要轰炸的陪都重庆。当然，重庆的街景也自然延伸进来："重庆街上，甜食店特别的多，特别特别的多。""'这不是偶然的现象，'老重庆说，'这是——为了瘾君子的需要。'"较之这样的重庆人，还有"救国"的重庆人，只不过，"女孩子是要比男孩子热情些"——"这是重庆的一个特殊现象，在街头讲演，以及各种集会上，女孩子确实是较为热烈一些"。离开重庆到了成都，也就发现成都的"马路很整洁，人也似乎很闲散，喝茶，在这地方乃是第一要事"。至于宣传抗战的人，"地方当局喜欢把他们作汉奸办，加以驱逐"②。

在这里，可以看到即便是在发现重庆与成都这两个城市的个人游历之中，还是比较注意将这一发现与抗战联系起来。这对于抗战前期惯于书写报告文学的宋之的来说，似乎是一件顺理成章的事情。当然，这并不是说，游记中所发现的重庆与成都必须均与抗战有关。所以，到了抗战后期，有关报告文学对游记书写的战时化影响，对擅长小说书写的老舍来

①　李金发：《国难旅行——重庆、巫峡、三斗坪、洞庭湖、长沙》，《文艺先锋》1943 年第 2 卷第 3 期。

②　《重庆到成都》，《宋之的散文选》，江苏人民出版社 1983 年版。

说，或许会显得更为间接一些并极度地减弱。

老舍在《青蓉略记》一文里，写下了从重庆出发到成都，前往灌县青城山一游。其间在灌县住了十天，不仅看到了上千的男女学生在此"举行夏令营"，而"女学生也练习骑马，结队穿过街市"；而且较为详细地介绍了都江堰，并且特地"细细玩味"古来治水的格言；更是在"最有趣"的竹索桥上独自行走，由此感受到了"我们的祖先确有不敢趋附而苦心焦虑的去克服困难的精神"。然后前往青城山，得出一个"游山玩水的诀窍：'风景好的地方，虽无古迹，也值得来，风景不好的地方，纵有古迹，大可以不去'"。所以，该文略写天师洞与上清宫的游玩经过，而大写"青城天下幽"之"青"——"这个笼罩全山的青色是竹叶，楠叶的嫩绿，是一种要滴落的，有些光泽的，要浮动的淡绿。这个青色使人心中轻快，可是不敢高声呼唤，仿佛怕把那似滴未滴，欲动未动的青翠惊坏了似的。这个青色是使人吸到心中去的，而不是只看一眼，夸赞一声便完事的。当这个青色在你周围，你便觉出一种恬静，一种说不出，也无须说出的舒适。"

于是，感慨着青城山之幽不仅不"使人生畏"，反而是"令人能体会到'悠然见南山'的那个'悠然'"。关于青城山的"青"与"幽"，在此可谓已经达到游记当下写作的新境界。主人公在青城山流连了十几天以后，再回到蓉城成都，也住了半个多月，总算完成"青蓉"之旅。文中只是简单地交代了在蓉城与成都文协分会会员的聚会，看川戏、竹琴、洋琴，逛旧书摊儿的经过。全篇布局详略得当，尤其是结尾处别有一番意味："因下雨，过至中秋前一日才动身返渝。中秋日下午五时到陈家桥，天还阴着。夜间没有月光，马马虎虎的也就忘了过节。这样也好，省得看月思乡，又是一番难过！"① 这就为整个游记提供了与抗战有关的个人想象的现实空间，在韵味十足之中显得意味深长。

两相对照，可以说写于抗战前期的游记，往往是印象式的速写断片居多。这不是偶然的，毕竟作家只是匆匆忙忙地路过，难以深入其中去反复

---

① 老舍：《青蓉略记》，《大公报》1942 年 10 月 10 日。

体味。随着进入抗战后期，作家对所到之地，不再是路过时的随意一瞥，而是观赏中的刻意一游，因而游记的文本特点显得格外鲜明：以游玩的路线为线索，对所见所闻如数家珍地娓娓道来，并且伴以旅游途中的所感所思。这样一来。游记中战时化的色彩在不断地减退，向着游记的文学本真进行着个人书写的文本复归。显而易见的是，这一游记书写中的个人姿态所展现出来的，正是文学书写战时化的衰颓之势，因而与报告文学化的兴盛之态，保持着共时性的相反相成。

七　文学思潮的主义论辩

随着"全民总动员"运动的兴起，在"文艺服务于抗战"的总体号召之下，为满足战时需要而进行的文学书写，已经先后化为"文章下乡、文章入伍、文章出国"这样的具体口号，首先提出"第一要'中国化'，第二要'战斗化'，第三要'通俗化'"，来适应以农民与士兵为基本读者的接受水平，达到"激发他们的抗战的情感"的动员目的；[①] 其次是提出要努力"翻译中国的抗战文艺"，来形成"抗战文艺的出国运动"，以争取世界各国人民对中国抗战的大力支持。[②] 不过，无论是"文章下乡，文章入伍"，还是"文章出国"，固然有着战时文学直接服务于中国抗战的一面，更涉及战时文学如何在中国自主发展的另一面。

这就有必要从战时文学自主发展的中国角度，去审视现代文学战时发展中出现的形形色色的论争，以揭示出战时文学发展的中国新动向。在这里，陪都重庆出现的现实主义论辩，不仅贯穿着八年抗战，而且发生了从抗战前期到抗战后期的嬗变，从而显现出陪都重庆的现实主义论辩，不仅代表着文学思潮战时发展的中国主流，而且也在抗战时期的中国文学运动中发挥着主导作用。

实际上，就现实主义自身而言，一方面表现为关注现实人生的文学意识，即现实性；一方面体现为复现现实人生的创作法则，即写实性，正是

---

① 《怎样编写士兵通俗读物（座谈会）》，《抗战文艺》1938 年第 1 卷第 5 期。
② 出版部：《出版状况报告》，《抗战文艺》1939 年第 4 卷第 1 期。

通过对现实性的人生观照而展开写实性的人生描写，才能够建构出现实主义文学的真实性基础。在这里，文学真实性是由作者通过对生活的真实进行审美观照之后所创造出来的艺术真实这两者之间可能达到的一致性。对于现实主义而言，其真实性也就是现实性与写实性的高度融合——在关注现实人生之中进行复现现实人生以臻于对现实人生的如实描写，从而逐渐发展成为中国文学现代发展中所谓新文学的现实主义传统。

但是，这一发展中的现实主义传统，在抗战爆发前的左翼文学运动之中遭到了某种政治化改写，被卷入一九三四年八月在苏联正式颁布的"社会主义的现实主义"体系的政治影响之中，文学的真实性被强加了政治内容。① 这就直接导致左翼文学运动之中出现"差不多"这一文学现象——"文章内容差不多，所表现的观念也差不多"，可偏偏"忘了'艺术'"，因而期盼着新文学的现实主义传统在现代文学"新运动"兴起之中的复归。② 显然，这一文学"新运动"兴起的可能，在此后抗日战争的全面爆发之中成为现实了。只不过，中国现实主义的战时复归，一开始仍然难以避免政治化的改写。

抗战伊始，周扬就指出："中国的新文学运动一开始就是一个现实主义的文学运动"；"现实主义给'五四'以来的文学造出了一个新的传统"；"目前的文学将要而且一定要顺着现实主义的主流前进，这是中国新文学之发展的康庄大道"。因此，"对于现实主义，我们应当有一种比以前更广更深的看法"——"对现实的忠实"。显而易见的是，这一所谓"对现实的忠实"，不过就是要求将文学纳入政治化，甚至政策化这样的忠实于政治的战时轨道——"文学上的现实主义、民主主义的运动是和政治上的救亡运动、宪政运动相配合的"。③ 不可否认的是，就现实主义中国传统而言，在战时文学运动之中，是忠实于政治，还是忠实于艺术，其间已经出现了与周扬相反的看法。这正如茅盾所指出的那样："遵守着现实主

---

① 马良春、张大明主编：《中国现代文学思潮史》下册，北京十月文艺出版社 1995 年版，第 669—671 页。

② 沈从文：《作家间需要一种新运动》，《大公报·文艺》1936 年 10 月 25 日。

③ 扬：《现实主义和民主主义》，《中华公论》1937 年创刊号。

义的大路，投身于可歌可泣的现实中，尽量发挥，尽量反映，——当前文艺对战事的反映，如斯而已。"因此，茅盾针对要求制定"战时的文艺政策"的如此鼓吹，再加以坚决反对的同时，坚持认为"我们目前的文艺大路，就是现实主义，除此之外，无所谓政策"。①

在忠实于政治还是忠实于艺术的论争之间，其实质则在于战时文学运动之中对现实主义传统应该怎样去发扬光大，正如李南卓所指出的那样："每一个作家对现实都有他单独的新发现，对艺术形式的史的堆积上，都有他的新贡献"，"把自己与当前的中心现实——'抗战'——间的最短距离线找出来吧！""如果我们非要一个'主义'不可，那么就要最广义的'现实主义'吧！"② 问题在于，这一个人的卓识并没有成为全体的共识，因而也就难怪其后相继在出现了"三民主义的现实主义""民主主义现实主义""民族革命的现实主义""抗战建国的现实主义""抗日的现实主义与革命的浪漫主义""新民主主义的现实主义""三民主义的新写实主义"等众多的具有政治性前置定语的现实主义主张。③ 这些主张之所以五花八门，也就在于它们各自侧重于战时文化中不同的政治需要，实际上成为背离文学自身发展要求的"狭现实主义"，从而呈现出现实主义论辩之中偏于政治化的现实趋向。

在抗战前期，随着文学期刊在陪都重庆的先后复刊与创刊，现实主义论辩也就随之而在陪都重庆发生，并且这一论辩是随着《七月》在陪都重庆复刊而兴起，并且以《文学月报》在陪都重庆创刊而走向兴旺的。这就表明，现实主义论辩在陪都重庆的开展，是与容纳论辩群体的文学主阵地在陪都重庆的出现是截然不可分的。

胡风在《七月》上发表了《今天，我们底中心问题是什么？》一文，首先指出："今天的作家们，有谁反对现实主义么？不但没有，恐怕反而都是以现实主义者自命的，虽然他们底理解和到达点怎样，是值得深究的

---

① 茅盾：《还是现实主义》，《救亡日报·战时联合旬刊》1937 年第 3 期。
② 李南卓：《广现实主义》，《文艺阵地》1938 年创刊号。
③ 邵伯周：《中国现代文学思潮研究》，学林出版社 1993 年版，第 503—506 页；马良春、张大明主编：《中国现代文学思潮史》下册，北京十月文艺出版社 1995 年版，第 1116—1125 页。

迫切的问题。但至少，像目前一些理论家所提供的关于理论的一点点概念（在这里且不说那里面含着的不正确的成分），对于多数作家并不是常识以上的东西"，这是因为"二十多年来新文学底传统，不但没有烟消云散，如一张白纸，反而是对于各个作家或强或弱地教育了指导着他们，对于整个文艺进程把住了基本的方向"。由此批驳了抗战以来"文学的活动是始终在散漫着的带着自发性的情状之下盲目地迟钝地进行着"这一偏见。然后认为："今天的作家们有谁会把他的主题离开民族战争的么？恐怕情形恰恰相反，他们大都是性急地廉价地向民族战争所拥有的意识形态或思想远景突进"，这是因为"民族战争所创造的生活环境以及它所拥有的意识形态和思想远景，也或强或弱地和作家们的主观结合了，无论是生活或创作活动，都在某一方式上受着了规定"。于是否认了抗战以来"积极方面的人物，作家还没有给我们留下不灭的典型"这一指责。

这样的认识前提下，胡风提出了"从创作里面追求创作与生活"这一命题，以促使"创作实践与生活实践的联结问题"成为抗战文学运动的"中心问题"，否则，"不理解文学活动的主体（作家）的精神状态，不理解文学活动是和历史进程结着血缘的作家的认识作用对于客观生活的特殊的搏斗过程，就产生了从文学的道路上滑开了的，实际上非使文学成为不是文学，也就是文学自己解除武装不止的种种见解"，这是因为"在我们，战争被有血有肉的活人所坚持，这些活人，虽然被'科学'武装他们的精神，但决不会被'科学'杀死他们的情绪"。在这里，所谓"科学"就是种种与主义相关的"合理概念"，特别是对诗人创作进行"个人主义""感伤主义"之类的"空洞的叫喊"。因此，"这也是为什么我们不惜过高地估计诗人的生活实践和他的主观精神活动"①。

由此可见，无论是新文学传统的战时延续，还是作家创作活动的战时展开，都不能离开对战时生活这一最大的现实，在规定着现实主义的战时发展新方向的同时，也规定着战时作家创作的现实主义新道路，从而引导

---

① 胡风：《今天，我们底中心问题是什么？——其一、关于创作与生活的小感》，《七月》1940 年第 5 集第 1 期。

着陪都重庆发生的关于现实主义的"新"思考。不可否认的是，胡风在他的讨论之中有若干"科学"理据引自《文艺战线》第四册所载《苏联文学当前的几个问题》一文，而正是在这一点上，直接促动了关于现实主义的中国论辩，由此可见在抗战前期来自苏联的文学影响。

1940 年 1 月 15 日《文学月报》创刊号上翻译发表了卢卡契的《论新现实主义》，该文译自其 1939 年出版的《现实主义史》一书。随后罗荪发表了《关于现实主义》，认为现实主义"乃是结合着作家主观的感性与社会客观的理性相一致的非血肉搏斗的产物"，而非"客观主义"的文学描写。①而史笃则在《再关于现实主义》之中，提出"一切都是历史的产物，现实主义亦然。不同的时代，不同的社会，不同的阶级，产生不同的现实主义。社会主义的现实主义是苏联的产物，我们不可强求"，而"我们的现实是，民主主义革命的现实，我们所需要的现实主义是，民主主义的现实主义"②。显然，给现实主义贴上政治标签，是背离起码的文学常识的。

所以，罗荪发表《再谈关于现实主义——答史笃先生》一文，针对"民主主义的现实主义"就是此时的"新现实主义"这一结论进行驳斥，"因为有人说过，我们今日的新文化是要'民族的形式，民主主义的内容'，所以，史笃先生就给出了这末一个巧妙的结论。可惜是错误的，因为理论与实践虽然是互相影响的，但是却并非是一件事，方法和内容不能混成一事是同样的理由"，反对把现实主义的"理论方法"与"文学的内容"相混淆。更为重要的是，他还指出"世界观和现实主义同样是发展的，不是固定不变的东西"，"同时，世界观也并非完全绝对的决定着创作方法，这就是为什么观念论的现实主义也能成为一面反映社会的镜子，因为作家在一定时代、社会、政治的实践上为现实生活所推动着"。显然，在这里可以看到对胡风所提出的"中心问题"在一定程度上的积极回应，同时也看到现实主义论辩之中来自苏联文学与国内政治的双重影响。

当然，罗荪也承认"社会主义的现实主义乃是现实主义文学的发展阶

---

① 罗荪：《关于现实主义》，《文学月刊》1940 年第 1 卷第 3 期。
② 史笃：《再关于现实主义》，《文艺阵地》第 4 卷第 12 期。

段，在现实主义的发展体系中，它有着最高的成就，自然，这并不是说它已经是现实主义的最后完成。但是它却已然而且必然的成为全世界新兴文艺的创作方法"。① 为了确认这一点，就在这同一期的《文学月报》上，发表了《关于"新"现实主义》《"现实的正确描写"》两文与之相呼应，首先在《关于"新"现实主义》中引用高尔基的话来为"新"的现实主义理论体系进行正确的说明："我们底艺术必须不使人物脱离现实，而站得比现实更高，以便将人物提高在现实之上。"② 其次在《"现实的正确描写"》中指出"新"现实主义所要求的"现实的正确描写"，就是要"正确地描写生活的本质"以"发现社会的典型"。③ 由此已表明社会主义的现实主义在中国的影响。

只不过，社会主义的现实主义毕竟离战火中的中国太遥远，反倒是世界观与现实主义之间的关系，较为国人所关注。事实上，早在 1940 年年初，就有人指出"最近几年来，新兴的文艺理论家们常为世界观与创作方法这问题上，发生着甚为激烈论争，现在，却已得到一个具主潮性结语"——"文艺根本上就是以具体的形象手段，来说明客观现实的。文艺作家过分地偏视于世界观，常常会有使作品堕入于高远的理想，使成一种失掉文艺根本性的概念化的作品"；更何况"创作者纵令没有深刻的世界观，只要他能深入现实"，并且"被创作者具体形象了出来，虽然他（创作者）的作品中没有阐述深刻的较正确的世界观，但其所写出者也离这较正确的世界观不远矣"。④ 然而此时旧事重提，显然更加凸显来自苏联的文学影响。具体而言，就是有人提出"我们要说明中国现实主义的抗战文艺和作家世界观的问题"，那就是"中国抗日战争的现实主义文艺，亦应该是'人民的喉舌'"，在反映现实生活时"只有科学的世界观才能归纳成为一幅活生生的图画"，这是"因为中国抗战，已经超过自发性的东西，

---

① 罗荪：《再谈关于现实主义——答史笃先生》，《文学月报》1940 年第 2 卷第 4 期。

② 欧阳山：《关于"新"现实主义》，《文学月报》1940 年第 2 卷第 4 期。

③ 毕端：《"现实的正确描写"》，《文学月报》1940 年第 2 卷第 4 期。

④ 王洁之：《世界观与创作方法》，《新蜀报》1940 年 1 月 16 日。

而为觉醒性的东西了"。① 显然，有关世界观与创作方法之关系，出现了巨大的分歧——要么世界观与创作方法之间仅仅是相辅相成的互动关系，正确的世界观能体现在现实主义的创作之中；要么创作方法与世界观是主次分明的制约关系，正确的世界观将决定着现实主义的创作成败。

1941 年 1 月 8 日，在陪都重庆召开了专题讨论会，在参照"苏联文艺论战"有关文章的同时，关注"我们文坛上"的现实主义讨论，由此展开"作家的主观性与艺术的客观性"这一话题，尽管讨论中众说纷纭，但是归根结底就是世界观与创作方法的关系到底如何？依然呈现出互动与制约这关系的两极——或说"新现实主义的本身，必须结合着正确的世界观的。也就是说，创作方法不能离开正确的世界观而孤立起来"，故而"新现实主义的创作方法和正确世界观是不能分离的统一物"；或说"只有最进步的世界观，才能最完全的，最科学的，以艺术的客观态度，表现现实的一切过程，描写出现实的各种复杂形态"。② 在这里，既可以看到来自苏联的社会主义的现实主义的理论影响，也可以看到有关现实主义在战时中国的个人思考，直接促动着抗战前期的现实主义论辩。

进入抗战后期的 1942 年，胡风发表了《关于创作发展的二三感想》一文，认为随着战时生活的不断延续，"有的作家是，生活随遇而安了，热情衰落了，因而对待生活的是被动的精神，从事创作的是冷淡的职业的心境"，因而同样是失去了"向生活突击的战斗热情"，也就直接导致"客观主义"与"主观主义"在相反相成之中成为"非驴非马的"同一创作倾向。③ 很明显，正是作家的生活态度转变了作家的创作态度，已经促成恶劣的创作倾向的形成，直接影响到现实主义的创作道路能否继续走下，从而不利于现实主义的战时发展。

胡风的这一"感想"，引起了陪都重庆文坛的警觉。于潮发表了《论生活态度与现实主义》一文来予以回应。他认为要"建立一种新的生活态

---

① 侯外庐：《抗战文艺的现实主义性》，《中苏文化月刊·文艺特刊》1941 年 1 月 1 日。

② 茅盾、胡风等：《作家的主观性与艺术的客观性（座谈笔录）》，《文学月报》1941 年第 3 卷第 1 期。参加座谈者共 14 人，其中有以群、罗荪、胡绳、艾青等。

③ 胡风：《关于创作发展的二三感想》，《创作月刊》1942 年第 2 卷第 1 期。

度", 就必须克服"对于现实的冷淡, 甚至麻木; 对于人民的命运的漠不关心"这一已经出现的"障碍"。不过, 对于如何克服"障碍"以建立"新的生活态度", 给出的答案就是要用"科学的社会主义"来"武装我们的头脑"。具体地说, "科学的社会主义"这一"真正的能创造出科学、民主和大众的新文化的思想体系", "它不但是一种研究指南和工作方法, 而且是一种生活态度", 足以"恢复我们的气度, 扩展我们的心胸, 提炼我们的灵魂", 以便能够"和人民在一起生活", "用全副心肠去贴近我们人民", 因为"人民不是书本"。更为重要的是"生活的态度正确了", 就必须"在最艰难复杂的现实生活的河流当中坚持下去, 我们所要求的是千锤百炼, 永不失那份'赤子之心'"。① 显然, 这才是于潮所认为新文学必须"除旧", 因而现实主义传统必须在抗战之中进行"布新"的发展, 而发展的基点只能是"科学的社会主义"。至于如何扭转"主观主义"与"主观主义"的恶劣创作倾向, 就是要用"科学的社会主义"来武装作家的头脑, 实际上, 给出了作家必须改造思想这样的政治药方。

　　同样是"回想一下新文艺的历史", 胡风指出作为新文学传统的现实主义, 其使命就是除旧布新——"它控告黑暗, 它追求光明", 而"现实主义在今天"应该如何? 这就是"立脚在这种现实主义上面的新文艺, 战争爆发后就一方面更能够获得本身的发展, 另一方面更能够发挥战斗的性能"。这就表明, 新文学的现实主义传统始终是基于除旧布新的文学追求的。尽管人民需要"现实主义的新文艺向他们投入", 战争推进作家"创作的追求力能够向人生更深地突进", 但是"新文艺在经历着困苦的处境, 因而也就面对着严重的危机", 也就是"首先有了等于不要文艺的事实, 其次就产生了等于不要文艺的'理论'。在胡风看来, "等于不要文艺"的"客观主义"与"主观主义"的创作危机已经是既成事实, 只有在文学发展的过程中才能逐步得到解决; 而"现实主义在今天"迫切需要

---

　　① 于潮:《论生活态度与现实主义》,《中原》1943 年创刊号。此文完成于 1943 年 3 月 4 日, 而 1943 年 3 月 17 日《新华日报》发表了署名嘉梨的《人民不是一本书》一文, 不过是《论生活态度与现实主义》的部分内容的减缩改写。随后引发了茅盾等人纷纷在《中原》等刊物上发表文章予以响应。

解决的危机，则来自那些"等于不要文艺的'理论'"——"要创作从一种思想出发"与"要作家写光明"。因为"像这样的理论，虽然嘴里说要'光明'的文艺，'高尚'的文艺，但实际上只是不要文艺，是捏死文艺"；"因而我把这叫做危机，而且要为文艺请命；不要逼作家说谎，不要污蔑现实的人生"①。

　　问题在于，较之"理论"危机只需要进行基于文学常识之上的驳斥即可应对，创作危机则需要重新唤起作家"向生活突击的热情"。这一点显然已经成为作家的群体性共识，于是便有了《文艺工作发展及其努力方向——"文协"理事会推举五位理事商讨要点，由研究部执笔草成在第六届年会上宣读的参考论文》一文的发表。该文指出："既然战争变成了持续的日常生活，文艺家就要在经营一种日常生活的情况下从事创作"，"再联系到思想限制和物质困苦这双重的重压"，"结果当然会引起主观战斗精神的衰落"，而"主观战斗精神底衰落同时也就是对于客观观察的把握力、拥抱力、突击力的衰落"，其结果就是出现了"各种反现实主义的倾向"。如何才能重返现实主义的创作道路呢？"就文艺家自己说，要克服人格力量或战斗要求底脆弱或衰败，就社会说，要抵抗对于文艺家的人格力量或战斗要求的蔑视或摧残。"② 然而，这一群体性的共识却遭到了这样的指责——"过分强调作家在精神上的衰落，因而也就过分地强调了目前文艺作品上的病态"，甚至认为这"不是从现实的生活里得出来的结论，而是观念的预先想好来加在现实运动上的公式"。③ 显然，这一个人指责无疑是带有特定的党派意识形态背景的。

　　然而，胡风认为"文艺的战斗性就不仅仅表现在为人民请命，而且表现在对于先进人民的觉醒的精神斗争过程的反映里面了。中国的新文艺，当它诞生的时候就带来了这种先天的性格"。于是，他指出："文艺创造，是从对于血肉的现实人生的搏斗开始的。血肉的现实人生，当然就是所谓

---

　　① 胡风：《现实主义在今天》，《时事新报·元旦增刊》1944 年 1 月 1 日。

　　② 《抗战文艺》1944 年第 9 卷第 3—4 期合刊。

　　③ 黄药眠：《读了〈文艺工作底发展及其努力方向〉以后》，《约瑟夫的外套》，（香港）人间书屋 1948 年版。

感性的对象，然而，对于文艺创造（至少是对于文艺创造），感性的对象不但不是轻视了或者放过了思想内容，反而是思想内容最尖锐的最活泼的表现。"因此，"只有从对于血肉的现实人生的搏斗开始，在文艺创造里面才有可能得到创造力底充沛和思想力底坚强"，通过"引发深刻的自我斗争"，鞭挞"几千年的精神奴役的创伤"，在精神扩展的过程中，进行"现实主义的斗争"，① 从而促使作家的主观战斗精神在现实主义的发展之中不断高涨。

对此，雪峰认为"单是热情，单是'向精神突击'，在我们，是还万万不够的，还不能成为真实的战斗文艺，并且那里面也自然会夹杂着非常不纯的东西，例如个人主义的残余及其他的小资产阶级性的东西"，而"主观力的要求也是如此"，尽管也承认这些都是"分明地在对革命抱着精神上的追求之下提出问题的"。之所以会如此说，也就在于——"这是我们首先应取的态度，这态度我还以为在我们领导上现在且有着战略性的意义，因为我们是要使一般的反抗现状和旧思想的力量，真正汇合到革命中来，并在革命中改造而成为真正的战斗力量。"② 虽然同样是从新文学运动的发展过程来看，胡风所倡导的"主观战斗精神"，在此仅仅是得到了"我们领导上现在且有着战略性的意义"这一角度上的认可，而实际上是要借此"汇合"那些有可能在"革命中改造"的"一般"力量。

如果说冯雪峰并没有以"民主革命"的名义，对现实主义道路的个人思考予以一概否认的话，那么，何其芳则在强化阶级立场之中宣称："凡是在现社会里活着的人，未有不是在进行搏斗和冲激的。"这就强调了作家及其创作的阶级性，并以此作为政治标准来贬斥创作中出现的"一些资产阶级和小资产阶级的观点"，尤其是"与血肉的现实人生的搏斗""向精神突击"之类。这是因为"政治标准第一，艺术标准第二"这一问题，"毛泽东同志《在延安文艺座谈会上的讲话》中已经讲得很清楚了"。所以也就没有必要对不符合政治标准的作家及作品进行艺术标准的评判。

---

① 胡风：《置身在为民主的斗争里面》，《希望》1945 年创刊号。
② 雪峰：《论民主革命的文艺运动——过去与现在的检查及今后的工作（节录）》，《中原、文艺杂志、希望、文哨联合特刊》1946 年第 1 卷第 1—2 期合刊。

更为重要的是，"我认为今天的现实主义要向前发展，并不是简单地强调现实主义就够了，必须提出新的明确的方向，必须提出新的具体的内容"——"艺术应该与人民群众结合"。这既是"新的明确的方向"，又是"新的具体的内容"，并且作家创作要"尽可能合乎人民的观点，科学的观点"，"形式上更中国化更丰富，从高级到低级，从新的到旧的，都一律加以适当的承认，改造或提高"。这是因为"毛泽东同志对于无产阶级的艺术理论的最大的发展与最大的贡献乃在于那样明确地，系统地提出了艺术群众化的新方向，与从根本上建立艺术工作者的新的人生观。从此以后"，无论是"新文艺也好"，还是"现实主义也好"，都必须遵行这一"新方向"才能发展。①

---

① 何其芳：《关于现实主义》，《新华日报》1946 年 2 月 13 日。

第三章　重庆文学的现代运动

一　走向现代的文学

20 世纪的中国文学形态研究主要是展示文学的文本形态，即出现了什么样的文学文本，而未能揭示出 20 世纪的中国文学的运动形态演变，即为什么会出现这样的文学文本。然而，只有揭示出为什么会出现这样的文学文本，才有可能真正掌握这是什么样的文学文本，所以，文学形态研究以运动形态研究为基础，而运动形态研究则以文本形态研究为前提。

事实上，对于 20 世纪的中国文学进行运动形态研究，发端于追溯文学发展背景的相关研究，这就是 20 世纪 30 年代自《中国新文学大系·1917—1927》出版以来，随后陆续出版的诸多"文学大系"之中的众多"导言"，均以这些"文学大系"所收入的文本为对象，来对 20 世纪的中国文学运动形态进行程度不等的阶段性的，尤其是时期性的短时段研究。在所有这些"导言"之中，虽然没有能够展示出 20 世纪的中国文学运动形态的世纪演变的整体，不过，在为 20 世纪的中国文学运动形态研究提供了基础性的参考文献的同时，更是提示了前瞻性的运动形态研究方向——创作空间、艺术探索、传播影响，就 20 世纪的中国文学而言，其运动形态的演变展现在三个层面上——创作空间的扩张或压缩，集中体现为从个人到群体的文学书写自由空间的大小；艺术探索的推进或停滞，主要表现为从借鉴到原创的文学倾向更迭速度的快慢；文学传播影响的开放或封闭，具体显现为从刊物到丛书的文学出版活动规模的兴衰，从而有助于进行 20 世纪的中国文学的运动形态百年断代的整体性长时段研究。

长时段研究注重时间纪元的年代性。自 1985 年提出以 1898 年为起点的"20世纪中国文学"论以来，国内出现了众多以"20世纪中国文学"为主题词的相关研究，主要是以此打通所谓近代文学、现代文学、当代文学对于中国文学现代转型过程的人为分割，将其视为一个具有现代性的文学转型过程，因而影响到国外的相关研究。然而，由于未能意识到20世纪的中国文学是具有现代性与年代性两个向度的文学现代转型过程，从而使"20世纪中国文学"论缺失年代性向度支撑而导致研究失范。这就表明有必要从百年断代这一世纪文学研究的角度出发来研究20世纪的中国文学。为了避免与"20世纪中国文学"论相混淆，故而以"20世纪的中国文学"来强调百年断代的年代性向度。

20世纪是这样的一百年：从1900年庚子事变之后的清末新政，到经济转轨之后的2001年中国入世，呈现出中国社会从冲击封闭到逐渐开放的现代化进程；同时更是中国文学发展之中的一个相对完整的现代转型期，展现出在人类社会全球现代化大趋势之下中国文学发展从被动接受到主动融入的一百年。通过剖析20世纪的中国文学运动形态在阶段性与连续性相一致之中的世纪演变，与揭示文学运动形态构成的创作空间、艺术探索、传播影响的具体演变过程，从而显现出20世纪之中，在社会变迁到政治演进的多重影响之下，文学如何展开多样而互动的自主发展，以便探求中国文学在现代转型之中如何趋向现代性与年代性相一致。

通过对从1901年到2000年这一百年间发生的中国文学现代转型进行断代研究，主要是证实文学现代转型与社会现代化在整个20世纪之内所显现出来的同步性，已经促使文学发展与社会变迁、政治演进之间形成了较为复杂的多重关系，尤其是文学发展与政治演进的关系历经了从疏离到紧密，到再次疏离的不断演变，而文学发展也随之在文学书写自由、文学倾向更迭、文学出版活动三大层面上呈现出在艺术化与政治化这两极之间的形态演变，在不同阶段及时期内呈现出融合与分裂的对立性。20世纪的中国文学运动形态演变经历了四个阶段互动绵延的世纪过程——"人的文学"阶段（1901—1926），从"小说界革命"到"文学革命"，实现了20世纪的中国文学运动形态由局部向整体的层递性演变；"人民的文学"阶段（1926—1949），从"多元并存"到"区域分化"，展现了20世纪的中国文学运动形态三大层面互动的全面性演变；"从属于政治的文学"阶段（1949—1976），从社会主义改造到"文化大革命"，表现了20世纪的中国文学运动形态从多样转向单一的工具性演变；"复归人学的文学"阶段（1976—2000），从"社会主义建设"到"文艺体制改革"，显现了20世纪中国文学运动形态从一元到多元的总体性演变。

文学的阶段性发展最终形成了全社会性的文学运动，是20世纪的中国特有的历史现象，大多数研究者更多地瞩目于文学发展的历史进程，以及各种文学样式的自身发展，而仅仅将文学运动置于文学及其样式的历史发展的背景地位上，因而较少地对于文学运动形态本身进行总体研究。即使是已经出现的一些研究成果，也大多是针对某一阶段的文学运动来进行的，在这一方面最为突出的是关于抗战时期以陪都重庆为中心的大后方文学运动的研究。

然而，即使是对于大后方文学运动本身能够进行较为完整而深入的研究，这一研究也依然是片面与零散的，很难将其与整个20世纪的中国与重庆的文学发展有机地联系起来，使之在显现出文学运动的区域性与阶段性的同时，导致大后方文学运动研究本身成为一种封闭性的研究。这样，也就难以从理论上阐明以陪都重庆为中心的大后方文学运动为什么会成为抗战时期代表着中国文学发展的主流运动。所以有必要对于整个20世纪中国，特别是重庆文学发展的运动形态进行研究，不仅可以拓展对于重庆文学发展进行研究的学术空间，而且更可以将重庆文学运动置于学术研究的视野，以展示20世纪重庆文学运动形态特征的承续与更替的具体过程，特别是这一过程所体现出来的某种具有规律性的因素。通过这样的研究，不仅对于以陪都重庆为中心的大后方运动的有关研究，将增多学术研究的层次，同时更是将开启对于整个20世纪的重庆文学运动形态的总体研究，以期为新世纪到来之后的重庆文学乃至中国文学的发展，能够提供一定的从历史到现实的镜鉴。

对20世纪的重庆文学百年来的发展过程，必须进行实际样态的考察，并且在这一考察的基础之上展开深入的探讨。首先是对百年来重庆文学发展进行阶段性的分期，根据不同阶段内重庆社会文化发展与文学发展的具体关系，对此阶段内以城市为依托的文学运动进行确认与定位，也就可以分为早期现代化时期、抗日战争时期、探索时期、改革开放时期这四个阶段；其次是探讨百年来重庆文学运动在不同的历史阶段内所表现出来的鲜明的区域性，尤其是某些阶段之中出现的具有全国代表性的文学运动与区域文化及文学之关系；再次是就百年来重庆文学运动的阶段性而言，应当着重探讨的是不同阶段内文学运动之间的承续所表现出来的新旧文学传统的潜在影响，与文学运动之间的更替所包容的社会文化发展的直接制约；最后是每一阶段的文学运动都将以某一或某些文学样式来作为其主导性的文学样式，作为叙事文学的戏剧与小说先后在重庆文学运动之中占有举足轻重的地位，显然具有从社会文化需要到文学审美时尚的诸多原因，而具有决定性的因素在不同阶段的文学运动之中看似不同，但在本质上往往会极为相似，甚至相同。

在这里，对于重庆文学的现代运动在阶段分期上，参照了整个 20 世纪的中国文学运动的四阶段划分，不过，对于不同阶段的重庆文学运动，特别是具有全国代表性的阶段文学运动的确认与定位，不可避免地与文学发展的区域性特征紧密联系在一起，因而必须对区域文化与文学之间的关系进行深入探讨，这将是研究过程之中所面临而又必须加以探讨的关键性问题。与此同时，文学发展的阶段性特征，并非仅仅是年代性的，在囿于时间长度上的年代封闭而造成文学运动的独特表现之外，更会出现社会转型的时代性过程对于年代封闭的打破，展示出文学发展的现代性与传统性的双重特质，促使文学运动在纷繁复杂的表象之下保持着内在的整一性。

正是因为如此，需要立足于区域文化与文学的现实关系，基于创作空间、艺术探索、传播影响这三大层面的形态演变，从社会发展、文化思潮、文学思想与文学创作之间的复杂而多重的关系这一角度，特别是根据现实的政治演进对于文学运动进行制约的紧密或疏离程度，来探讨其对于 20 世纪的重庆文学运动形态演变的直接与间接的影响，更进一步来探讨文学运动形态特征的阶段性表现，特别是这些表现对于文学运动形态演变的推进作用，以期对 20 世纪的重庆文学运动形态能够从整体上有一个较为客观的认识与具有理论深度的阐明。

因此，在描述文学运动发生与发展的一般样态的前提下，对于文学运动形态演变之中文学运动的阶段性发展，既要关注特定文学运动相对独立的一面，更要探索文学运动本质一致的一面。具体体现在 20 世纪的重庆文学运动的第一阶段，即"早期现代化时期"之中，也就是其运动形态的城市化与市民化。

现代与现代化作为人类社会发展的时代性语言事实的出现与存在，不仅仅与社会发展的实际进程直接相关，更是与人的意识转换紧密相连，这就在于，面对人类社会这一特定历史阶段及过程的概念性语言表达，在从所谓西方对东方的文化交流之间，在得到相对意义上的社会认可的同时，又被进行了表达上的改写。这一语言的改写，不仅是语用的改写，更是语义的改写。这样，现代与现代化的概念，首先是在日语里面出现了年代性的时间区分，以此作为历史性的断代，于是在近代之后方有现代，17 世纪初到 19 世纪中叶为近代，此后一直到当下即为现代；其次是现代一词作为来自日语的借词出现在汉语之后，逐渐促成了对于近代与现代的流行语用，与此同时又特别地赋予了近代与现代不同的语义内涵，分别对近代与现代进行了具有时代性的、特定意识形态色彩的意义扩张——近代成为资本主义时代到来的命名，而现代成为社会主义时代到来的命名，以这样的所指与能指共同构成了语用与语义一致性需要的意识形态前提。

于是，近代与现代之间的时代性分界线，一旦出现在汉语的意识形态语境之中，在世界史上以"十月革命"发生的 1917 年为界，在中国史上以"五四运动"爆发的 1919 年为界，在一定时期内成为具有相当普遍性的语言现实，以至于导致了近代化与现代化互相夹缠的语义混乱发生，最终不可避免地出现了所谓近现代与近现代化这样的语用谬误，反而消解了语用与语义一致性需要本身。所以，如果坚持对于人类社会现代发展及中国社会现代发展的历史进程作出语言上的意识形态性单一改写，将会直接妨碍着对于社会现代化这一历史进程的全面认识。正是因为如此，为了保证文化交流与发展的正常进行，作为文化存在的最重要的符号表征的语言，必须向着语用与语义一致性需要复归，消除意识形态的语言藩篱，在标明社会发展的时代性的同时，又能够进行年代性的区分，因而关于近代与现代之间，特别是近代化与现代化之间，应该是能够统一在现代与现代化的概念范畴之中的，在这样的意义上，是完全可以用早期现代化这一提法来取代近代化的固有说法，也就是中国文化从传统向着现代开始全面转型的过渡阶段。① 在这一过渡阶段之中，更多的是打破传统文化的固有格局，建立进入现代文化的初始基础，具体展现为从洋务运动经维新运动到新文化运动，由偏至全的层递式社会发展过程。

所以，早期现代化不仅可以打破语言中现存意识形态的心理定式，借以展示中国社会发展的多面性，而且还可以突破语言中固有意识形态的时间封闭，得以比较中国社会发展的区域性。这就是，通过对于中国早期现代化的研究，可以在对中国文化的经济、政治、意识三个层面上的发展进行纵向描述的同时，展开对中国文化与外来文化，以及本土区域文化进行横向比较。中国早期现代化主要是以城市现代化的方式开始的。

仅就重庆的早期现代化而言，也就发生在从 19 世纪末到 20 世纪 30 年代中期这一阶段内。重庆不仅迅速成长为长江上游地区的经济与政治中心，同时也逐步形成为长江上游地区的意识中心，要言之，成为代表着长江上游地区的区域性文化中心。这样，作为区域性文化中心的重庆，除了保持着与整个中国的早期现代化相适应的同步性特征之外，更是表现出早期现代化过程之中较为明显的滞后性特征。所有这一切，对于重庆文学的发展来说，产生着直接的影响，呈现出与城市现代化保持着相应的运动形态特征。

如果说此时的重庆，无论是在经济发展上，还是在政治形态上，与中国文化发展的早期现代化总体水平之间的差距还算不上太大，基本上保持了同步性发展的话，那么，在思想意识方面却出现了较大的距离。新文化运动作为中国历史上第一次真正的思想大解放，是借助五四爱国运动为中介才在重庆引起初始反响的，对于民主与科学的追求植根于高昂的爱国激情之中，在显示巨大的感召力的同时，却失落了冷静的理性思考，反而延误对于思想大解放的真正把握。

---

① 郝明工：《20 世纪中国文学思潮及流派》，西南师范大学出版社 2003 年版，第 39—41 页。

1919 年 5 月 20 日，重庆各中等学校代表开会筹备成立"川东学生救国团"（6 月 28 日改名为川东学生联合会），其行动纲领为："一、对内振兴学术言论，发展组织经济之接济，持永久不变之态度。二、对外演说、印刷小说和报章通讯，拍电报联络京津各团体为一致之进行。"显然，这一纲领将思想解放与爱国运动杂糅在一起，以至于表现出某种程度上的认识含混，既要将言论自由与经济支持扯成一团，也要把小说与报章通信混为一谈。直到 1921 年 6 月，川东学生联合会才公布了五条行动措施——"实行乡村讲演""推广平民教育""提倡实业""改组风俗""传播文化"。[①]至此，在重庆才开始有意识地触及了现代文化的思想构成内涵，有目的地着手与之有关的活动，不过仍然未能摆脱理论思考的幼稚与笼统，实际行动的盲目与空洞。

尽管如此，新文化运动和新文学运动的影响，仍然使重庆人"如像服了兴奋剂一般，一变以前沉默态度，而为一种热烈奋发的样子"，[②]于是出现了一些宣传新思想的刊物，开始普遍使用白话文，也进行新文学的创作尝试。但是，从总的意识自觉水平来看，依然处于落后状态。这除了内陆城市的空间限制之外，主要在于重庆这一商业城市中人口构成的文化素质水准较低，到抗日战争全面爆发的前夕，全市 47 万人口之中，加入袍哥的竟有 7 万左右。[③]与此同时，重庆的教育事业较为落后，尤其是学校体系远非完备，第一所大学迟至 1929 年才创办，这就造成城市社会组织结构的极大缺陷，未能形成能够开时代风气之先河的知识分子阶层，继而也就无法正常推进思想解放运动在重庆的开展，从而直接影响到重庆文学运动发展的滞后，形成了与重庆早期现代化相应的城市化特征。

必须指出的是，与具有滞后性的重庆文学运动城市化相伴而行的，正是具有通俗性的重庆文学运动市民化。这就在于，最初以商业从业人员为主体的重庆市民对于文学的需要，主要是为了满足闲暇之时的消遣与交际之中的应酬。因此，以川剧为主的传统戏剧在重庆极为兴旺发达，

① 《国民公报》1919 年 5 月 27 日，1921 年 6 月 29 日。
② 《重庆商务日报十周年纪念特刊》1924 年。
③ 隗瀛涛：《近代重庆城市史》，四川大学出版社 1991 年版，第 398、427 页。

不仅形成了下川东川剧流派，而且从 1917 年开始创办"裕民社"，开始专业化发展。与此同时，编演了大量的时装戏，出现了专业剧作家，编写出《林则徐》《祭邹容》等一批具有反帝反封建内容的剧目。不过，与川剧的轰动相对应，尽管在 1913 年 4 月开明剧社来重庆演出，以《都督梦》《新茶花女》等文明新剧来推动话剧的肇起，随后在重庆又出现了群益新剧社等话剧团体，但是，由于在业余演出中坚持话剧艺术追求，不仅遭到市民带有偏见的误解与歧视，而且也因经费筹集的艰难而无以为继。

正是从重庆文学运动市民化之中的戏剧传播现实来看，可以看到传统与现代相对峙的新旧文学之争，实际上与市民的主体构成直接相关。随着市民构成在重庆早期现代化过程之中的逐渐变化，除了商人之外，学生、工人，甚至军人之中的文学爱好者，也开始创办各种报刊，为文学作品提供不可或缺的发表阵地。在 1905 年创刊的《重庆商会公报》（后改名《商会公报》）之上，就设有"小说""拾遗""杂俎"等栏目，来发表消遣性的作品。而在 1930 年由重庆总工会创办的《市声午报》，以第四版作为副刊，发表了大量趣味性的作品。当然，不可否认的是，随着新文化运动的兴起，特别是在文学革命的直接影响之下，此时《重庆商务报》《新蜀报》等商业性大报，也开辟了不少文学专栏，而萧楚女、陈毅等人也曾经在这些专栏上发表了不少的新文学作品。这就促使 1929 年创办的《重庆晚报》特设文学副刊"夜之花"、1930 年创办的《西蜀晚报》特设文学副刊"桃花源"，一时间，重庆的诸多报纸纷纷开设文学副刊。自然，这些报纸为了吸引订户、增大发行量，其发表的作品大多较为注重消遣性与趣味性，使讽刺抨击与游戏娱乐相兼备。所以，从总体上来看，颇受新文学影响的主要限于以学生为主的文学青年，如军方报纸《济川公报》的文学副刊就是以军中文学青年为对象的，这固然与该报由军方分派部队发行有关，但是仍然从一个侧面上反映出新文学生长园地在重庆的来之不易，从而显示出通俗性的市民化对于重庆文学运动的形态限制。

正是因为新文学的纯文学性难以与市民文学的通俗性相匹敌，在重庆文学运动市民化占上风的现实之中，新文学在困难重重之中缓慢地发展，直到 1936 年前后，才出现了由文学青年创办的几种文学期刊——《沙龙》《山城》《春云》，以及文学周报《溅花周报》《榴楂周报》等，其中以 1936 年 1 月创刊的《春云》文学月刊最为有名。作为纯文学月刊，《春云》发表了不少小说、诗歌、散文以及文坛消息。必须指出的是，这些作者均为重庆本地的文学青年，因而能够通过自己的创作来初步反映出重庆生活的各个方面，显示出浓郁的地方色彩。与此同时，也同样显现出强烈的阶段特点，由于春云文学社成员均为文学青年，其中还有不少在校的中学生，所创作的作品显然是一时难以达到较高的艺术水准的。

这就表明在重庆的市民构成发生变化的同时，还需要对重庆市民的文化意识与文学观念进行具有现代性的重建，而完成从传统向着现代转型的精神重建的个人最佳方式，在当时无疑是走出夔门去，然后带回内蕴着现代思想的文学种子，来促成文学园地的一派茂盛。曾经走出夔门去求学，而后任重庆大学中文系教授的"白屋诗人"吴芳吉，一方面高度强调诗歌必须随时代前进而变革："非变不能，非变无以救诗也"；另一方面极力主张新诗应该注意民族性与时代性的一致："余所理想之新诗，依然中国人之人，中国之语，中国之习惯，而处处合乎时代者"。① 因此，他以真人真事为素材，创作了轰动一时的叙事诗《婉容词》，以反对封建礼教对于女性的残害。不过，《婉容词》一诗的思想价值大于其艺术价值，过多地拘泥于传统诗歌与民歌的固有诗式表达，而忽视了诗艺现代化之中的个人创新，这就从一个侧面上显现出为了获得最大限度的读者，所不得不付出的停止诗歌艺术探索的个人代价，从而表明重庆文学发展的阶段性对于个人创作所产生的有形与无形的种种约束。

为此，必须有人来打破这一现实存在着的阶段性文学牢笼。时势造英雄，在重庆果然出现了这样一个人，他就是被香港新文学史家司马长风称为"两个半"新诗诗人之中的那"半个"诗人的何其芳。当年在北京就读大学的时候，何其芳就曾经以重庆故乡风物为刊名，出刊了《红砂碛》，

---

① 《白屋吴生诗稿·自序》，贺远明、吴汉骧、李坤栋选编：《吴芳吉集》，巴蜀书社 1994 年版。

随后又在《新月》上发表过小说，特别是诗歌。他在写出叙事诗《莺莺》以后，① 开始转向对于个人情怀的精致吟唱，这就是此时已经成为诗人心灵写照的《预言》——获得新生的青年成为徜徉在诗歌王国的"年轻的神"，从此一发不可收拾，直到写出充满诗情画意、贯通古今的《画梦录》而一举成名。由此可见，进行文学抒情，无论是诗歌，还是散文，就纯文学追求而言，都是同样重要的，这至少是在大众媒体不够发达的20世纪初叶，导致诗歌与散文，很少有机会能够像小说那样，具备在广为传播之中以满足通俗性需要这样的市民化特征的一个主要原因。

从根本上看，抒情是最具个人性的文学创造，因而正是个人情感的抒发能够显现出人的精神风貌，所以从吴芳吉到何其芳，都是以新诗的创作来表达出对于重庆固有的文学格局的一次又一次的文学突围，尽管他们由于种种原因而停留在文学突围的途中，没有能够完成自己的个人突破，但是，他们毕竟以自己的文学突围来证实了一个不容忽视而必须正视的可能——如果重庆文学运动要冲破第一阶段的封闭，而进入第二阶段的发展，也就必须在整个中国社会发展过程之中实现空前强大的文学力量的积聚，来推动文学运动形态的更新，以打破城市化与市民化对重庆文学运动所造成的滞后性与通俗性的双重限制。

二　拥抱抗战的文学

文学与战争这一命题，集中体现出文学与政治之间在特定文化环境中的特定关系，进而是反对帝国主义侵略战争的正义性带来了民族文学发展的可能性，因而作为民族文化之精神显现的文学，将承担起重建民族文化精神与发展民族文学自身的双重使命，从而形成社会性的现实文学运动。实际上，抗日战争对于中国文化的发展，特别是对于中国文学的发展，到底意味着些什么，早在抗日战争全面爆发之初，就有不少人进行过思考，历史已经证实这些思考的合理性与预见性。

于是，在所有这些关于文学与战争的个人思考之中，仅仅就郭沫若而

---

① 罗泗：《关于三十首佚诗的说明材料》，《何其芳佚诗三十首》，重庆出版社1985年版。

言，在抗战之初所发表的《战争与文化》一文，他就指出全人类共有的占有欲望与创造欲望这两者之间的依存关系就在于——"没有占有欲望则个体或群体的生存便不能维持，没有创造欲望则整个人类便无由进步"，因而所谓文化也就是"表示着对于占有欲望的克制与对于创造欲望的培养廓充的那种精神活动的总动向"，于是，"文化本身是有战斗性的，是有进步性的"。这无疑是说由文化所体现出来的人类自身的精神活动具有维护生存与进行发展的两面性，从而使文化具有全社会不断向前的运动性质，即郭沫若所谓的克制占有欲望的"战斗性"与扩充创造欲望的"进步性"。正是在这样的意义上，可以有保留地赞同郭沫若所认为的反侵略的义战与文化运动保持着一致性，即"既存文化即使因战争关系而遭受损失，但由于代谢机构的促进，新兴文化便应运而生"，因而中国文化将在抗日战争中进行更新。同样，已成文学也将在正义战争中获得前所未有的发展新机遇，中国文学也将在抗日战争中进行更新——"踏上新现实主义道路"①。

由此可见，无论是在正义战争与文化运动之间，还是在正义战争与文学运动之间，其"现实"关系，都将同样表现为中国文化与文学在抗日战争中进行的更新。更为重要的是，这一更新过程将仍然是中国社会现代化进程的一个不可缺失的环节，尽管在抗日战争的文化环境中，由于战时条件的影响与限制，促使这一更新过程发生的中心区域出现了转换，进行的现实方式出现了变化。具体而言，首先就是文化中心与文学中心从中国东部转移到了中国西部，导致了以重庆为中心的大后方文化与文学的崛起；其次就是文化运动和文学运动与中国抗日战争之间的紧密联系，导致了以重庆文学运动为主导的抗战文学运动的兴起。

由于国民政府在迁往重庆之后明令其为陪都，来对重庆这一战时文化中心进行过行政性确认，更是由于此时的重庆文学运动在事实上已经成为战时文学中心，因而从中国文学运动与中国抗日战争之间的现实关系出发，来对重庆文学发展与中国抗日战争之间的关系重新进行学术性的审

---

① 郭沫若：《战争与文化》，《大公报》1939 年 3 月 16 日。

视，就可以通过陪都文学运动这样的历史性命名，以强调重庆文学运动在抗日战争时期所具有的全国代表性。这种全国代表性，一方面是重庆文学运动代表着此时中国文学运动的政治"战斗性"方向，从而在中国文学运动中占据了阶段性的文学主流地位；另一方面是重庆文学运动代表着此时中国文学运动的创造"进步性"方向，从而在中国文学运动中显现出阶段性的艺术创造特质。所以，陪都文学运动在中国抗日战争中如何拥有全国代表性，正是一个互动性的运动形态演变过程，这就是陪都文学运动的主流化与现实化。

陪都文学运动的主流化历经了一个从中国文学运动的边缘到中心的曲折过程。进入 20 世纪，地处中国西部的重庆，作为一个内陆城市，其城市现代化长期以来滞后于中国东部，特别是沿海沿江的诸多城市，因而一直处于中国文学运动的边缘，直到 1936 年在重庆才出现了本地文学青年所创办的第一个真正现代意义上的文学刊物《春云》，较之上海、北京等地的类似刊物，起码晚出现了十多年。从文化与文学发展的一般意义上来看，尽管可以说是否出版了刊物，特别是文学刊物，可以作为一个文化中心与文学中心出现的标志，但是，能够真正证明一个城市是否具有文化中心与文学中心这样的全国地位的，则是能否成为全国出版中心，也就是说，是否出版了大量的刊物与作品，特别是能否出版大量的文学刊物与文学作品，以产生具有代表性的全国影响。

可以说，自从 1937 年 7 月 7 日中国抗日战争全面爆发以后，为了扩大重庆文学运动的影响，首先在《春云》上面出现了摆脱文学边缘状态的第一次努力：发表了郭沫若等知名作家的作品，以打破由文学青年的业余创作一统刊物天下的局面。对于这一点，在 1937 年 12 月由《春云》月刊编辑部编辑、重庆春云社发行、今日出版合作社总经销的《春云短篇小说选集》的序言中，已经有着这样的清醒认识——"本刊成立至今，恰好一年。所贡献社会者，与拥有全国读者的权威刊物相较，所发生的影响，所取得的成果，远不及他们。但，在四川这个环境中，却算得是文艺战线上一名坚强的战士。不管别人的侮誉，我们，总本着时代的需要而努力。"这就不仅充分证明了重庆文学运动此时的确是处于中国文学运动边缘的实际状况，而且表明了重庆文学运动此时所具备的由中国文学运动的边缘转向中心的可能性。

　　果然，抗日战争的全面爆发迅速地改变了这一边缘现状。1937 年 11 月 20 日，国民政府发表《迁都宣言》："国民政府兹为适应战况，统筹全局，长期抗战起见，本日迁驻重庆以后将以最广大之规模从事更持久之战斗"，"继续抗战，必须达到维护国家民族生存独立之目的"。① 自此，特别是 1938 年 10 月武汉陷落以后，随着重庆在 1939 年 9 月 6 日被明定为"中华民国"的陪都，重庆不仅逐渐成为中国的战时首都，以其行政地位的不断上升而促成了其全国文化中心这一地位，而且更是以其经济地位的日益重要而促进了陪都重庆的全国出版中心的最终确立。这就是，众多的在抗战中具有广泛社会影响的刊物纷纷在陪都重庆的复刊，对于大后方抗战文学运动的发展，产生了极其重要的推动作用，特别是在众多刊物迁渝复刊的影响下，陪都重庆创办的各类刊物也不断涌现，仅仅是复刊与创办的文艺刊物，整个抗战期间陪都在重庆就达到 50 种之多。② 这就显示出陪都重庆成为全国出版中心对于整个文学运动，尤其是对于抗战文学运动以陪都重庆为中心而蓬勃地发展起来的重要意义来。当然，仅仅是出版多达 50 种的文艺刊物还不能够真正证明陪都重庆已经成为出版中心。

　　在 1941 年 12 月 8 日太平洋战争爆发以后，中国抗日战争成为世界反法西斯战争的重要一环，而上海、香港等地的出版社纷纷迁往陪都重庆，以商务印书馆与中华书局这样的大型现代出版机构的迁渝为标志，表明陪都重庆的全国出版中心地位的最终确立。随后在陪都重庆出现了大批出版社，特别是作家自己创办的出版社，如巴金等人建立的文化生活出版社渝处、郭沫若创办的群益出版社、老舍等人合办的作家书屋。1942 年以后，在陪都重庆创建的出版社至少在 120 家以上，而同时在陪都重庆出版的文艺丛书至少也有 120 多种，特别是以 1942 年为界，陪都重庆出版的书籍由此前的 1299 种，上升到此后的 3098 种，陪都重庆整个抗日战争期间出

---

① 《国民政府公报》1937 年 12 月 1 日。
② 重庆市图书馆编印：《抗战期间重庆版文艺期刊篇名索引》，重庆市图书馆编印 1984 年版。

版的书籍达到 4386 种，其中仅仅小说就从前四年的 59 部上升为后四年的308 部，共计 367 部。①

以上仅仅是从陪都重庆作为全国出版中心这一侧面来反映出陪都文学运动如何逐渐在中国抗日战争中成为全国文学运动的代表。而重庆文学运动如何改变其处于全国文学运动边缘状态，而迅速走向全国文学运动的中心，成为名副其实的陪都文学运动，则是与大批全国性的文艺团体的迁渝，特别是与大批全国知名作家来到陪都重庆分不开的。

在文学团体中，最为著名的文艺团体之一就是中华全国文艺界抗敌协会及其大量作家会员在重庆的落户。1939 年 2 月，经中华全国文艺界抗敌协会理事会议决议，设立通俗读物委员会、国际文艺宣传委员会，来具体实施文章下乡、文章入伍、文章出国这三大为抗战服务的任务，以文学的方式来进行抗战宣传。两个月之后，为了扩大社会影响，中华全国抗敌协会第二届常务理事会第一次会议决定组织作家战地访问代表团，选派代表参加劳军慰问团，将陪都文学运动的影响扩展到了全国各地，特别是各个战区，都组建了中华全国文艺界抗敌协会分会，具有了文学服务于抗战这一共同的政治目标，从而也就促成了陪都文学运动在抗战文学运动、中国抗日战争时期文学运动之中的代表地位。

当然，陪都文学运动的全国性代表地位，主要是通过文学活动来奠定的。在陪都重庆，众多作家创作了大量的作品来为抗战服务，并且以各种各样的社会传播方式来扩大作品的受众范围。在陪都重庆，各种社会活动都离不开以文学的方式来进行抗战宣传，并且文学活动也以多种多样的艺术形式来参与动员民众的政治运动，因而文学运动本身也就成为整个抗战文化运动的有机组成部分，也就是说，陪都文学运动高度地体现出中国抗日战争时期文化发展的现实动向，具体而言，就是进行国民精神总动员。

1939 年 3 月 11 日，国民政府在重庆设立了国民精神动员总会，并于第二天颁布了《国民精神总动员纲领》及《国民精神总动员实施办法》。

---

① 这仅仅是一个不完全统计的最低限度的数字统计，据重庆市图书馆编印《抗战期间出版图书书目（第一辑）》《抗战期间出版图书书目（第二辑）》，重庆市图书馆编印 1985 年版。

5月1日，从重庆到延安，各地纷纷举行国民精神总动员大会，至此，以重庆为中心的国民精神总动员运动迅速在全国兴起。这就在于："国民精神总动员，应成为全国人民的广大政治运动，精神动员即是政治动员"，"只有经过民主方式，着重宣传鼓动才能推动全国人民，造成压倒敌人刷新自己的巨潮"。① 最有力地进行着国民精神总动员的，是陪都文学运动之中的话剧运动。

自从1938年10月10日"中华民国"第一届戏剧节在重庆开幕以来，话剧也就成为戏剧中最普遍使用的进行抗战宣传和民众动员的现实手段，特别是由此开始的"五分票价公演"，更是将话剧推向了广大民众，使话剧这一与现实社会生活保持着紧密联系的现代戏剧形式，经过多年的移植，终于在中国落地生根、开花结果。陪都文学运动中的话剧运动，已经成为此时社会传播面最广，而社会影响面最大的现实运动。这就直接推动了话剧剧本的创作，根据不完全统计，在整个抗战期间，话剧剧本不仅占据了戏剧文学作品的绝大多数，剧本发表的超过了1000部，而且仅仅大型的多幕剧剧本至少就有120部，其中由陪都重庆出版的就达到100部以上，至于在陪都重庆报刊上发表的各类话剧剧本的数量也就可想而知。② 必须指出的是，这些众多的话剧剧本，通过各种传播方式，特别是话剧演出而扩大了接受群体，使话剧运动的社会影响辐射开来，成为陪都文学运动主流化过程中最为突出的现实表现。

话剧运动的这一成功，虽然证明了陪都文学运动的主流化正是在中国抗日战争的文化环境中进行与完成的，但是，如果仅仅凭借战时条件下进行抗日宣传与民众动员的现实需要，在服务于抗战的过程中来促进文学运动的发展，也就有可能一旦战争结束，就会失去文学运动的全国中心地位，甚至有可能再度由中心转向边缘，结果只能成为具有阶段性的全国文学运动的代表。果然，在中国抗日战争胜利以后，服务于抗战的文学运动

---

① 《中央为开展国民精神总动员运动告全党同志书》，《群众》第3卷第1期。

② 田进：《抗战八年来的戏剧创作》，《新华日报》1946年1月16日；重庆市图书馆编印：《抗战期间出版图书书目（第一辑）》《抗战期间出版图书书目（第二辑）》，重庆市图书馆编印1985年版。

已经不复存在，在一片抗战胜利回老家的浪潮中，陪都文学运动因而也就只能成为 20 世纪的重庆文学运动的一段最为辉煌的历史——重庆文学运动代表着中国抗日战争时期的中国文学运动的方向，从而在中国文学运动中占据了阶段性的文学主流地位，而陪都文学运动正是对于这一阶段性的文学主流地位的历史性确认与命名。

也许，可以说促成陪都文学运动这一主流文学运动诞生的，更多的是与中国抗日战争的战时条件有关，陪都文学运动所表现出来的战时性特征，不仅使其全国代表性成为暂时性的，而且也在一定时间内直接或间接地、或多或少制约着陪都文学运动的现实化，这就是，陪都文学运动的现实化经历了一个现世化到史诗化的一波三折过程。事实上，以陪都文学运动为代表的抗战文学运动，从一开始就不得不面临着这样一个问题："怎样使文艺在抗战上更有力量？这问题所包含的一切差不多都是实际的，因为抗战文艺，像前边所提到过的，是直接的——歌须能唱，戏须能演，小说须大家看得懂，诗须能看能朗诵。抗战文艺不是要藏之高阁，以待知音，而是墨一于即须拿到读者面前去。"然而，"在文艺者的心里，一向是要作品深刻伟大，是要艺术与宣传平衡……怎能既深刻又浅俗，既是艺术的又是宣传的呢？"①

说这番话的正是中华全国文艺界抗敌协会的总干事老舍先生，他不仅指出了作家个人对于艺术追求进行不懈努力的内在性，而且更是强调了文学服务于抗战过程中作家个人必须满足抗战宣传这一现实需要的必要性，进而提出了作家应该对此作出自己的选择来。可是，连老舍先生自己对于这样的选择也发生了疑惑，这就势必影响到他个人的实际创作。事实上，老舍先生这一疑惑正是在陪都文学运动中出现的抗战宣传第一的现世化趋向之中产生的，这不仅影响着直到抗战五年之后老舍先生所创作的长篇小说《火葬》成为失败之作——"它的失败不在于它不应当写战争，或是战争并无可写，而是我对战争知道得太少。我的一点感情像浮在水上的一滴油，荡来荡去，始终不能透入水中去！"于是，老舍先生要说："我应当

---

①　老舍：《三年来的文艺运动》，《大公报》1940 年 7 月 7 日。

写自己的确知道的人与事。但是，我不能因此而便把抗战放在一旁，而只写我知道的猫儿狗儿。"①

更为重要的是，这一现世化趋向的确是带有普遍性的。与老舍先生同时在 20 世纪 30 年代中国文坛上成名的巴金先生，此时比老舍先生更早创作出来"抗战三部曲"的《火》，也更早成为失败之作，巴金先生对此作出了这样的评说："老实说，我想写一本宣传的东西。但是看看写完的十八章，自己也觉得这工作失败了。也许我缺少充足的时间，也许我更缺少充分的经验和可以借用的材料"；"为了宣传，我不敢掩饰自己的浅陋，就索性让它出版，去接受严正的指责"；"但我想，我的企图是不受欢迎的。倘使我再有两倍的时间，我或许会把它写成一部比较站得稳的东西"。也许在当年，巴金先生为了满足进行抗战宣传的现实需要，还多少保留着自责之中那么一点点的自信，那么，在三十多年以后，巴金先生则进行了毫不留情的自我批判——"《火》一共三部，全是失败之作"，"我动笔时就知道我的笔下不会产生出完美的艺术品。我想写的也只是打击敌人的东西，也只是向群众宣传的东西，换句话说，也就是为当时斗争服务的东西"。②

事实上，整个抗战期间，为宣传而写出的作品应该是大多数，特别是在 1942 年以前占据了绝大多数。这一点，仅仅从老舍先生的《火葬》与巴金先生的《火》的坚持出版面世就可以略见一斑。尽管从老舍先生到巴金先生对于自己的失败之作所进行的个人反省来看，无疑是真实而又真诚的，但是，这一真实而又真诚的个人反省却揭示了为着宣传而创作最终会失去艺术的生命的真理——对于作品来说是如此，对于作家来说更是如此。正是因为如此，即使是在中国抗日战争的漫长岁月里，文学运动虽然必须承担与履行服务于抗战的现实任务，然而这并非是文学运动的历史使命。这就在于，文学运动的历史使命只能是在不断地艺术创造之中发展文学自身。那么，有没有可能作家自觉抛弃抗战宣传第一的写作，而更为注

---

① 老舍：《我怎样写〈火葬〉》，《火葬》，重庆出版公司 1944 年版。
② 巴金：《火（第一部）·后记》，《火》第一部，开明书店 1940 年版；《火（第二部）·后记》，《火》第二部，开明书店 1941 年版；《火（第三部）·后记》、《火》第三部，开明书店 1943 年版；《关于〈火〉——创作回忆录之七》，《大公报》（香港）1980 年 2 月 24 日。

重在艺术追求之中来反映抗战现实，从而对已经出现在陪都文学运动中的现世化趋向进行扭转呢？

实际上，这一扭转开始于所谓的"与抗战无关"的争论中。也许是由于提出这一问题的时间太早，而导致了这一争论的一边倒，直到造成后来诸多文学史的误认与偏见。1938 年 12 月 1 日，梁实秋先生在《中央日报》副刊《平明》上发表了《编者的话》一文，称："现在抗战高于一切，所以有人一下笔就忘不了抗战。我的意见稍为不同，于抗战有关的材料，我们最为欢迎，但是与抗战无关的材料，只要真实流畅，也是好的，不必勉强把抗战截搭上去。至于空洞的'抗战八股'，那是对谁也没有益处的。"如果将这一番议论置于抗战初期已经出现的抗战宣传第一所带来的公式化创作倾向的背景之上，就可以看出这一番话的确是颇有理论预见性的谠论。

不过，由于 30 年代文坛上彼此留存的积怨与当下争论双方在语言上的不恭，使这一场当时带有情绪化的争论，到后来成为所谓曾经倡导文学"与抗战无关"的个人罪证，开了一个与陪都文学运动有关的政治性玩笑。事实上，"在抗战初期，战争的暴风雨似的刺激使作家们狂热、兴奋，在文艺创作上失却了静观的态度，特别是在诗和戏剧上，多少有公式化的倾向，廉价地强调光明，接近标语口号主义"，而"现在作家们只是单纯地从正面地、冠冕堂皇地写抗战，有时也不免近于所谓公式化。以后应该拿出勇气来，即使是目前暂时不能发表的作品，也要写出来，记下来。这所写的才配称为真正的新现实，能够正确地把握这个新现实，才能产生历史性的大作品"①。

这就直接提出了将艺术置于宣传之前来反映现实的问题，也就是说，只有通过艺术地反映抗战现实，才有可能达到抗战宣传的目的。更为重要的是，不仅仅是要求从正面去描写抗战，还提出应该对抗战的现实发展进行全面的描写，即使有可能出现艺术与宣传之间的对抗乃至冲突，也应该坚持文学全面反映抗战现实。这就在于，抗战文学，不仅是关于中国抗日

---

① 郭沫若：《1941 年文学趋向的展望》，《抗战文艺》1941 年第 7 卷第 1 期。

战争的文学，而且更是关于中国抗日战争时期的社会人生的文学。所以，抗战文学运动在满足宣传抗战的现实性需要的同时，必须为抗战留下历史性的艺术画卷，从而凸出了陪都文学运动的现世化转向史诗化的某种必然性趋势。

这一趋势，不仅出现在老舍先生从 1944 年 11 月 10 日开始在《扫荡报》上连载的《四世同堂·惶惑》之中，也出现在巴金先生 1944 年 5 月写成的《憩园》之中，两者都是着力挖掘并展示了中国抗日战争之中传统人格萎缩的那一面：只不过前者是通过沦陷区的北平的普通市民的生存状态来揭示的，而后者是通过大后方的成都的新旧大家庭的交相衰败来加以显现的。路翎先生在 1944 年上半年完成的《财主底儿女们》，则凸显了中国抗日战争中现代人格生成的另一面，正如胡风先生所说："在这里，作者和他的人物们一道在民族解放战争的伟大的风暴里面，面对着这悲痛的然而伟大的现实，用惊人的力量执行了全面的追求也就是全面的批判。"①

然而，并非是被黑格尔视为"现代史诗"的现代小说才具有推进陪都文学运动史诗化的艺术功能，与此同时，在话剧运动中出现了以《戏剧春秋》为代表的对于中国抗日战争中的话剧运动进行历史性再现的诸多剧本，从一个侧面折射出饱受苦难的中华民族在正义战争中复苏与前进的全过程；而在叙事长诗创作的热潮中，从《古树的花朵》开始，以塑造民族英雄的诗情呼唤 20 世纪中华民族"人的花朵"的绽放，从而也就成为推进陪都文学运动史诗化的艺术动力。更为重要的是，陪都文学运动正是以在重建民族精神之中的全部艺术创新，呈现出陪都文学运动的创造"进步性"方向来。这就意味着陪都文学运动逐渐摆脱了现世化而转向史诗化的现实化过程，同样也具有了全国代表性。

必须承认的是，陪都文学运动的政治"战斗性"方向对于陪都文学运动的创造"进步性"方向会产生某种不利的制约，主要表现在陪都文学运动的现世化之中，然而这一制约仅仅是暂时性的；而陪都文学运动的创造"进步性"方向对于陪都文学运动的政治"战斗性"方向则会发挥有益的

---

① 张以英：《路翎的生平、小说和书信——代序》，《路翎书信集》，漓江出版社 1989 年版。

影响，主要表现在陪都文学运动趋向全国中心地位的过程之中，并且这一影响是长久性的，从整个 20 世纪的中国文学运动来看，陪都文学运动不仅代表着大后方文学运动，而且更是代表着中国抗日战争时期的中国文学运动。这就在于，促成陪都文学运动的政治"战斗性"方向与创造"进步性"方向是融为一体的，从文学发展的纵向上看，应该是也只能是具有长久性意义的艺术创造，尽管并不排除文学阶段发展过程中的某些暂时性因素，如陪都文学运动兴起与发展所必需的战时条件等。

　　总而言之，文学与战争的命题，应该首先是一个有关战时文化发展的整体性命题，同时更应该是一个关于横向展开与纵向发展相一致的文学运动的阶段性命题，这即是说：在正义战争的特定文化环境中，沿着文学运动的特定方向前进，将有可能出现具有全国代表性的区域文学运动，以体现出文学运动的阶段性发展来。正是在中国抗日战争中，重庆文学发展以陪都文学运动这一阶段性的现在时样态，第一次进入了 20 世纪的中国文学运动的现实中心，并且展示出 20 世纪的中国文学自身发展的现实可能性，因而也就成为有关文学与战争这一命题的历史性证明。

三　立足政治的文学

　　1949 年 11 月 30 日，重庆成为新解放区的一部分。12 月 3 日，随着重庆市军事管制委员会的成立，其下设的文化教育接管委员会文艺处，主要工作就是"联络社会上有声望的作家、艺术家，为成立重庆市、西南区文联及文协作准备"。显然，这仅仅是对重庆文学发展着手行政管理的一个开端，在 1950 年 3 月初，开始了归口管理。① 对于新解放区的作家进行从行政管理到文艺政策的全面落实，一方面主要是为了预防此前在上海等新解放区，作家之中已经出现的"可不可以写小资产阶级"的思想混乱，在重庆的再次发生；另一方面更在于，如何使对于以陪都文学运动为核心的大后方文学运动所进行的政治评判，能够得到重庆作家的尽快接受。

　　这一政治评价是在 1949 年 7 月举行的中华全国文学艺术工作者代表

---

① 　吴向北：《楚图南与西南文委（上）》，《新文学史料》2001 年第 3 期。

大会上作出的。正是在全国第一次"文代会"上，茅盾在《在反动派压迫下斗争和发展的革命文艺——十年来国统区革命文艺运动报告提纲》中，提出了"国统区革命文艺运动"中存在着从创作到理论这两方面的"小资产阶级分子"倾向，实际上就是使用"国统区"这样的政治术语，以"革命"的名义，否认了从陪都文学运动到大后方文学运动，在抗日战争时期对于中国文学发展所作出的必不可少的贡献，特别是陪都文学运动所具有的全国代表性。这是因为所谓的"国统区"与"解放区"之分，在中国历史上仅仅出现在三年解放战争时期，而不是八年抗日战争时期。

事实上，这一政治评价，与茅盾个人的关系并不很大。茅盾仅仅是作为一个代言人，来说出了依据"文艺为政治服务"这一解放区固有文艺政策所规定的政治结论——无论是陪都文学运动，还是大后方文学运动，都没有能够体现出"工农兵方向"来，自然也就是"小资产阶级"的了。问题在于，正如茅盾一旦被选为这一政治评判的代言人，也就自动被排除于小资产阶级作家之外，成为来自"国统区"的无产阶级作家，因而能够在从新民主主义革命向着社会主义的发展之中进行改造，在被当作中国当代作家的楷模的同时，又被任命为文化部长而走上政坛，成为20世纪中国作家写而优则仕的范例。只不过，一直被视为最能够代表"国统区革命文艺运动"的"小资产阶级分子"倾向的胡风，不仅由于在文艺思想上与毛泽东之间具有个人分歧，因而在此时被视为异端，不得参与《在反动派压迫下斗争和发展的革命文艺——十年来国统区革命文艺运动报告提纲》的起草，更是在此后以《关于解放以来的文艺实践情况的报告》的名义，"三十万言上书党中央"，坚持文学运动拥有相对独立与自主发展的权利，从而被视为中国当代作家中的败类，直至个人姓名成为"胡风反革命集团"的冠名。这就表明，对于新解放区的重庆作家来说，茅盾与胡风这两个当年的同路人，以其在新中国成立之后个人的不同命运，实际上已经显示出了中国大陆文学发展的不同道路，而当务之急就是进行从个人命运到文学道路的革命选择。

尽管在抗日战争胜利以后，随着大批作家的"复员"返乡，重庆文学运动的全国影响，在事实上已经不断减弱，但是，从抗日战争爆发以来一直留驻重庆的一大批作家，包括在全国较为知名的沙汀、艾芜等人，在重庆乃至整个西南地区的文学影响，则是不容忽视的。所以，重庆作家如何在统一认识的政治基础上重新组织起来，也就需要一个必不可少的转变过程。较之1950年5月先后召开的重庆市第一届学生代表大会、重庆市首次农民代表会议，8月召开的重庆市第一届工人劳动模范代表会议，重庆市第一次文学艺术工作者代表大会则迟至1951年5月才召开，也许不是偶然的。这无非表明，在重庆作家之中进行认识统一的思想难度颇大，故而需要一个较长的转变过程，而1951年3月中共中央发出通知，要求在全国范围内展开对于《武训传》的讨论，显然无疑是加快了重庆作家的思想转变与统一。

随着重庆市第一次"文代会"的召开，重庆市文学艺术界联合会成立，主席为任白戈，副主席为沙汀、艾芜；而隶属于该会的中华全国文学工作者协会也同时成立，主席为艾芜。这就表明，随着重庆市第一次"文代会"的召开，重庆作家已经接受了从行政到政策的权威性领导，具体而言，也就是如中共中央西南局总书记、西南军区政委邓小平为重庆市第一次"文代会"的题词中所要求的那样："人民，特别是工农群众需要更多的与他们有切身联系的，为他们所喜闻乐见的作品。"重庆文学运动从此被正式纳入了中国大陆文学运动的"工农兵方向"之中，呈现出"文艺为政治服务"的发展态势来。

必须看到的是，重庆此时在整个西南地区仍然发挥着从政治经济中心到文学艺术中心的巨大作用。从1950年7月西南军政委员会成立，到1952年11月改称西南行政委员会，再到1953年3月中央人民政府政务院决定重庆等10个大行政区辖市，一律改称为中央直辖市，并由大区行政委员会代表中央人民政府进行领导与监督，都表明了重庆在整个西南地区的重要地位。这一地位对于重庆文学运动来说，也产生了直接的影响——1953年4月5日在重庆召开了西南文学艺术工作者代表会议，成立西南文学工作者协会，以加强创作的组织领导工作。在这里，仅仅是强调对于创作的组织领导的加强，无疑是大有深意在其间的，基本上是针对作家而言的。这在一个月之后召开的重庆市第二次"文代会"上就可以看到：不仅强调文艺工作者必须学好马列主义毛泽东思想，而且根据中央指示将重庆市文学艺术联合会，改名为重庆市文学艺术工作者联合会，以保持从思想到组织的全国一致。

1954年8月23日，西南行政委员会全体委员扩大会议，通过了《拥护〈中央人民政府关于撤销大区一级行政机构和合并若干省、市建制的决定〉的决议》。不过，由于重庆市在经济、政治上的重要地位，在并入四川省建制以后，实行国家计划单列体制，并且一直持续到1958年。这样一来，西南文学工作者协会也就面临着不得不取消的这一现实，于是，在1956年5月13日，来自西南地区的80位作家举行会员大会，为了与中国作家协会及各大行政区分会统一，决定将西南文学工作者协会改名为中国作家协会重庆分会，并且与重庆市文学艺术工作者联合会合署办公，将机关刊物《西南文艺》改名为《红岩》。随着西南大区的撤销，中国作家协会重庆分会迁往成都，改名为中国作家协会四川分会，而《红岩》也随着重庆市计划单列体制的取消而难以为继，在1959年9月终刊。①

至此，重庆文学运动由于失去了必要的行政支撑与文学阵地，也就无法在西南地区产生较大影响，更不用说在全国激起任何反响了。正是因为这样，重庆文学运动的现实发展，也就需要通过及时的转换，以便从全国文学运动的边缘重返中心，这就是依托重庆特有的政治文化资源，通过革命化与历史化来促进重庆文学运动能够与全国文学运动的政治方向保持高度的一致。

尽管并不否认在社会主义探索时期，重庆作家在创作上的个人努力，不过，重庆作家的创作能够真正引起举国关注的，当由小说《红岩》始。这是为什么呢？如果仅仅从政治的角度来看，从1949年以来的中国大陆文学的主要使命，就是通过反映新民主主义革命与社会主义改造，来为现实的阶级斗争服务，因而出现了以《红旗谱》《红日》《红岩》《创业史》

---

① 重庆市地方志编纂委员会总编辑室编著：《重庆大事记》，科学技术文献出版社重庆分社1989年版，第301、302、306、304、341、346、361、365页；重庆市市中区文化艺术志编纂委员会编：《重庆市市中区文化艺术志》，文化艺术出版社1990年版，第32—34、38—40、196页。

为代表的革命叙事小说，来展示从新民主主义革命到社会主义改造的全过程，具体而言，也就是从土地革命到解放战争，再到合作化运动。1949 年中华人民共和国的成立，不仅成为新民主主义革命向着社会主义过渡的历史标志，而且成为由战争阶段进入社会发展的和平阶段的现实转折。这样，随着 1956 年 9 月中共八大的召开，宣布中国的社会主义制度已经基本建立，国内主要矛盾不是无产阶级与资产阶级之间的矛盾，而是人民对于建立先进工业国的要求同落后的农业国的现实之间的矛盾，是人民对于经济文化迅速发展的需要同当前经济文化不能满足人民需要的状况之间的矛盾，因而社会主义建设成为主要任务。与此同时，文学艺术的使命也就自然转变为在建设社会主义伟大事业中发挥巨大的作用。

《红岩》之所以能够成为革命叙事小说之中具有高度典范性的文本，并且为革命叙事模式提供基本构成元素，不仅是因为《红岩》这一文本所展示的是国统区的地下工作，特别是狱中斗争，将阶级斗争的残酷性揭示得淋漓尽致，进而显现出革命的崇高性；更是因为《红岩》所指向的是已经成为有关解放战争的革命故事，尤其国共两党之争的最新故事，对阶级斗争的尖锐性进行全面的呈现，进而体现出历史的复杂性，从而也就借助故事新编的文学创作，使阶级斗争的残酷性与尖锐性得以形象化，成为对于人民进行阶级斗争教育的，融革命的崇高性与历史的复杂性为一体的红色史诗。在这样的意义上，可以说《红岩》的问世，既能够满足领导者的个人政治需要，也能够适应社会主义探索时期政治体制的思想教育需要。

更重要的是，《红岩》的历史意义在于：透过阶级斗争的政治表象，可以看到中国社会数千年来仁人志士的舍生取义传统，在革命过程中从政治到文化的不同层面上的延续，至少革命烈士们人格的高尚与情操的纯洁，已经构成了从新民主主义到社会主义的革命传统，构成了一个潜在文化层面。只不过，这一潜在的文化层面在政治层面上被进行了革命的改写。这样一来，也就需要超越政治的视角，而从政治文化的视角来重新审视《红岩》。因此，只有从政治文化的角度，才有可能在对《红岩》的当时政治作用进行阐释的同时，对《红岩》的当下社会影响进行理解。刚刚进入 21 世纪，《红岩》的发行量就已经迈过了千万大关，也就是说，如果以"文化大革命"的十年空白为界，此前《红岩》的发行量为 400 万册，而此后《红岩》的发行量为 600 余万册，累计已经超过 1000 万册。[①]《红岩》达到了中国当代文学作品空前绝后而又绝无仅有的发行量辉煌顶点，这就使人不得不去思考这一中国顶点的由来。只有从纯粹的政治教育解读转向政治文化解读，才有可通过对于《红岩》的解读，去真正把握住重庆文学运动的革命化与历史化之所以发生的某种内在必然性。

这种内在必然性主要蕴含在从抗日战争时期到解放战争时期重庆文化发展的纵向过程之中：孕育出了文化"红岩"。毋庸讳言的是，首先，小说《红岩》与文化"红岩"之间紧密相关，没有文化"红岩"，也就没有小说《红岩》，显现了民族解放战争与人民解放战争之间的革命关系；其次，文化"红岩"的本质是政治文化，文化"红岩"与陪都文化直接相联系，体现了抗日战争时期国共两党之间的合作关系；最后，文化"红岩"通过小说《红岩》，表现出革命传统的当下延续，演示了武装斗争与地下工作的分工关系。对于这一点，以文化"红岩"为对象进行革命叙事的小说三部曲，既包括了"文化大革命"爆发前出版的《红岩》，又包括了"文化大革命"结束后出版的《大后方》《秘密世界》，就足以为证。尽管在这里无法就此展开进一步讨论，但是，小说《红岩》的轰动，至少在当时证实文化"红岩"是社会主义探索时期所需要的稀缺文化资源，而这一文化资源的稀缺性，也就在于文化"红岩"成为地下斗争这一革命方式的最高体现，从而使《红岩》能够超出在它出版之前与出版之后所有那些同类题材小说。

可惜的是，当时的重庆作家并没有能够意识到文化"红岩"的这一独特性质，或许这正是他们的"小资产阶级分子"倾向蒙蔽了自己的双眼。事实上，在"文艺为政治服务"的政策指导之下，作家的政治等级与题材的政治等级是互相对应的。对此，当时有人就认为对于类似文化"红岩"这样的重大革命斗争题材，必须由"小资产阶级分子"的他们之外的无产

---

① 洪子诚：《中国当代文学史》，北京大学出版社 1999 年版，第 111 页；吕进：《重读〈红岩〉》，《中国图书商报·书评周刊》2001 年 7 月 5 日。

阶级的"我们"来补足当代文学史上的这段空白，以便使"人民能够历史地去认识革命过程与当前现实的联系"。这就需要在重庆出现这样的"我们"来，据有的论者称，这样的"我们"似乎只能是狱中生活的"亲历者"。所幸的是，历史在为重庆提供文化"红岩"这样的稀缺资源的同时，又提供了这样的死里逃生的"亲历者"来撰写小说《红岩》。这些《红岩》的作者，是怎样从普普通通的革命故事讲述者而成长为当时重庆作家中所缺少的"我们"的呢？事实上，这些"我们"的现实成长，也就是重庆文学运动革命化与历史化的现实展开，这就是说，社会主义探索时期的重庆文学发展主要是由一批文学新人来推动着的。"我们"的成长过程可以从"革命回忆录"《在烈火中永生》中的那些纪实性故事的报告开始，到革命叙事小说《红岩》中的那些虚构性故事的新编结束，时间的跨度大约为六年。六年的岁月并非漫长，而文学的力量无疑是巨大的，从纪实到虚构的文学演绎，使小说《红岩》呈现出"焕然一新"的文本叙事面目与政治教育效应。[①]　于是，《红岩》成为社会主义探索时期，在众多"我们"的创作之中第一个达到了"政治第一、艺术第二"这一政策标准的完美高度的范本。

　　《红岩》的政治完美立即促成了完美风暴在中国大地的席卷：一边在《中国青年报》上连载，一边出版单行本，首印35万册立即销售一空，连夜在新华书店排队购买的情景，直到如今回忆起来也令人唏嘘不已。所以，《红岩》从1962年12月初版，在不到两年之内，就多次再版，累计发行量达到400万册。即使由于种种原因，暂时无法看到小说《红岩》的那些中国人民也不必着急，随着从歌剧《江姐》到电影《烈火中永生》的陆续上演，小说《红岩》被搬上了中国的各种各样的舞台，特别是通过银幕放映这一当时最为先进的大众传播方式，为小说《红岩》画上完美的传播句号。从《红岩》中的重庆，到重庆与《红岩》有关的地方，在为人们熟悉的同时，又为人神往，初步显示了文化"红岩"的政治魅力，而

---

　　① 邵荃麟：《文学十年历程》，《文学十年》，作家出版社1960年版，第37页。洪子诚：《中国当代文学史》，北京大学出版社1999年版，第111—113页。

重庆文学运动也就借此从边缘重返中心。于是乎，到了20世纪末，特别是就新中国成立以来而言，难能可贵的《红岩》，自然也就成为"新中国成立50年重庆的十件大事"之一。

随着"文化大革命"的发动，政治权威的个人绝对化，在举国一致的政治号令之下红卫兵运动风起云涌，从"炮打司令部"与"横扫一切牛鬼蛇神"的全面出击，到"革命大串连"与八次云集北京接受最高统帅的检阅，再到"文攻武卫"以生命与热血捍卫毛主席的革命路线，短短三年间，红卫兵运动席卷全国。在大量印刷发行的"红卫兵战报"上，不仅发布了关于"文化大革命"的种种言论，而且发表了对于"文化大革命"的种种赞颂，而无论是这些言论，还是这些赞颂，有相当一部分是以文学创作的形式出现在"红卫兵战报"上的，故而可称之为"红卫兵文学"。十年"文化大革命"的初期所出现的"红卫兵文学"，有的论者认为应当属于所谓"地下文学"，或是属于所谓"民间文学"。事实上，仅仅从"红卫兵文学"的社会传播方式来看，"红卫兵战报"的出版与当时的政治权威报刊——《红旗》《人民日报》《解放军报》——所谓的"两报一刊"，在基本上是同样的，特别是"红卫兵战报"通常是免费公开散发的，因而很难说"红卫兵战报"具有类似《红岩》中的《挺进报》那样的秘密性质，故而"红卫兵文学"也不具备任何地下性质。同样，"红卫兵文学"也不是"民间文学"，因为"红卫兵文学"的主要思想倾向，不仅与"两报一刊"社论，特别是中央文件呈现出紧密的相关性；更是与毛泽东的"最高指示"，特别是毛泽东的"最高最新指示"保持着高度的一致性，并没有发生民间与官方之间的意识形态对峙，更不用说意识形态批判。事实上，"红卫兵文学"与"革命样板文学"之间具有同质同构的政治内涵与艺术形态，只不过，较之"革命样板文学"，"红卫兵文学"在政治上显得更为激进与幼稚，而在艺术上显得更为粗糙与简陋，因而易于流传开来却难于流传下来。

尽管"红卫兵文学"有着这样或那样的不足，但是它毕竟是出现在"文化大革命"这一特定历史时期中的一种文学现象，缺乏对于"红卫兵文学"的历史关注与文学考察，也就导致20世纪的中国文学史上的一种缺失，进而成为对于这一段历史有意或无意的政治文化遮蔽，在历史境况无可言说之中失落了对于历史真相的难以言说。在这样的意义上，重庆文学运动中的"红卫兵文学"必须成为一个重新加以审视的文学现象，因为它不仅是与"革命样板文学"进行地方接轨的一次集体努力，它更是重庆文学与"革命样板文学"最终脱节的一个历史见证。这就在于，如果说在社会主义探索初期，重庆文学运动还能以一部《红岩》来参与革命叙事小说的大合唱，并且成为革命叙事小说的典型范本，来建构革命叙事模式，直接促动着"革命样板文学"的诞生。那么，当"文化大革命"爆发之后，除了生存短暂的这一颇有重庆地方特色的"红卫兵文学"之外，在整个"文化大革命"期间，重庆文学只能是对于"革命样板文学"的单纯模仿，因为自从《红岩》遭到革命大批判之后，重庆文学运动在失去文化"红岩"这一地方性的政治文化资源的状况下，也就无法继续提供具有某种原创性的文学文本。虽然可以说重庆文学运动的这一现状与全国大多数地方相差无几，但是，从上海的《海港》到山东的《红嫂》这样的革命样板文学文本，在"文化大革命"中的出现，还是可以看出重庆文学运动革命化的难以为继的一个本身原因——过于依赖地方文化资源，特别是其中稀缺性的政治文化资源。

　　面对着重庆文学运动革命化的夭折，重庆文学运动历史化在同样遭遇革命大批判的扼制之中，借助"龙门阵"这一地方性的"民间叙事"形式获得了一次继续存在的机会，尽管在 20 世纪 90 年代末，在对于"文化大革命"时期的"民间叙事"作品所进行的出版炒作之中，出现了是"一只绣花鞋"还是"一双绣花鞋"这样的出版大战。但是这并非"绣花鞋"故事的命名之争，而是关于"绣花鞋"故事的作者著作权之争。然而，无论争论的结果如何，"绣花鞋"故事最先以"龙门阵"的形式出现在重庆，则是无可置疑的。无论是在口头上摆谈，还是阅读手抄本，"绣花鞋"故事的价值取向具有与"革命样板文学"相背离的双重性质：娱乐性与民俗性，成为"文化大革命"期间具有"恐怖的脚步声"这样的接受效果的新公案故事，因而带有强烈的"民间叙事"的色彩，从而使得这一广为流传的"绣花鞋"故事，虽然在"文化大革命"结束以后，经过改编成电影片子搬上银幕，而其文学文本的出版却要保留到 20 世纪之末，成为"文化大革命"期间出现的文学文本，最终被归入了加以大力发掘的出土文学。

这就在于，被某些人视为"民间叙事"代表之作的《第二次握手》，尽管它的传播形式与"绣花鞋"故事相仿，但事实上并非是真正意义上的"民间叙事"，而是模仿"革命样板文学"的个人虚构，仅仅是因为歌颂老一辈无产阶级革命家，而使作者与文本一同遭到江青等人的政治迫害与批判，因而在"文化大革命"结束之后很快就破土而出，并正式出版发行。反之，"绣花鞋"故事则是从纪实性的讲述转向虚构性的叙事，具有与之相应的地方文化资源的支撑，是一个源于重庆的地方性故事。"绣花鞋"故事的广为流传，除了它的"民间叙事"的娱乐性与民俗性能够挑战"革命样板文学"的教育性与官方性之外，更是在于它本身所依托的地方文化资源的独特性，而这一地方文化资源的独特性与政治文化资源的稀缺性具有一定的内在联系——从解放战争时期一直贯穿到社会主义探索时期的地下工作者和公安人员与敌特之间的你死我活的斗争。就此而言，可以说：即使不是"文化大革命"时期的"民间叙事"，从古至今的"民间叙事"，也难以避免官方意识形态直接或间接的、有形或无形的政治影响，说到底，这也是民间文学与官方文学彼此能够共存的意识形态底线，因为民间文学不可能完全摆脱与官方意识形态之间的思想联系，并由此而形成意识形态的对峙与批判。

"文化大革命"时期在重庆出现的"绣花鞋"故事，应该说不是偶然的，一方面是地方文化资源的现实存在，最初的故事讲述者就是一个参与办案的公安人员；另一方面则是小说《红岩》革命叙事的潜在影响，尽管已经转换为"民间叙事"的"龙门阵"。这是因为从根本上看，小说《红岩》与"绣花鞋"故事之间，具有地方文化资源的同源性，尤其是政治文化资源的潜在关联。这就予以了这样的提示：在小说《红岩》所体现出来的重庆文学运动的革命化和历史化，被"文化大革命"否定之后，至少出现了"绣花鞋"故事来对重庆文学运动的历史化进行某种程度上的承接，使重庆文学运动的历史化在"文化大革命"中得以暗中延续。这样，正是由于"绣花鞋"故事这样的"民间叙事"的存在，势必有可能促成"文化大革命"结束之后的重庆文学运动，能够较快地转入正常发展的轨道上去。

四　守望改革的文学

1978 年 1 月 10 日《人民日报》发表评论员文章《切实整顿组织部门落实党的干部政策》，开始了对于"文化大革命"中遭受迫害者的平反，由此，通过从"全部摘掉右派分子帽子"，到"落实当地知识分子政策"等一系列政治平反，为思想解放运动的兴起提供了必不可少的个人政治解放的现实基础。与此同时，1978 年 5 月 10 日，中共中央党校《理论动态》第 60 期发表了《实践是检验真理的唯一标准》，第二天的《光明日报》以特约评论员文章的形式转载此文，新华社也予以转发，12 日出版的《人民日报》与《解放军报》则同时转载，从而成为思想解放运动的现实起点。1978 年 6 月《文艺报》复刊，设立了"坚持实践第一，发扬艺术民主"专栏，不仅茅盾发表了《作家如何理解实践是检验真理的唯一标准》一文，而且巴金更是写出了《要有一个艺术民主的局面》一文，呼唤对于文学运动的全面解放。

思想解放运动在重庆引起的反响，首先表现在重庆文学运动之中的个人政治平反，最具有代表性的，就是 1978 年 11 月 11 日，为小说《红岩》作者之一的罗广斌举行了骨灰安放仪式。罗广斌在"文化大革命"兴起之初，随着小说《红岩》被诬为"叛徒小说"，从而也就被诬为叛徒，于 1967 年 2 月 10 日坠楼逝世。也许，罗广斌的死亡之谜虽然没有因为政治上的平反而昭然若揭，然而，罗广斌的死亡本身，就是对政治压制文学的一个极端例证。思想解放运动在重庆引起的反响，其次表现在重庆文学运动之中的文学阵地重建，1979 年文学季刊《红岩》开始出刊，为重庆作家与全国作家一道探索艺术民主提供了一个失而复得的文学阵地。可以说，刊物《红岩》的沉浮，实际上成为重庆文学运动兴衰的一个直接写照。

随着西南大区的撤销，中国作家协会重庆分会迁往成都，改名为中国作家协会四川分会，文学月刊《红岩》也随着重庆市计划单列体制的取消而难以为继，在 1959 年 9 月终刊。尽管在文学月刊《红岩》终刊之后，重庆市文联又创办了文艺月刊《奔腾》，但是，《奔腾》在"三年困难时期"的 1960 年 12 月也宣告终刊，致使重庆作家从此失去了属于自己的文学阵地。不过，文学刊物《红岩》的终结是以与四川省原有的一个文学刊物《草地》合并的形式完成的，两者合并成了中国作家协会四川分会的会刊《峨嵋》，即后来的《四川文学》。这样，不仅重庆作家失去了一个向全国展示自己的文学窗口，更是从此作为四川作家而失去了重庆作家的地区命名。所以，季刊《红岩》在重庆的出现，在事实上标志着重庆文学运动的地区性质得到了重新确立，并且也成为重庆市再度进入计划单列的一个文学征兆——从当时整个四川省来看，公开出版发行的文学刊物，除了《四川文学》与《红岩》之外，其他省级以下地区性的文学刊物都是内部出版物，[①] 显然，公开出版与内部发行这两者之间可能产生的社会传播效应，在此时的中国大陆自然是有着天壤之别的。由此可见，能否进行强有力的行政支撑对于中国大陆的文学刊物的现实重要性，与此同时，行政支撑的是否有力，又与不同地区的行政级别，特别是不同地区的区域地位，是紧密相关的。

所以，季刊《红岩》在此时出版发行，不是偶然的，它与重庆市在政治、经济、文化上居于中心位置的区域地位是直接相关的。进入 1980 年，四川省政府决定对重庆市实行"收支挂钩，增收分成"的财政管理体制，使重庆市走上了恢复计划单列的城市发展道路。这就为季刊《红岩》的出版发行提供了有力的行政支撑，特别是经费来源的稳定保障。特别是进入 1983 年，重庆市的财政收支纳入国家预算中单列计划之后，实际上也就成为改革开放以来的第一批计划单列市。[②] 重庆市以恢复计划单列的方式进入了城市改革时期，这就直接影响到重庆文学运动的发展及其形态演变。

---

① 潘旭澜主编：《新中国文学词典》，江苏人民出版社 1993 年版，第 489—481、1326—1327 页；重庆市市中区文化艺术志编纂委员会：《重庆市市中区文化艺术志》，文化艺术出版社 1990 年版，第 196 页。

② 重庆市地方志编纂委员会总编辑室编著：《重庆大事记》，科学技术文献出版社重庆分社 1989 年版，第 591、611 页。

事实上，季刊《红岩》在 1985 年 1 月得以改版为双月刊《红岩》，也就得力于重庆市在正式计划单列之后所能提供的行政支撑，而双月刊《红岩》也就成为重庆文学运动在城市改革时期现实运动的一个风向标——特别是就刊物《红岩》的社会传播影响而言，更是成为重庆文学发展在主流文学这一层面上的具体写照——最初曾经在全国轰轰烈烈，而后较长时间内一直默默无闻，以至于几乎一度陷于难以为继的绝境。

所幸的是，随着 1997 年重庆市的直辖，刊物《红岩》得到了前所未有的行政支撑。这是因为根据每一个省级行政区划，似乎都必须至少有一个大型文学刊物的行政惯例，重庆市也就不会例外地放弃以文学刊物来作为其文学门面，故而为刊物《红岩》提供了最大的行政支撑，尤其是经费来源的稳固保障。在经济效应得到相应的行政支撑的同时，刊物《红岩》也就必须发挥最大的社会效应，也就是说，刊物《红岩》必须高扬主旋律，以成为与主流意识形态紧密相关的一个主流文学阵地。这样一来，刊物《红岩》也就必然面临着两大文学挑战。

首先，就三峡工程建设而言，必须把握重庆文学与三峡文学之间的纵横发展关系，无论是从地方文学纵向发展的角度来看，还是作为地区文学横向发展来看，直辖之后的重庆文学，实际上成为三峡库区文学的主要构成，既延续了三峡文学的悠久传统，又扩张了重庆文学的当下视野，从而意味着以刊物《红岩》为阵地的重庆主流文学，必须有利于建立起重庆文学与三峡库区文学之间的发展关系。

其次，就西部大开发而言，必须理清重庆文学与西部文学之间的新旧影响关系，无论是从西南文学中心的固有影响的层面上看，还是从西部文学中心的新兴影响的层面上看，直辖之后的重庆文学，事实上将演变为西部十二省、自治市、直辖市文学的区域中心之一，不仅继续发扬重庆文学在西南地区的历史影响，而且还将提升重庆文学在西部文学中的现实影响，从而意味着以刊物《红岩》为阵地的重庆主流文学，应该有助于重庆文学形成与西部文学之间的影响关系。

就目前重庆的主流文学创作来看，至少从刊物《红岩》发表的作品来看，无论是与三峡库区文学之间，还是与西部文学之间，其距离都是相当遥远的，重庆的主流文学作家理应进行更大的努力。其实，问题的关键在于，重庆文学要融入三峡库区文学或者西部文学，必须立足重庆，放眼三峡、西部、全国，才有可能促成重庆文学运动与全国文学运动保持着形态演变的相对一致，从而向着区域文学的方向进行发展。这就需要包括主流文学作家在内的所有重庆文学作家的个人努力，同时也更需要这些个人努力顺应文学发展的时代潮流，来扩大重庆文学的区域影响，乃至全国影响。事实上，所有这些重庆作家的个人努力的合力，已经促使重庆文学运动呈现出从文学商品化到大众审美化的形态演变来。从根本上看，重庆文学运动的形态演变，在从计划经济体制转向市场经济体制的过程中，与重庆市向着现代大都市发展的城市改革进程保持着高度的同步性。

早在1979年10月召开的第四次全国文代会上，邓小平就提出："文艺这种复杂的精神劳动，非常需要文艺家发挥个人的创造精神。写什么和怎样写，只能由文艺家在艺术实践中去探索和逐渐求得解决。在这方面，不要横加干涉。"[①] 这就为中国文学运动解除一贯的政治体制约束，进入相对自由独立的发展提供了强有力的政治保障。尽管到1981年1月才召开了重庆市第三次文代会，明确提出"振奋精神，同心同德，为繁荣我市文艺事业而奋斗"。[②] 然而，重庆市第三次文代会的召开本身，已经表明重庆文学运动在重庆市进入计划单列的城市改革之后，已经获得自主发展的机遇，从而与整个20世纪以来的重庆文学运动保持了发展上的连续性，特别是从重庆城市的早期现代化到重庆城市的现代都市化，已经隐隐约约地呈现出重庆文学运动向着自主发展的更高层面上复归的运动趋向。

应该指出的是，从社会主义探索时期以来的重庆文学运动，就文学创作与文学评论这两者在全国文学版图上的位置而言，相形之下，可以说是有着相对富饶与极度贫困之别的。虽然可以说重庆文学运动在文学评论上的贫困，与长期以来以文艺政策取代文学思想的政治体制约束有关，但至

---

① 邓小平：《在中国文学艺术工作者第四次代表大会上的祝辞》，《党和国家领导人论文艺》，文化艺术出版社1982年版。

② 重庆市市中区文化艺术志编纂委员会编：《重庆市市中区文化艺术志》，文化艺术出版社1990年版，第34页。

少也是与重庆作家自身不够努力思考有关，或许当年胡风的先例早已令人感到不寒而栗，以致长期以来在重庆作家心里留下了恐惧理论的浓重阴影。这一点，即使是进入城市改革时期的重庆文学运动，似乎也是同样如此而没有能够出现多大的变化，至少可以由刊物《红岩》在很长一段时间内只发表创作作品，而没有刊发评论文章的状态，就可以略见一斑。于是，这样也就不得不涉及一个并非不重要的话题：重庆作家何以会出现在文学评论上的失语现象？难道重庆作家果真丧失了理论思考的能力了吗？当然，在这里所说到重庆文学的评论失语，是仅就重庆作家的个人姿态而言的，而事实上正是他们对此最具有发言权。无论如何，对于据说现在至少在数量上已经达到一千人以上，这样人数众多的重庆作家来说，老是一言不发毕竟是一件于重庆文学正常发展极为不利的事。

就重庆文学运动在文学创作上的富饶来看，也仅仅是相对的。在这里，相对是就其全国影响而言的。迄今为止，真正能够在全国一直保持着较大影响的作品，事实上也仅有小说《红岩》而已。但是，这并不是说除了小说《红岩》之外，就没有其他的重庆文学作品在某一时期之内在全国产生一定程度上的影响，尤其是随着重庆文学运动走向文学商业化，至少有两类作品在全国引起过广泛的关注，一类是新编武侠小说，一类是历史报告文学。与重庆主流文学的创作相比，这两类作品的创作在当时都是属于边缘性写作，并且仅仅是借助文学商业化的推动，这两类边缘性写作才能够以其在当时所表现出来的某种前卫姿态，成为阅读的社会热点，从而引发全国的文学关注。

也许是因为存在着在创作模式，乃至写作程式上的有形或无形的多种影响，重庆主流文学，特别是与革命叙事有关的主旋律文学的个人创作，尽管在城市改革时期也不乏重庆作家的个人努力，创作了大量的作品，但是由于内外两方面的原因，始终无法重振类似当年小说《红岩》的全国辉煌。比如说，小说《红岩》之后出版的，构成"红岩三部曲"的后续作品，从《大后方》到《秘密世界》，就没有引发如同小说《红岩》那样的社会阅读兴趣。其实，这并不是因为小说《红岩》当初既由《中国青年报》连载，又由中国青年出版社出版单行本这样的基于全国性媒体与出版机构所产生的社会传播效应，而《大后方》和《秘密世界》仅仅是由重庆出版社这样的地区性出版机构出版，无法产生相似的社会传播效应。关键在于，无论是《大后方》，还是《秘密世界》，据说都无法在"写实性、典型性、人性美"这些层面上达到小说《红岩》的艺术高度，① 更不用说在艺术上的有所创见，尽管"红岩三部曲"的作者，都同样是当年狱中生活的亲历者。这或许就是小说《红岩》进入 21 世纪之后，发行总量超过一千万册，依然能够保持全国影响的一个内在原因。

　　非常明显的是，也不必否认小说《红岩》超过一千万册的发行量，在中国当代文坛上，特别是有关主旋律作品的出版之中是绝无仅有的独特现象，而导致这一现象出现的一个外在原因，就是小说《红岩》的出版与阅读得到了有力的行政支撑，因而小说《红岩》也就成为进行革命传统教育的优秀文学教材。相形之下，后续的《大后方》与《秘密世界》，尽管属于"红岩三部曲"，但已经难以得到类似小说《红岩》那样强劲的行政支撑。这就在于，当 1987 年《大后方》和《秘密世界》被重庆出版社推出之时，中国大陆文学已经面临"文学失去轰动效应"的境地，面临着从政治中心回到社会边缘的生活常态，一个小小的地区性出版社当然是不可能冒经济效益的大大风险，来寻求远远及不上小说《红岩》的社会效益的，主要因为投入与产出不成比例，因而无论是《大后方》，还是《秘密世界》，其全部发行量，都不可能达到哪怕是小说《红岩》初版 35 万册这一起点线。事实上，重庆文学运动中的主流文学都面临着《大后方》《秘密世界》所遭遇到的同样境况，这也就成为重庆的主流文学难以在全国产生影响的一个并非不重要的原因。

　　尽管如此，城市改革的肇起，对于重庆文学运动的文学商品化具有极大的推动力，特别是"通俗文学热"随着港台新武侠小说的卷土重来，在中国大陆兴起，重庆作家也不失领阅读新潮流之先。仅仅在 20 世纪 80 年代初，重庆作家聂云岚就出手不凡，在由中国曲艺家协会湖北分会 1981 年创办的《今古传奇》上，以连载的方式发表了新编武侠小说《玉娇

---

① 吕进：《重读〈红岩〉》，《中国图书报·书评周刊》2001 年 7 月 5 日。

龙》，"曾轰动一时，是大陆上较早的武侠小说佳作"，并在 1985 年出版单行本。在这里，可以看到《玉娇龙》带有某种模仿色彩的个人创作突破，由于受到当时的种种限制，不可能完全成为个人原创之作，实际上是对民国武侠小说，根据台港新武侠小说模式进行的个人改写——"小说以三十年代武侠名家王度庐的《卧虎藏龙》《铁骑银瓶》为基本素材，重新加工和创作。"这就表明，新编武侠小说《玉娇龙》有可能在唤起对于民国武侠小说的社会关注的同时，更是显示出大陆作家对于台港新武侠小说模式在某种程度上进行的创作更新，聂云岚也因此成为整个中国包括金庸、古龙在内的，具有某种代表性的当代武侠小说作家之一。①

对于《玉娇龙》这样具有全国影响的新编武侠小说，应该怎样进行评价，特别是放到重庆文学发展之中来进行评价，也许将成为对于重庆作家理论思考能力的一次考验。一段时间内仍有不少重庆主流文学作家对于《玉娇龙》的文学意义认识不足，直到获得电影奥斯卡金像奖的《卧虎藏龙》在 2000 年出现，一些人才如梦初醒似地将其追认为与重庆作家有关系，才对聂云岚这个同样是重庆作家的作家进行推崇，却从根本上就不知道电影《卧虎藏龙》与小说《卧虎藏龙》有着直接的渊源，至于与《玉娇龙》即使有什么关系，可能也仅仅是某种间接的关系，甚至是同属改编作品的关系。然而，当初《玉娇龙》的一时全国轰动，与现今小说《红岩》的依然全国轰动，具有某种相似性，也就是说，无论是《玉娇龙》的通俗叙事，还是小说《红岩》的革命叙事，都是一种以作者为本位的，以从上到下的社会传播方式来进行的文学叙事，因而较为客观地看，更强调的是作者讲了一个什么样的故事，而不是作者怎样讲一个故事，实际上是基于读者的阅读水平底线的讲故事，不利于读者阅读水平的提高。反过来，这又成为《玉娇龙》与小说《红岩》的一个市场卖点——能够适应几乎所有中国读者的最低阅读水平。

这样，随着改革开放的进行，文学也从通俗文学开始而成为商品，直

---

① 宁宗一主编：《中国武侠小说鉴赏辞典》，国际文化出版公司 1992 年版，第 365、708—712 页。

至连主流文学都成为商品，因而《玉娇龙》的轰动一时，也就不是偶然的，却正是商品大潮掀起之中，文学发展适应社会现实发展的一种实实在在的表现。这一点对于重庆文学发展来说，也就显得特别重要，因为在市场经济体制形成过程之中，对于文学发展给予行政支撑的力度，是远远赶不上计划经济体制时代的。这就需要重庆文学运动通过文学商品化的形态演变，来获取文学当下发展所必不可少的市场支撑，而文学必须成为商品则是一个绝对必要的基本条件。

如果文学商品化可以解决在重庆文学运动之中行政支撑不足的问题，那么，大众审美化就将有可能解决在重庆文学运动之中读者阅读水平如何提高这一问题。事实上，就在一些重庆作家以通俗文学写作来参与文学商品化的同时，另一些作家则以报告文学写作来参与大众审美化。报告文学对于读者阅读水平的提高，至少从文学与人生之间的关系是否紧密这一点上，是可以促进读者对于个人生存的中国状况进行积极关注的。较之20世纪80年代初中国大多数报告文学作品，重庆作家所写作的以《将军决战岂止在战场》为代表的报告文学作品，表现出了独特的文学视角，不是面对急剧变化的现实人生，而是对于鲜为人知的历史景象，来进行别开生面的揭示，从而引起全社会极大的阅读反响。黄济人对于《将军决战岂止在战场》的写作是成功的，通过钩沉所谓"国民党战犯"的不同个人命运，来展示为芸芸众生所不熟悉的另外一类中国人的生存状况，以显现出社会的曲折发展与历史的艰难进步。这就难怪《将军决战岂止在战场》不仅获得了首届中国人民解放军文学奖，更是获得了全国优秀畅销书奖。

由此可见，《将军决战岂止在战场》正是以它的市场畅销来证明了它的文学价值。不过，《将军决战岂止在战场》的文学价值在更大程度上又是基于它的历史文化价值的，而这种历史文化的政治性质，使之与重庆的地方文化，特别是陪都文化之间，存在着千丝万缕的政治联系，因而《将军决战岂止在战场》对于重庆文学运动来说，除了成为文学商品化之中一个无可辩驳的实例，以证实文学商品化的不可阻挡之外，就是在客观上有助于重庆文学运动的历史化从地下浮出水面来，具体地说，也就是以陪都文化核心的大后方文化将成为重庆文学发展的区域文化资源。这样的文学代表就出现在 1989 年，在那一年杨耀健的小说《虎！虎！虎！》出版。该小说以大后方为文化背景与历史场景，展示中国抗日战争时期美中一体与日军进行空中大搏杀的惨烈与壮烈。尽管《虎！虎！虎！》被一些人看作是所谓的"长篇通俗小说"，但这并没有能够遮盖住它所具有的文学创造价值——再现历史事件的纪实小说。①

　　无论是就纪实性而言，还是就可读性而言，《虎！虎！虎！》至少是超过了小说《红岩》的，正是这两点，表明了重庆文学运动在文学商品化的同时，在大众审美化方面也表现出了长足的进步。如果说在 1989 年以前，重庆文学运动是以文学商品化为主的话，那么，在 1989 年以后，则是以大众审美化为主。主要的原因有两个，一个主要原因就是文学发展的市场压力，已经随着计划经济体制向着市场经济体制的转轨，成长为文学发展的市场动力；另一个主要原因就是文学需求的作者本位，已经随着文学卖方市场向着文学买方市场的转换，改变为文学需求的读者本位，从而使此前那些从事"纯"文学创作的重庆作家，在满足大众审美的市场需要的个人努力之中，向着自由撰稿人的社会角色过渡。具体而言，也就是重庆作家从专业写作转变为职业写作，由此而来，当初文学的"纯"，也就演变成文学的"杂"，促使重庆作家所面对的文学天地更为广阔无垠，而写作形式也更加多姿多彩。

　　在这里，就重庆作家这种角色转变而言，最为突出的个人恐怕就是被称为"西部文坛黑马"的莫怀戚——2000 年 6 月 26 日，莫怀戚作品研讨会在重庆召开。也许难免有人会说这个研讨会有炒作个人之嫌，但是举行研讨会的诸多单位，至少可以免除某些人想象中的炒作之讥："这次研讨会是由重庆师范学院中文系、重庆现当代文学研究会、重庆作家协会和《红岩》杂志社等共同主办的。"这就在一定程度上保证了对于这匹西部文坛"黑马"进行研讨的学术性与主流性。与此同时，为了避免本地人士

---

①　重庆市市中区文化艺术志编纂委员会编：《重庆市市中区文化艺术志》，文化艺术出版社 1990 年版，第 66、353、60 页。

一边倒似的为"黑马"加油喝彩，还有来自北京的一些高校中文系、文学报刊的与会者，正是他们纷纷指出：一方面，"像莫怀戚这样的具有深厚文学素养和本土文化积淀的中年作家，没有在文坛前沿唱大戏，实在是评论界的悲哀"；"莫怀戚在用小说为这个时代的人们作精神上的抚慰时，完全具备了一流作家的品质。奇怪的是，为什么其'影响'却是'二流'的"；另一方面，"北大的曹文轩和重庆师院的莫怀戚都是一边教书，一边写作——做学问很内行，写小说也很内行。这实际上是他们在通过自己的努力和示范，悄悄地在续接和恢复二三十年代学者型作家的优良传统"。有鉴于此，他们中有人提议："应在适当的时候把莫怀戚研讨会弄到北京去开。这是因为，尽管有实力有成就，也需要提供契机，运用文学批评和商业包装这两手去宣传，否则就老是在盆地响，而应该走出盆地，叫响全国。"①

这首先就触及了重庆文学运动之中文学评论极度贫困的老问题，这其次就牵涉到重庆文学运动之中文学创作相对富饶如何更上一层楼的新问题。事实是，重庆有过"叫响全国"的作品，对于这一点，莫怀戚本人也在这次研讨会上坦言相告："重庆有独特的历史，可以产生《红岩》那样的巨著和黄济人、杨耀健的大作，但她现在的独特性在哪里？声明一句，我可不愿意写她的缺点"——"而重庆比较突出的，恰恰多是缺点。"与此同时，莫怀戚还承认"编辑朋友们纷纷来约自己需要的稿子：商业的、体育的、教育的、妇女生活的……我重友情，心理素质又差，不善于拒绝，基本上有求必应。有一年我每月得主笔七个专栏，可见一斑。文学的大饼被其他学一齐咬住、瓜分。"② 显而易见的是，对于类似莫怀戚这样的重庆作家来说，必须拿出有分量的大作来。

然而，这样的大作将不是与此前那些已经出现的大作同样的作品，必须贴近读者的生活，以满足其对于文学的个人需要，而关键则在于，如何从偏于重庆文化的历史描写尽快转向对于重庆文化的现实观照。关于这一

---

① 张育仁：《西部文坛"黑马"重庆实力派作家》，《文艺报·文学周刊》2000 年 8 月 1 日。
② 莫怀戚：《写作让我愉快》，《文艺报·文学周刊》2000 年 8 月 1 日。

点，从发表在《当代》1989 年第 5 期的《美人泉华》到 1999 年第 5 期的《透支时代》，就可以看到莫怀戚在十年之中，将目光转向了重庆文化的"当代"，终于找到了重庆现在的"独特性"——在城市改革过程之中从传统城市向着现代大都市发展。

　　所以，《美人泉华》进行了将"山城一枝花"这一民间形象转换成现代都市女郎雏形的个人努力，并且进行电视连续剧的市场放大；同时为了坚持将这一努力进行到底，一直到十年之后，在《透支时代》之中塑造出真正意义上的现代女性为止。这首先就满足了中国读者对于中国城市女性的都市成长进行文学扫描的审美需要。也许，对于一位男性作家来说，十年磨一剑的这些小说之中的女性形象，显得过于理想化，倒是这些小说之中出现的男性形象，在某种程度上却更像是源自男性作家的内心，显得更为真实。对于所有这些小说，或许女性评论者的把握更为客观一些："拒绝了略显霸道的金钱，谢绝了颇为偏执的理性，回到女性的本真，只剩下天生的激情，这就是读了《美人泉华》之后所感受到的'美人泉华'"；"'透支时代'是属于这样的已经快要过气的透支男人的，与女性本身没有多大的相干。而女性的未来或许将穿透这'透支'的男人时代，在'美人泉华'的起点上重新开始"。①

　　这就表明，在满足读者的阅读需要的同时，更需要对于读者的阅读需要进行提升，而这一提升绝不能是灌输思想教育式的从上到下的照旧说教，而只能是在平等交流之中的审美对话。这就需要重庆作家在这个几乎人人似乎都在追求某种时尚的浮躁时代，不要显得过于浮躁，至少少安毋躁，要像鲁迅当年写作他的《呐喊》与《彷徨》的时候那样，拥有一份"余裕"的创作心态，在与现实保持一种难得的审美距离之中，进行认真负责的写作。使"文学的大饼"保持住文学的原汁原味，戒除种种非文学的专栏写作的无谓干扰。或许只有这样，包括莫怀戚在内的所有重庆作家，才有可能通过对于当代重庆的文化透视来进行文学观照，写作出能够

---

　　① 李丽：《男男女女换位对舞——从〈美人泉华〉到〈透支时代〉的阅读感受》，《文艺报·文学周刊》2000 年 8 月 1 日。

"叫响全国"的小作与大作来，使文学最终成为全国大众审美的主要对象之一。只有这样，重庆文学运动才有可能在审美大众化之中，推动重庆文学向着区域文学发展，走出三峡，走出西部，成为全国文学版图中最为丰富多彩的文学景观之一。

余论　七月作者群在陪都

一　从《七月》到《希望》

如果说 1937 年 7 月 7 日在中国东部城市北平所爆发的卢沟桥事变，证实了中国的抗日战争已经由局部战争转为全面战争，那么，1937 年 11 月 20 日国民政府迁往中国西部城市重庆，则表明了中国抗日战争的大后方已经由战前的战略预设，最终成为八年战火中的抗战现实。国民政府迁渝是为了坚持长期抗战这一政略与战略相一致的战时需要——这正如《迁都宣言》中所说的那样："国民政府兹为适应战况，统筹全局，长期抗战所见，本日起迁驻重庆。以后将以最广大之规模从事更持久之战斗"，"继续抗战，必须达到维护国家民族生存独立之目的"①。所以，大后方不仅仅是中国政治中心由东向西转移的战时区域，同时也是中国文化中心由东向西转移的战时区域，由此促进大后方的战时全面发展。仅仅从大后方文化构成之一的大后方文学这一视角来看，可以说整个大后方的文学发展状态，从战前的几乎滞后中国东部 20 年，到抗战八年中转而引领中国文学的战时发展，在主导着中国文学现代发展的同时，大后方文学成为中国现代文学抗战时期的主流。

问题在于，如何认定文化中心与文学中心的确是在抗战八年之中完成了由东向西的大后方转换呢？曾经被提出过的判断尺度就是："文化中心以编辑出版事业为标志。"② 不过，如果过于强调编辑的出版功能，而抽

---

① 《国民政府公报》渝字第 1 号，1937 年 12 月 1 日。
② 姚福申：《中国编辑学》，复旦大学出版社 1990 年版，第 410—411 页。

去了出版功能中三位一体的印刷与发行，也就去掉了出版事业的传播可能性。所以，从文化与文学的大众传播来看，较为客观的判断尺度应该是——文化中心与文学中心同时也是出版中心，而出版物的质与量无疑成为衡量文化中心与文学中心能否形成的直接标志。在这样的认识前提下，可以说，抗战伊始，在大后方逐渐出现了重庆及桂林这样两个战时文学中心雏形。然而，能够最终成为大后方文学中心的，到底是重庆还是桂林，抑或两者均是呢？

显然，较之桂林，重庆不仅是战时首都，而且是举国陪都——1940 年 9 月 6 日国民政府正式设立陪都于重庆——"四川古称天府，山川雄伟，民物丰殷，而重庆缙毂西南，控扼江汉，尤为国家重镇。政府于抗战之初，首定大计，移驻办公。风雨绸缪，瞬经三载。川省人民，同仇敌忾，竭诚纾难，矢志不移，树抗战之基局，赞建国之大业。今行都形式，益臻巩固。战时蔚成军事政治经济之枢纽，此后更为西南建设之中心。恢宏建置，民意金同。兹特明定重庆为陪都，着由行政院督饬主管机关，参酌西京之体制，妥筹久远之规模，藉慰舆情，而彰懋典。"① 因此，国民政府明定重庆为陪都之后，每年的 10 月 1 日，也就被同时定为"陪都日"。1940 年 10 月 1 日，在陪都重庆行了庆祝首届"陪都日"的盛大集会。当天陪都重庆各报纷纷发表社论，《新华日报》社论中首先指出："明定重庆为陪都，恢宏建置，一由于重庆在战时之伟大贡献，再鉴于重庆在战后之发展不可限量。"《新华日报》社论中最后认为："把中华民族坚决抗战的精神发扬起来，这是我们庆祝陪都日最重要的意义。"

由此可见，无论是从政治中心的西迁来看，还是从文化中心的西移来看，陪都重庆的文学发展空间始终都居于大后方的中心地位，并且延续到抗战胜利之后区域文化与文学的发展之中。然而，桂林不仅未能获得如同陪都重庆同样的文学发展空间，而且在抗战后期曾经一度沦陷，实际上也就导致桂林最终未能成为大后方文学中心，而真正成为大后方文学中心的就只能是陪都重庆，这一点，可以由陪都重庆的文学期刊与文学作品的出

---

① 《国民政府公报》渝字第 270 号，1940 年 9 月 7 日。

版来加以直接判明。

从抗日战争全面爆发的那一天开始，以《七月》与《希望》为核心阵地，以青年作者为主体，以胡风为主编而集合起来的这样一个作者群，就是活跃在中国文坛上的七月作者群。他们通过从诗歌、小说、报告文学的创作到文学评论的思考，来努力推进中国现代文学的战时发展。

不过，对于这一作者群的文学流派性质，长期以来在相关研究之中，由于忽视了中国现代文学运动中作者群的形成与文学流派产生之间的互动关系，没有意识到作者群的形成在有利于促成文学流派产生的同时，并不等同于两者的重合，实际上在文学流派产生之后，在已经形成的作者群之中通常只有部分成员能够融入文学流派之中。这就意味着，对于七月作者群以七月派进行称谓，是否存在着文学史的误认，而七月作者群之中最能体现出文学流派风貌的作者们，理应是七月诗人群，并最终产生了七月诗派这一中国现代文学史上的文学流派。

无论是七月作者群，还是七月诗派，都始于《七月》的创刊。1937年7月7日，卢沟桥事变爆发，中国进入了全面抗战时期。在战火激烈的上海，《七月》周刊于9月11日创刊，坚持出版3期后，七月社迁往大战在即的武汉，10月16日创刊《七月》半月刊，在出版了18期之后七月社又迁往大后方的陪都重庆，1939年7月改版为《七月》月刊，陆续出版到1941年9月停刊；抗日战争胜利前夕的1945年1月，《希望》月刊在陪都重庆创刊，到1946年10月，在上海停刊。① 胡风除了先后担任《七月》与《希望》的主编之外，还在1943年到1948年间主编了《七月诗丛》《七月文丛》《七月新丛》，向《七月》与《希望》的主要作者以及一些成名作者组稿，除了《我是初来的》这一新人诗歌合集之外，出版了诗歌、小说、报告文学、文学评论等个人专集达39集之多。

① 吴子敏："七月"、"希望"中国大百科全书总编辑委员会"中国文学"编辑委员会、中国大百科全书出版社编辑部编：《中国大百科全书·中国文学》，中国大百科全书出版社1988年版，第615—616、1006页；《〈七月〉和〈希望〉》，王大明、文天行、廖全京编：《抗战文艺报刊篇目汇编》，四川省社会科学院出版社1984年版，第353—371页。

　　在这 39 集的个人专集之中，诗歌专集的作者有艾青、田间、胡风、孙钿，亦门（S. M、阿垅）、鲁藜、天蓝、冀汸、绿原、邹荻帆、庄涌、牛汉、化铁、贺敬之等人；小说专集的作者有路翎、杨力（贾植芳）、东平、晋驼、陶雄、孔厥、丁玲等人；报告文学专集的作者有东平、阿垅、曹白、萧军等人；文学评论专集的作者有胡风、吕荧、舒芜等人。①当然，"七月"作者群远远不止以上这些作者，不过，这至少在一个侧面上展示出七月作者群的基本阵容的同时，也显现出七月作者群的强劲实力。不过，在所有这些专集的作者之中，唯有诗歌专集的作者们显现出催生诗歌流派的倾向来，而在小说专集的作者们之中，诸如孔厥、丁玲等与其他作者是很难纳入同一小说流派之中去的，至于对散文专集与文学评论专集的作者们来说，在其中产生文学流派可能性实际上是不存在的。

　　不可否认的是，七月作者群的形成，正是七月诗派产生的文学根基。所以，从七月作者群形成的过程来看，无论是从《七月》到《希望》的创办过程，还是从《七月诗丛》《七月文丛》《七月新丛》的出版过程，都同样经历了从全民奋起抗战的现实，到走向实现民主的未来这同一历史过程。所以，正如从当初"愿和读者们一同成长"到后来"愿再和读者一同成长"一样，七月作者群的誓言始终如一："在神圣的火线下面，文艺作家不应只是空洞的狂叫，也不应作淡漠的细描，他得用坚实的爱憎真切地反映出蠢动着的生活形象。在这反映里提高民众底情绪和认识，趋向民族解放的总的路线。文艺作家底这工作，一方面被壮烈的抗战行动所推动的，所激励的，一方面将被在抗战热情里面踊动着、成长着的万千读者所需要，所监视。工作在战争底怒火里面罢！文艺作家不但能够从民众里面找到真实的理解者，还能够源源地发现从实际战斗里成长的新的同道伙友。我们愿意献出微力，在工作中和读者一

---

　　① 吴子敏：《〈七月〉丛书》，中国大百科全书总编辑委员会《中国文学》编辑委员会、中国大百科全书出版社编辑部编：《中国大百科全书·中国文学》，中国大百科全书出版社 1988 年版，第 616—617 页。

同得到成长。"①七月作家群的这一誓言一直延伸到抗战胜利之后，期待着与所有那些期盼着"从'黑夜'到'天亮了的读者们'"，一同"置身在为民主的斗争里面"。②

这首先就在于，作为《七月》《希望》与《七月诗丛》《七月文丛》《七月新丛》主编者的胡风，一直主导着"愿和读者们一同成长"的群体发展方向，不但要发挥出成名作者的创作才能，更是要培养出读者期盼的文学新人，在作者与读者的互相影响之中真正实现"一同成长"的远大目标，以促进中国文学在抗战时期的顺利发展。所以，胡风认为只有通过作者与读者之间这样的共同努力，才有可能促进"战争期的一个战斗的文艺形式"的尽快形成，因而这就迫切地需要创造出"新情势下的新形式"，以便进行"由平铺直叙到把要钓玄"的创作转换。这当然是因为"情绪的饱满不等于狂叫"，而更为重要的就是"要歌颂也要批判"。只有通过这样的"文艺形式"的现实转换，才有可能最终使中国文学在抗日战争之中，成为整个民族复兴的"集体史诗"。③胡风的这一主张，得到了及时的响应，不仅有人提出"战争期"的创作必须保持"文学的宽度、深度和强度"，④而且有人更是强调"战争期"的文学要避免陷入"公式化"的泥潭。⑤

其次在于，只有面对抗战现实，作者在爱憎分明之中去进行努力的创作，来尽量满足激情满怀的读者的文学需要，在"和读者一同成长"的现实之路上迈开了坚实的一步。最能体现出这一步的无疑是《七月》所发表的报告文学，并且从具有新闻通讯特点的"战讯"及时转向了报告抗战现实的文学散文。曹白率先发表了《受难的人们》，以展现"在死神的黑影下面"挣扎着的人们，如何在战火之中夺取"活魂灵"的战斗。⑥而萧红

---

① 七月社：《愿再和读者一同成长》，《七月》1939 年第 4 集第 1 期。

② 胡风：《寄从"黑夜"到"天亮了"的读者们》《置身在为民主的斗争里面》，《希望》1945 年第 1 集第 1 期。

③ 胡风：《论战争期的一个战斗的文艺形式》，《七月》第 1 集 5、6 期连载，1937 年 12 月 16 日、1938 年 1 月 1 日。

④ 端木蕻良：《文学的宽度、深度和强度》，《七月》1927 年第 1 集第 5 期。

⑤ 辛人：《谈公式化》，《七月》1938 年第 1 集第 6 期。

⑥ 曹白：《受难的人们》，《七月》1937 年第 1 集第 2 期。

也同时发表了《火线外二章》，不仅报告了窗外发生的战斗，而且更是写出了战士在不怕牺牲自己生命的同时对小生命的珍惜。① 东平不仅以"印象记"的方式写出了抗日名将、名人的各自丰采，② 而且更是写出了浴血抗战的战士群像，③ 甚至写出了虽败犹荣之中的种种感受。④

随着抗日战争的旷日时久，报告文学也就从"战地特写"逐渐成长为"战役报告"，以期能够达到对于抗战全景的文学显现，这一点特别突出地表现在 S. M 发表的报告文学作品之中——从最初发表的具有通讯特点的"战地特写"的《咳嗽》，到后来发表的显现出散文特质的"战役报告"的《从攻击到防御》⑤这无疑证实，报告文学随着抗战形势的发展而进行"文艺形式"转换，不仅与作者个人的创作努力分不开，而且也是与读者的阅读需要分不开的。这是因为抗战的现实进程始终是战时生活中所有人关注的焦点与热点，而《七月》所发表的报告文学作品在适应创作与阅读的当下需求之中，更是展示出报告文学在抗战时期的发展趋势。

在举国燃烧的抗战热情之中，除了读者需要接受文学的不断激励之外，作者同样也需要在创作之中进行文学的不断喷发，在保持与抗战现实的紧密联系之中，来避免可能出现的文学偏至——或者是诗情抒发之"空洞的狂叫"，或者是小说叙事之中"淡漠的细描"——以推进中国文学的战时发展。

二　七月诗派——"我是初来的"

七月作者群之中最能够以自由创造来表现出个体追求之中的一致性的，则是他们中的诗人，尤其是那些在战火中成长起来的年轻诗人。一方面，诗人们在投身抗日战争的实际战斗之中进行激情澎湃的诗意挥洒，为神圣的抗战而努力歌唱，为民族的复兴而尽力歌唱；另一方面，诗人们在

---

① 肖红：《火线外二章》，《七月》1937 年第 1 集第 2 期。
② 东平：《叶挺印象记》、《吴履逊和季子夫人》，《七月》1937 年第 1 集第 3 期。
③ 东平：《第七连》，《七月》1938 年第 1 集第 6 期。
④ 东平：《我们在那里打了败仗》，《七月》1938 年第 2 集第 1 期。
⑤ S. M：《咳嗽（战地特写）》，《七月》1938 年第 2 集第 5 期；《从攻击到防御（战役报告）》，《七月》1939 年第 4 集第 2 期。

与抗战现实保持血肉联系之中展开激昂的自由咏唱，选择了自由的诗体来表达对自由创造的无限向往，推动了自由诗在抗战烽火之中的向前发展，由此而走上了诗歌流派产生之路。

从七月作者群的作品出版现状来看，能够以诸多作者结集这一形式出版作品的正是七月诗派——1981 年，20 位七月诗人的诗作结集为《白色花》出版，于是，一个差点儿就要被遗忘的中国现代诗歌流派开始重新浮现在读者眼前。① 1984 年，收入更多七月诗人的诗作结集为《七月诗选》出版，② 从此，七月诗派在中国现代文学史上得以再度彰显。七月诗派的成员当然远远超过 20 个，而且其中的绝大部分都是在抗日战争中成长起来的新生代诗人，因而他们之所以能够形成诗歌流派，主要是"由于气质和风格相近"，从而促使他们之间的诗情与诗风渐趋一致。这一渐趋一致的流派形成过程，无疑得到了及时的个人"诱导"——正是胡风"对于这个流派的形成和壮大起过不容抹煞的诱导作用"。③

对于"诱导"者的胡风来说，不仅仅是为诗人们提供诗歌发表的阵地，也不仅仅是对诗人们的诗歌进行评论，而是直接为诗人们面对抗战现实应该如何咏唱而进行个人创作示范。1937 年 8 月 3 日，胡风在日机轰炸声中写出了《为祖国而歌》，大声呐喊"我要尽情地歌唱"，号召把"赤诚的歌唱"奉献给"我底受难的祖国"——"歌唱出郁积在心头上的仇火／歌唱出郁积在心头上的真爱／也歌唱掉盘结在你古老的灵魂底一切死渣和污秽／为了抖掉苦痛和侮辱的重载／为了胜利／为了自由而幸福的明天"，④ 从而成为立足抗战现实的个人自由放歌。

显而易见的是，这一"为祖国而歌"的个人示范表明：面对着抗战之中"受难的祖国"这一严酷的现实，诗人们要尽情地唱出对敌人的无比愤怒与对亲人的无限眷念，诗人们要赤诚地唱出对胜利的坚信不移与对自由幸福的执着追求。然而，更为重要的是，胡风认为，即使是在诗人们消除

---

① 绿原、牛汉选编：《白色花》，人民文学出版社 1981 年版。
② 周良沛选编：《七月诗选》，四川人民出版社 1984 年版。
③ 绿原：《序》，绿原、牛汉选编：《白色花》，人民文学出版社 1981 年版。
④ 胡风：《为祖国而歌》，南天出版社 1941 年版。

被强加的"苦痛与侮辱的重载"之中，仍然应该坚持对民族劣根性的诗性批判——清除所有那些"盘结在你古老的灵魂底一切死渣和污秽"。所以，胡风在诗情挥洒之中进行着个人的诗意哲思，实际上已经孕育着发扬"主观战斗精神"以批判"几千年的精神奴役的创伤"这一现实主义的文学主张，① 进而显示出中国文学的现代传统在战时的延续与发展。

　　所有这一切，直接影响着新生代诗人的成长。1939 年 9 月，钟瑄在《七月》第 4 集第 3 期发表《我是初来的》一诗，预示着"七月诗派"的新生代诗人将以"黎明"追求者的欢唱姿态出现在中国诗坛上——"我是初来的/我最初看见/从辽阔的海彼岸/所升起的无比温暖的，美丽的黎明"——"黎明照在少女的身上/照在渔民的身上"，表达出对祖国的辽阔、祖国的未来的空前惊喜与挚爱，对所有生活在这国土上的亲人们的深切思念与温情，以此激发起民族意识在觉醒中不断地高扬。类似这样的诗情与诗风在新生代诗人的诗作中较为普遍地体现出来，因而也就难怪胡风在编选七月诗派 14 位新生代诗人合集的时候，会借用"我是初来的"对合集进行命名。

　　随着抗战后期的到来，中国抗日战争成为世界反法西斯战争的重要组成部分。1942 年 4 月，牛汉以谷风这一笔名发表了《山城与鹰》，表现出诗人的诗思与诗艺的同步成长："从远古，灰色的山城/便哺育着灰色的鹰"；"山城衰老了，而鹰在高天仍漫飞/天蓝色的梦里华夏嘹亮的歌音/鹰飞着，歌唱着：/'自由，便是生活呵……'""以后，山城却在鹰底歌声的哺育下/复活了，而鹰是山城生命的前哨……"② 由此可见，从看见民族解放的黎明，到迎来个人生活的自由，诗人们在欢唱转向沉吟之中，所展现出来的理想追求势必面临着现实的挑战，进行着从简单到繁复的意象转换，由单纯的倾诉转为多重的对应，实际上已经促成诗意的拓展与深化，诗歌的个人吟唱趋向多样化，为"七月诗派"的形成奠定了越来越坚实的基础。

---

　　① 马良春、张大明主编：《中国现代文学思潮史》（下册），北京十月文艺出版社 1996 年版，第 1127—1132 页。

　　② 谷风：《山城与鹰》，《诗星》1942 年第 2 集第 4—5 期合刊。

这一多样化从整个七月诗派来看，最明显地表现在诗歌体裁的多样选择上，诗人们的笔下出现了叙事长诗、抒情长诗、组诗与寓言诗、讽刺诗、小诗这众多的现代诗歌体裁。不过，更重要的是在诗情与诗风上所展现出来的诗派演变。

这一演变，不仅可以在叙事长诗《队长骑马去了》（天蓝）与《纤夫》（阿垅）之间看到，也可以在组诗《跃进》（艾漠）、《耕作的歌》（杜谷）、《六歌》（阿垅）中见出；更可以在抒情长诗《春天——大地的诱惑》（彭燕郊）、《渡》（冀汸）、《风雪的晚上》（鲁藜）、《神话的夜》（绿原）、《终点，又是一个起点》（绿原）里感受。从这些诗作中所能展现出的流派演变动向来看，以抒情长诗尤为突出。

在诗情与诗风的演变中，就出现了从抗战前期的纵情放歌，转向了抗战后期的诗情内敛的多重变奏：在 1945 年 1 月写成的《风雪的晚上》中，诗人发出"我爱北方的雪／我爱这没有穷人痛苦的北方的雪"这样的呼唤，显然，"雪"就是内蕴着希望的诗歌意象，通过"纯洁像羔羊的雪"，"美丽像海边贝壳的雪"，"轻飘像浪花的雪"，"透明像水晶的雪"，"形体像白蔷薇的雪"的反复吟唱，抒发了迎来希望的快乐与迎接快乐的希望的激情，"雪"将"装饰着我们的山"、树林、河流、田野，"装饰着我们人民走向自由和幸福的道路"。[①] 在这里，诗情抒发已经通过"雪"这一诗歌意象由静到动的变化，来得到延伸，并且由前方拓展到后方。这就意味着——随着抒情长诗扎根在整个战时生活之中，也就拥有了从悲愤的倾诉到欢畅的吟唱这样宽广的抒情基调。

七月诗派的这一流派演变，也许在一个诗人的抒情长诗创作中将显得更加鲜明一些。在 1941 年写成的《神话的夜》中，诗人发现"荒凉"的夜是"凄凉"的，甚至可能是"苍白"的，不过，"战斗常从夜间开始"，就会有"新鲜的生命"，"从梦谷爬出来"、"从夜间蒸发出来"，因而"神话的夜"充盈着愤怒中的憧憬。[②] 而在 1945 年末写成的《终点，又是一

①　鲁藜：《风雪的晚上》，《希望》1946 年第 1 集第 4 期。
②　绿原：《神话的夜》《童话》，南天出版社 1941 年版。

个起点》中，诗人以"从一九三七年七月七日到一九四五年八月十五日，共计八年零八天"作为全诗的题记，然后开始尽情地欢呼"人民响应/胜利！"这一中国抗日战争胜利的终点的最后到来，然而，这更是一个划时代的崭新起点，因为今后只要"德谟克拉西的实践！/而用一种/今天流的汗与昨天流的血可以比赛一下的工作"，这同样需要生命的牺牲与意志的磨炼的投入，所以，"终点，又是一个起点"的重合，势必熔铸着欢乐中的追求。① 这就表明抒情长诗在进行从日常生活到政治斗争的题材拓展之中，将会在诗情与诗风的演变之中促成政治抒情诗的出现。

这样的流派演变，如果能够出现在长诗之中，也同样能够出现在短诗之中。不仅可以在寓言诗《小牛犊》（彭燕郊）、《给哥哥的信》（邹荻帆）、《穗》（冀汸）中可以看到，也可以在讽刺诗《犹大》（阿垅）、《他们的文化》（化铁）中看到；更可以在小诗中看到。较之寓言诗和讽刺诗，小诗有可能将诗歌的个人表达提升到人生哲理的高度，显现出诗人在诗心灵动之中的个人睿智，从而有可能促进七月诗派诗情与诗风的不断演变。

发表于 1941 年的小诗《蕾》，表达出诗人对生命初绽的一种直觉式的无限憧憬："一个年轻的笑/一股蕴藏的爱/一坛原封的酒/一个未完成的理想/一颗正待燃烧的心"，② 于是乎，开始在琢磨不定之中企图找出生命的真谛。然而，几乎两年后写成的小诗《陨落》，诗人不再寻求生命的真谛，而是坚定不移地对生命的奉献进行赞颂："流星是映照着爱者的晶莹的泪珠/带着听不见的声响落的/落了，落了，几千年后的人间/闪着它不灭的生命的光"，③ 显示出诗人已经能够去体悟生命的要义。到了 1945 年，小诗《泥土》中，诗人展开了对生命的价值的二元对照："老是把自己当作珍珠/就时时怕被埋没的痛苦/把自己当作泥土吧/让众人把你踩成一条道路"，④ 以期反思到生命本真的深处去。在这里，可以看到七月诗人在诗

①　绿原：《终点，又是一个起点》《又是一个起点》，上海希望社 1948 年版。
②　邹荻帆：《蕾》《意志的赌徒》，南天出版社 1941 年版。
③　曾卓：《陨落》《曾卓抒情诗选》，中国文联出版公司 1988 年版。
④　鲁藜：《泥土》，《希望》1945 年第 1 集第 1 期。

情与诗风的流派演变之中，试图以个人咏唱来进行生命价值的张扬。然而，在将这一张扬推向个人极致的同时却出现了价值尺度的政治偏转，显示出七月诗派的演变难以避免社会政治变迁对文学战时发展所产生的这样或那样的现实影响。

可以说，在战火烽烟之中以文学期刊为阵地，形成了以"诱导"者胡风为核心的七月作者群，进而产生了具有文学影响的七月诗派，为中国现代文学运动提供了从作者群到文学流派的双重动力，两者共同推进了中国文学的战时发展，从而为中国文学进行现代发展提供了不可或缺的典型范例。

三　路翎小说——"残酷的搏杀"

不过，较之七月诗人们而言，在《七月》发表小说的作者们之中，除了进行短篇小说的叙事之外，早就开始了长篇小说的写作，这就是萧军的《第三代》。①《第三代》中通过对 20 世纪初以来中国东北农民生存现状的如实描写，来揭示他们那坚忍不拔的生活意志与勇于牺牲的抗争精神。不过，能够在"七月"作者群之中，成为小说创作之中的佼佼者，无疑是年轻的路翎，以其亲历性的小说叙事，通过对底层民众与中国青年的心灵挖掘，展现出一种对于生活史诗的个人追求，从而促成了小说叙事的战时新发展，因而往往被误认为小说流派产生中的代表性作者。

问题在于，从七月作家群的角度来看，必须承认最能体现出作者是如何"和读者们一同成长"的，无疑是路翎。1923 年在南京出生的路翎，到 1937 年抗日战争全面爆发以后，随同家人从南京沿江而上一路流亡到重庆，这就使得路翎在经历种种磨难之后走向了大器早成。1940 年 5 月，路翎作为"新作家五人小说集"中的作者第一人，在《七月》第 5 集第 3 期上发表小说处女作《"要塞"退出以后》。② 到 1949 年，路

---

① 萧军：《第三代（第三部）》，《七月》第 1 集第 3、4、5、6 期连载，1937 年 11 月 16 日、12 月 1 日、12 月 16 日，1938 年 1 月 1 日。

② 路翎的文学处女作，据有的研究者考证，应该是抗战之初的 1937 年在《弹花》上发表的散文《一片血痕与泪迹》。朱珩青：《路翎》，中国华侨出版社 1997 年版，第 23 页。

翎已经发表了超过 200 万字的小说。在短短 10 年间所发表的各类小说中，较具有影响力的，有短篇小说集《青春的祝福》《求爱》《在铁链中》《平原》，中篇小说《饥饿的郭素娥》《蜗牛在荆棘上》，长篇小说《财主底儿女们》《燃烧的荒地》。① 但是，路翎小说所显示出来的并非是所谓小说流派的共同特征，反而是七月作者群在小说创作水平上所能达到的个人高度。

事实上，长篇小说《财主底儿女们》从出版的那一天开始，胡风就视为路翎小说的代表作，并且给予了这样的高度评价——80 万字的《财主底儿女们》展现出"历史事变下面的精神世界底汹涌的波澜和它们底来根去向"，因而是"自新文学运动以来的，规模最宏大的，可以堂皇地冠以史诗名称的长篇小说"。与此同时，胡风还指出类似《财主底儿女们》主人公那样的中国青年，如果要"走向和人民深刻结合的真正的个性解放，不但要和封建主义做残酷的搏杀，而且要和身内的残留的个人主义的成分与伪装的个人压力做残酷的搏杀"。这双重"残酷的搏杀"，不仅仅是对小说的主人公而言的，同时也是对类似《财主底儿女们》主人公那样的中国青年而言的，尤其是对于青年作者的路翎来说，这双重"搏杀"，不仅仅是出现在个人的"精神世界"里，而且更是涌现在他笔下的小说世界里。也许在路翎的短篇小说中这样的双重"残酷的搏杀"各有其侧重，而在路翎的中篇小说中则加重了"和封建主义做残酷的搏杀"，可是，在《财主底儿女们》之中，路翎进行了彻底的双重"残酷的搏杀"——"在这里，作者和他底人物们一道身在民族解放战争底伟大的风暴里，面对着这悲痛的然而伟大的现实，用惊人的力量执行了全面的追求也就是全面的批判。"②

青年作者路翎之所以写出所有那些"做残酷的搏杀"的各类小说，首先是与他个人的苦难人生经历有关，体现出路翎小说叙事独具的亲历性特

① 钱理群：《路翎》，中国大百科全书总编辑委员会《中国文学》编辑委员会、中国大百科全书出版社编辑部编：《中国大百科全书·中国文学》，中国大百科全书出版社 1988 年版，第 490—491 页。

② 胡风：《序》，路翎《财主底儿女们》，南天出版社 1945 年版。

征；同时也与他最终走上文学之路的中外导师们有关，从中外现代文学的传统影响来看，就出现了从罗曼·罗兰到鲁迅这样的众多导师，而从大后方文学运动中的现实"诱导"来看，就出现了被路翎视为"导师和友人，并且是实际的扶持者"的胡风。① 因此，无论是《财主底儿女们》，还是《饥饿的郭素娥》，都同样是路翎根据自己的生活经历进行小说叙事，以体现"全面的追求也就是全面的批判"的代表之作。

《财主底儿女们》的小说叙事带有某种自传色彩，不仅融入了路翎对苏州外祖父家的童年记忆，而且显现出路翎在重庆的生活轨迹，将小说的亲历性特征予以了极度的张扬。不过，路翎最先写出的却是1942年完稿的《财主底儿子》，由于在交稿以后不幸遗失，于是，路翎开始重写，并更名为《财主底儿女们》，于1944年完成，第二年就出版了上卷，1948年由上海希望社出版下卷。

《财主底儿女们》将小说叙事的背景，置于从20世纪30年代初开始的抗击日本帝国主义侵华战争的民族解放战争的全过程之中，以1937年抗日战争全面爆发为界而分为小说的上下卷，先后描写了苏州财主蒋氏家族的分崩离析与流亡旅途中蒋氏儿女的心灵呐喊，展示出从远离关外战火的封建世家的衰落，到硝烟弥漫关内的破落子弟的奋起这一苦难人生的全貌，主人公们的日常生活成为贯穿和平日子与战争年代的叙事轨迹，从而演绎出一部完完整整的生活史诗。

更为重要的，那个举起了自己的整个生命来呼喊的蒋纯祖，是《财主底儿女们》中最具叛逆性的人物。这一叛逆性不仅表现在他对于封建家族制度所进行的家庭批判上，而且也表现在他对于整个中国封建文化意识所进行的社会批判上，进而更表现在他对于个人意识扩张所进行的自我揭示上。正是抗日战争的全面爆发促成了蒋纯祖在从南京到重庆的颠沛流离之中，展开了从家庭转向社会的反封建主义，与此同时，开始了进行个人意识负面性缺陷的自我反思，从而在"全面的批判"之中，争取能够走向对个人自觉的"全面的追求"。在这里，可以看到的正是路翎凭借着过去生

---

① 路翎：《题记》《财主底儿女们》，南天出版社1945年版。

活的回忆与当下生活的历练，在两相交织之中来展示对于未来生活的向往。在这个意义上，可以说《财主底儿女们》已经成为抗日战争中一代新人成长的心灵史诗：在战火燃烧的岁月里，中国青年在努力摆脱古老传统的因袭与缠绕同时，又不得不承受着种种精神奴役的创伤，由此在艰难的人生道路上挣扎着前行，从而呈现出个人灵魂由磨难到复苏的艰苦历程。

《饥饿的郭素娥》中主人公郭素娥的原型，是路翎所熟悉的一个在重庆矿区乡镇上卖香烟的寡妇，其他生活细节也来自路翎在国民政府经济部矿冶研究所工作期间，从重庆矿区乡镇上的亲眼所见与亲耳所闻。所以，小说中描写了周旋在鸦片鬼丈夫、野蛮情人、怯懦追求者这三个男人之间，郭素娥为了坚守"我是女人，不准动我"的个人尊严，美丽而强悍的她，不得不在种种酷刑之中失去了宝贵的生命。

然而，路翎并不仅仅是为了写出一个受侮辱受迫害者的"饥饿的郭素娥"，而主要是为了写出什么是郭素娥的"饥饿"，尤其是"饥饿"的文化寓意来。对此，路翎曾经对胡风这样说过——"我企图'浪费'地寻求的，是人民底原始强力，个性底积极解放。但我也许迷惑于强悍，蒙住了古国根本的一面，像在鲁迅先生底作品里显现的。"显然，路翎笔下强悍的郭素娥，不同于鲁迅笔下懦弱的祥林嫂，尽管后者更能显现出"古国根本的一面"来。

不过，对于路翎的这一说法，胡风则是抱以同情的理解："郭素娥，是这封建古国的又一种女子。肉体的饥饿不但不能以祖传的礼教良方得到麻痹，但是产生了更强的精神的饥饿，饥饿于彻底的解放，饥饿于坚强的人性。她用原始底强悍碰击这社会铁壁，作为代价，她悲惨地献出了生命"，"但她却扰动了一个世界"。① 这就在于，这个能够"扰动一个世界"的郭素娥，由于或多或少地表达出路翎本人的"主观战斗精神"，却反而影响到对郭素娥身负"精神奴役的创伤"的深入揭示，从而游离于鲁迅塑造祥林嫂来批判民族劣根性这一现代文学的中国根本。

---

① 胡风：《序》，路翎：《饥饿的郭素娥》，生活书店 1943 年版。

　　或许正是因为路翎小说的创作水平，远远超出了七月作者群中的其他小说，反而导致了七月小说派的难产。事实上，从古今中外的文学史来看，文学流派的能否产生与流派成员的创作水准是否相近无疑更具正相关性。

参考文献

［德］黑格尔:《美学》,朱光潜译,商务印书馆 1981 年版。

［法］丹纳:《艺术哲学》,傅雷译,人民文学出版社 1980 年版。

［美］施坚雅主编:《中华帝国晚期的城市》,叶光庭、徐自立、王嗣均、徐松年、马裕祥、王文源译,中华书局 2000 年版。

［美］马泰·卡林内斯库:《现代性的五副面孔》,顾爱彬、李瑞华译,商务印书馆 2002 年版。

［日］前田哲男:《重庆大轰炸》,李泓、黄莺译,成都,成都科技大学出版社 1989 年版,

《马克思恩格斯选集》第 1 卷,人民出版社 1972 年版。

《毛泽东选集》(一卷本),人民出版社 1967 年版。

抱一编:《最后之五十年》,申报馆 1923 年版。

中国现代化报告课题组:《中国现代化报告 2001》,北京大学出版社 2001 年版。

《中共中央抗日民族统一战线文件选编》,档案出版社 1986 年版。

荣孟源主编:《中国国民党历次代表大会及中央全会资料》,光明日报出版社 1985 年版。

中国社会科学院台湾研究所编:《中国国民党全书》,陕西人民出版社 2001 年版。

重庆市地方志编纂委员会总编辑室编著:《重庆大事记》,科学技术文献出版社重庆分社 1989 年版。

隗瀛涛:《近代重庆城市史》,四川大学出版社 1991 年版。

张弓等编:《国民政府重庆陪都史》,西南师范大学出版社 1993 年版。

重庆市图书馆编印：《抗战期间重庆版文艺期刊篇名索引》，重庆市图书馆
　　编印 1984 年版。

重庆市图书馆编印：《抗战期间出版图书数目（第一辑）》《抗战期间出版
　　图书数日（第二辑）》，重庆市图书馆编印 1985 年版。

文天行、王大明、廖全京编：《中华全国文艺界抗敌协会资料选编》，四川
　　省社会科学院出版社 1983 年版。

林默涵总主编：《中国抗日战争时期大后方文学书系》，重庆出版社 1989
　　年版。

林默涵总主编：《中国解放区文学书系》，重庆出版社 1992 年版。

钱理群主编：《中国沦陷区文学大系》，广西教育出版社 1998 年版。

潘旭澜主编：《新中国文学词典》，江苏人民出版社 1993 年版。

重庆市市中区文化艺术志编纂委员会编：《重庆市市中区文化艺术志》，文
　　化艺术出版社 1990 年版。

跋

　　最初对陪都文化与文学的关注，主要是为了自己所接受的一项研究任务，据说是要在当年的陪都重庆召开纪念中国抗战胜利五十周年的国际学术会议，不仅会议的级别高规模大，而且更是不设立学术禁区，倒真是激动人心。

　　谁知在等待会议召开的过程之中，由于纠缠于抗战胜利的中国领导者是谁这一常识性问题，会议降格了，撤掉了国际会议光环，连全国会议也没有挨上边，仅仅局限于重庆市内。令人心寒的是种种学术禁忌也随之出现，继续走研究的老路以避免不必要的诸多风险，类似这样的忠告不断萦绕于耳。面对这样的此情此境，只好在保持学术中立的个人立场上，尽量争取客观一点，努力地冷静下来，从被动地接受任务的研究状态之中逐渐解脱出来，逐步转向主动地去发掘相关的史料，去进行合乎学术规范的探究，在绕行一个又一个禁忌暗礁的同时，期盼着有那么一天能够进入自由自在的研究航程。

　　在默默的期待之中，终于在中国抗战胜利七十周年即将到来的前夕，看到了这么的一天，不再是远在天边，而是近在眼前。现今的中国，如同鲁迅先生曾经说过的那样：不可能依然不变地循环着历史的老套，而总是要顺应世界的潮流，迎来新世纪的曙光，搬掉精神上的长城，在争取作世界人的同时挺起中国人的脊梁。二十年的期待，对于一个人来说是显得有点漫长，不过，却磨炼出坚守中的坚韧。虽然自己也曾付出过一些小小的代价，但是一切的付出自有其回报——自己对陪都文化与文学的探讨，与二十年前相比，至少不再那么肤浅。

　　二十年的时光，不过是历史的一瞬。在这一瞬之中，面对历史的个人言说，呈现出多样化的研究格局，研究的老路不再有人走，而研究的新路则需要更多的人去开拓，只有通过持续不断的言说，研究的新路才越来越多地出现在脚下，而试着去走出这样一条新路来，自然会是每一个研究者的心愿。心愿有多么真挚，新路就会有多么长远。在这里，同样也是韧性的斗场，只有坚韧不拔地走下去，才有可能会走出一条真正的新路来。

如今，只能扪心自问，自己果真做到了这一点吗？同时也期望诸位同行予以本书同样的质疑，以便在质疑声中不断修正自己的路径，在继续走下去之中推动自己，能够走得更久一点，能够走得更远一点。

郝明工

2014 年 9 月 3 日